⭐ 당신이 진정 열정적인 사랑을 하고자 한다면, 이 책은 그 방법을 알려줄 것이다.
_마크 빅터 한센, 《마음을 열어주는 101가지 이야기》 저자

⭐ 서로 사랑하거나, 서로 미워하거나, 서로 존재하기만 하는 남녀들이 필수적으로 읽어야 할 책이다. 당신은 당신 자신에 대해서, 남녀관계를 향상시키는 방법에 대해서, 이성 파트너의 속 깊은 생각에 대해서 환히 알게 될 것이다. 사회생활에 꼭 필요한 책! _데니스 웨이틀리 박사, 《승리의 심리학》 저자

⭐ 연인에게 선물하고 싶은 책! _MBC〈느낌표〉

⭐ 남녀 심리를 가장 잘 표현한 책! _KBS〈상상플러스〉

⭐ 철저한 현장인터뷰를 바탕으로 분석한 내용을 알기 쉽게 풀어썼다. 남녀의 독특한 특성을 이해하고 평등을 이끌어내는 이야기! _매일경제

⭐ 이해할 수 없는 이성의 행동에 머리를 쥐어뜯어본 경험이 있거나, 속을 부글부글 끓였던 사람이라면 일독을 권한다. _북데일리

⭐ 아무리 되물어도 풀리지 않는 남녀 간의 갈등! 남녀가 왜, 어떻게 다르며 원하는 것이 무엇인지 속 시원히 밝혀내고 진정한 사랑과 존중, 평화를 위해 서로 어떻게 행동해야 하는지 구체적으로 설명한다. _유니온프레스

⭐ 결혼 1년차 때 부부가 신나게 웃으며 읽었던 책! 결혼 1-2년차 부부나 연인들에게 강추! _lovely21

⭐ 남자와 여자의 끝없는 대립의 종지부를 찍는 책! 서로에게 상처주지 않고 이해할 수 있도록 이끄는 치밀한 분석과 디테일한 스토리가 돋보인다! _chlase79

⭐ 분명한 것은 차별이 아니라 차이다. 두뇌분석, 호르몬 작용, 행동양식 등으로 남녀 차이를 과학과 실증적 사례로 명쾌하게 이해시키는 탁월한 책! _sonsungug

거짓말을 하는
남자
눈물을 흘리는
여자

WHY MEN LIE & WOMEN CRY
by Allan Pease

Copyright © 2002 by Allan Pease
All rights reserved.

Korean translation copyright © 2011 by Gimm-Young publishers, Inc.
Korean translation rights arranged with Dorie Simmonds Agency
through EYA(Eric Yang Agency)

거짓말을 하는
남자
눈물을 흘리는
여자

앨런 피즈 · 바바라 피즈
이종인 옮김

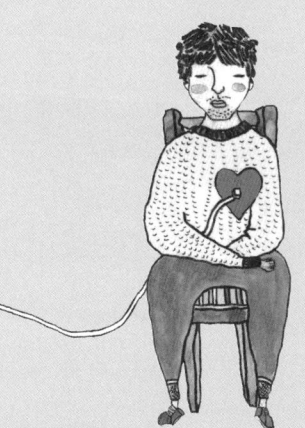

김영사

거짓말을 하는 남자,
눈물을 흘리는 여자

저자_ 앨런 피즈·바바라 피즈
옮긴이_ 이종인

1판 1쇄 발행_ 2011. 03. 30.
1판 4쇄 발행_ 2019. 02. 11.

발행처_ 김영사
발행인_ 고세규

등록번호_ 제406-2003-036호
등록일자_ 1979. 5. 17.

경기도 파주시 문발로 197(문발동) 우편번호 10881
마케팅부 031)955-3100, 편집부 031)955-3200, 팩시밀리 031)955-3111

이 책의 한국어판 저작권은 EYA(Eric Yang Agency)를 통한 Dorie Simmonds Agency사와의
독점계약으로 김영사에 있습니다.
저작권법의 의해 한국 내에서 보호를 받는 저작물이므로 무단전재와 복제를 금합니다.

값은 뒤표지에 있습니다.
ISBN 978-89-349-4809-4 03810

홈페이지_ www.gimmyoung.com   블로그_ blog.naver.com/gybook
페이스북_ facebook.com/gybooks   이메일_ bestbook@gimmyoung.com

좋은 독자가 좋은 책을 만듭니다.
김영사는 독자 여러분의 의견에 항상 귀 기울이고 있습니다.

들어가는 말

왜 남자들은 금방 들통 나는 어설픈 거짓말을 할까? 왜 남자들은 자기가 하는 모든 일이 옳다고 생각할까? 왜 남자들은 책임과 약속을 회피할까? 왜 여자들은 자기 고집을 관철하기 위해 눈물을 흘릴까? 왜 여자들은 어떤 화제를 입이 부르틀 때까지 이야기를 할까? 왜 여자들은 먼저 섹스를 제안하는 것을 두려워 할까?

21세기에 들어선 이 시점에도 남녀 간의 심연, 오해, 갈등은 아담과 이브가 최초로 다투었던 그때나 별반 달라진 것이 없다. 우리는 30년간 남녀 간의 차이를 조사하고, 실험하고, 관련 영화들을 분석하고, 책을 쓰고, 텔레비전에 나가 대담을 하고, 온갖 세미나를 개최해오면서 왜 남자와 여자는 어떤 특정한 방식으로 행동하느냐는 질문을 수천 번도 더 받았다. 또한 이성의 행동을 이해하지 못하여 당황하는 사람들로부터 무수한 편지, 전화, 이메일을 받아왔다. 많은 사람들이 이성에게 어떻게 반응해야 할지 몰라 당황하고 힘들어 했다. 우리는 그런 사람들에게 해답을 주기 위해 이 책 《거짓말을 하는 남자, 눈물을 흘리는 여자》를 펴내게 되었다.

우리는 이 책에서 전 세계 독자들로부터 가장 많이 받은 질문 40가지를 추려내어 그에 대답해보기로 했다. 이 과정에서 우리 나름의 조사와 연구, 최신 연구 자료, 과학, 그리고 상식 등 모든 자료를 총동원하여 이성과 원활하게 의사를 소통할 수 있는, 가장 타당성 있는 해결책을 제시하고자 했다.

《거짓말을 하는 남자, 눈물을 흘리는 여자》는 여자들이 일요일 새벽 한 시에 자다가 벌떡 일어나 자기 자신에게 던지는 질문들을 다루고 있다. 가령 '왜 저이(남편 또는 애인)는 다른 여자를 자꾸 쳐다보는 거야?', '왜 저이는 감 놔라 배 놔라 하면서 나를 가르치려 드는 거지?' 와 같은 질문들 말이다. 또한 남자들이 일요일 아침 열 시에 느직이 일어나 씨름하는 문제들도 다루고 있다(이럴 때 남자들은 대개 혼자이거나, 아니면 여자가 자신들에게 말을 걸어주지 않는 경우에 처해 있다). 가령 '왜 여자들은 본론부터 말하지 않는 거야?', '왜 쓸데없이 바가지를 긁는담?', '왜 내가 일요일 아침 열 시부터 이렇게 열을 내야 해?' 등.

> 여자는 남편을 만날 때까지 미래에 대해서 걱정한다.
> 남자는 아내를 얻기 전까지 미래에 대해서 걱정하지 않는다.

과학은 이제 여자가 왜 수다스러운지, 왜 빙빙 에둘러 말하는지, 왜 주변의 시시콜콜한 일을 자세히 알고 싶어 하는지, 왜 좀처럼 먼저 섹스를 제안하지 않는지 설명할 수 있다. 반면 남자는 한 번에 한 가지 일밖에 하지 못하고, 쇼핑을 싫어하고, 길을 물어보려 하지 않고, 화장실 두루마리 화장지의 잡아당기는 부분이 앞쪽에 나와 있기를 바라고, 주말 내내 친구들과 낚시를 하면서도 정작 그들의 사생활은 거의 알지 못한다. 이런 남자의 현상에 대하여 진화론적, 생물학적 이유가 있다는 것을 우리는 알고 있다.

우리는 이 책에서 대부분의 사람들이 그냥 지나쳐 버리는 명백한 사항들을 지적할 것이다. 많은 여자들이 불필요한 장식용 쿠션을 만지작거리다가 결국 그것을 사버리고, 또 가구를 느닷없이 재배치하여 늦게 귀가한 남편이 가구에 걸려 넘어지게 만든다. 여자들은 같은 스포츠 경기 중계를 여러 번 되풀이해서 보는 남자들의 스릴을 전혀 이해하지 못한다. 반면 남자들은 빅 세일 중인 백화점에서 우연히 유명 디자이너 드레스를 발견할 때의 커다란 기쁨을 전혀 알지 못한다.

남녀 노릇 하기가 왜 이렇게 힘들까?

오늘날 남자 노릇을 제대로 하기란 여간 힘든 일이 아니다. 페미니즘의 파도가 도도하게 밀려온 1960년대 이래 여성의 자살률은 34퍼센트 줄어든 반면 남성의 자살률은 16퍼센트 증가했다. 그런데도 논의의 초점은 여성이 세상을 살아나가기가 너무 힘들다는 쪽으로만 맞추어져 있다.

20세기 후반에 들어서서 여자들은 자유를 다시 발견하면서 종종 남자들을 적으로 간주하기 시작했다. 그러자 남녀관계와 부부관계에 있는 사람들은 엄청난 스트레스를 받기에 이르렀다. 여자들은 분노했고 남자들은 당황하면서 어쩔 줄 몰랐다. 과거의 여러 세대 동안 남녀의 역할은 분명하게 나누어져 있었기 때문에 인생은 매우 단순했다.

그런데 이 모든 것이 바뀌기 시작했다. 텔레비전 시트콤과 상업광고는 무능한 남편을 총명하고 우월한 아내와 대비시키기 시작했다. 점점 더 많은 여성들이 남녀평등의 호소에 동참했다. 문제는, 여자들은 자신이 원하는 바와 또한 어디로 가야 할 것인지를 명확히 아는 반면, 남자들은 자꾸만 뒤처지는 느낌을 받고 있었다는 것이다.

> 만약 여자가 사람들 앞에서 남자의 뺨을 때렸다면
> 모두 '남자가 뭔가 잘못했구나' 하고 생각한다.

남자들은 이제 게임의 규칙이 어떻게 된 것인지조차 제대로 알지 못하게 되었다. 가령 남녀 불평등을 소리 높여 외치는 여성은 많은 사람들의 동정심을 자극한다. 똑같은 메시지를 남성이 외치면 여성을 증오하는 한심한 녀석으로 치부한다. 오늘날 남성을 경멸하는 농담은 여성을 비하하는 농담보다 10 대 1 정도로 더 많아졌다. 당신의 이메일을 열어보라. 날이면 날마다 남성을 비하하는 메시지를 읽을 수 있을 것이다.

당신은 여성의 모든 문제가 남자 때문이라는 것을 모르십니까? 폐경 **Men**-opause, 생리통 **Men**-stual pain, 정신병 **Men**-tal illness, 산부인과 질병 **Guy**-naecologyst, 자궁절제 **His**-terectomy…등.

최근 여성들 사이에 유행하는 농담으로 이런 것이 있다. 대부분의 남자들은 그것을 아주 위협적이고 슬픈 농담이라고 생각한다.

남자의 정의는? 페니스의 기능을 평생 유지시키기 위한 생물적 시스템.

많은 남자들은 이런 노골적인 적대감 앞에서 당혹감을 감추지 못한다. 그리하여 한 세대의 남자들 사이에 우울증이 널리 퍼져 있는 현상은 결코 놀라운 일이 아니다. 노인이든 젊은이든 이제 남자들의 자살률은 최고치에 올라 있으며 그 중에서도 일본인 남자들이 리스트의 선두를 달린다. 남자들은 이제 더 이상 자신들이 해야 할 일이 무엇인지 모르며, 의미 있는 역할 모델을 발견하지 못하고 있다.

여자들도 어렵기는 마찬가지이다. 오늘날 서구 여성들 중 50퍼센트가 자의든 타의든 일을 하고 있다. 영국에서는 여자 혼자 벌어서 가족을 부양하는 가정이 평균 5 대 1인 데 비하여, 남자 혼자 벌어서 가족을 부양하는 가정은 50 대 1이다. 이 여성들은 이제 어머니, 아버지, 생계 제공자의 역할을 동시에 해내야 한다. 여성들은 과거에 남자들이 그랬던 것처럼 위궤양, 심장마비, 각종 스트레스와 관련된 질병을 앓고 있다.

2020년이 되면 서구 세계의 모든 여성 중 25퍼센트가 평생 독신으로 살 것으로 추정된다. 이는 매우 부자연스러운 상황이고 인간의 기본적 충동과 생물학에도 위배된다. 여성들은 너무 일을 많이 하고 있고, 그래서 더욱 자주 화를 내며 점점 더 외로워지고 있다. 남자들은 여자들에게서 이런 느낌을 받는다.

'여자들은 우리 남자들이 여자처럼 생각하고 행동하기를 요구하고 있는 것이 아닐까. 그래서 우리 모두는 당황하고 있다고.'

우리가 이 책을 쓴 목적도 이런 남녀관계의 미로를 통과하는 상세한 지도를 제공하여 잘못된 출발점, 까다로운 커브길, 막다른 골목 등을 피해가게 하려는 데 있다.

남자와 여자는 왜 이렇게 문제가 많을까?

여성은 자녀 양육자, 둥지 수호자로서 진화해왔기 때문에 두뇌회로가 양육, 보살핌, 사랑, 배려 등의 활동에 연결되어 있다. 반면 남성은 전혀 다른 임무에 집중하는 두뇌회로를 갖고 있다. 남성은 사냥꾼, 추격자, 보호자, 생계 제공자, 문제 해결사로서 진화해왔다. 이처럼 여성과 남성은 서로 다른 두뇌회로를 갖고 있다. 과학적 연구들, 특히 최근의 하이테크 두뇌 스캐닝 작업은 이 사실을 입증해준다.

인간관계 관련 도서의 대부분의 집필자는 여성이고 그런 책자를 사는 독자의 80퍼센트 또한 여성이다. 이런 책들은 대부분 남자들에게 초점이 맞추어져 있고 남자들이 잘못하는 일을 어떻게 하면 시정할 수 있는가를 집중적으로 조명하고 있다.

제3자인 관찰자가 볼 때, 이런 현상은 여성이 남성보다 인간관계에 더 많이 신경 쓰기 때문에 나타나는 듯하다.

여러 면에서 그런 인상을 받는 것은 타당할지 모른다. 하지만 인간관계에 집중하는 문제는 남성적 연구조사, 남성 우월의식에서는 최우선 과제가 아니다. 따라서 남자들은 그런 인간관계를 아예 시도하지 않거나 시도하더라도 곧 포기해버린다. 남자들은 여자들의 사고와 행동방식이 너무 복잡하다고 생각한다. 때로는 너무 어렵다고 판단하여 괜히 끝까지 시도하다가 실패작이라는 소리를 듣기보다는 일찍 포기하는 것이 낫다고 생각한다. 남자들은 사전 연구나 준비를 전혀 하지 않으면서도 언젠가는 완벽한 남녀관계가 이루어지리라고 막연히 희망한다.

반면 여자들은 주기적으로 이런 착각에 빠진다.

'남자가 나를 사랑한다면 그건 나를 이해해주겠다는 뜻 아니야? 그러니 나한테 잘해주어야 해.'

그러나 일반적으로 남자들은 여자를 잘 이해하지 못한다. 남녀가 서로를 이성opposite sex이라고 부르는 데는 다 이유가 있다. 남녀는 실제로 정반대opposite이다.

> 여자는 모든 남자를 이해하기 위하여 단 한 명의 남자만 제대로 알면 된다. 반면 남자는 설사 모든 여자를 안다고 해도 단 한 명의 여자도 제대로 이해하지 못한다.

인간은 짝짓기 의식, 구애, 남녀관계에 있어서 지속적인 문제를 안고 있는 유일한 종이다. 다른 종들은 그 문제를 잘 해결하여 별탈 없이 생활해나가고 있다 교미 후 배우자를 잡아먹는 흑거미 Black Widow나 사마귀도 짝짓기 게임의 규칙을 잘 알고 그 규칙대로 움직인다.

일례로 낙지를 보라. 자그마한 두뇌를 가진 단순한 동물이지만, 낙지는 암수의 차이점이나 섹스 문제를 논쟁하는 법이 없다. 때가 되면 암컷은 가장 훌륭한 '다리'를 가진 놈을 선택하고 그에게 승인의 녹색등을 켜든다. 암컷은 수컷이 자기에게 충분히 관심을 쏟아주지 않았다고 불평하는 법도 없고, 수컷은 자기에게 좋았던 것만큼 암컷도 좋았는지 걱정하지 않는다. 옆에서 이런저런 충고를 하는 친인척들도 없고 암컷 낙지는 자기가 뚱뚱하게 보이는지 여부를 걱정하지도 않는다. 단지 낙지는 다리가 '느린' 놈과는 짝짓기하지 않을 뿐이다.

하지만 인간의 남녀관계는 이에 비해 대단히 복잡하다. 여자들은 남자가 민감하기를 바라지만 너무 민감하다면 싫어한다. 남자들은 이런 미묘한 구분을 잘 눈치채지 못한다. 남자들은 여자의 감정에 민감하게 반응해야 한다는 것을 잘 알지 못하며, 다른 방면으로 강인하고 남성다워야 한다고 생각한다. 이런 남녀관계의 미로에서 길을 찾는 거…. 남자들은 이 책에서 그것을 배우게 될 것이다. 또한 여자들은 남자가 무엇을 원하고 그것을 어떤 방법으로 건네주어야 하는지를 배우게 될 것이다.

인터넷 브라우저에서 '남녀관계'와 '섹스'라는 단어를 검색해보면 영어로만 36,714개의 항목이 떠오른다. 대부분의 동물들에게 암수의 관계는 종의 생존이라는 문제와 연계된, 아주 간단명료한 절차이다. 그들은 깊이 생각하지 않고 곧바로 그 관계 속으로 돌입한다. 그런데 우리 인간은 어떻게 해야 이성과 잘 어울릴 수 있는지 그 방법을 잘 모르는 지경에 이르렀다. 우리는 그것을 반드시 알아내야 한다. 그렇게 해야만 우리 모두 행복하게 살 수 있고, 인생의 즐거움을 만끽 할 수 있으며, 좋은 관계가 선사하는 흥분과 풍요로움을 즐길 수 있다.

세상 모든 남녀를 위한 우리의 세계일주

이 책은 《말을 듣지 않는 남자, 지도를 읽지 못하는 여자》의 후속편이다. 이 책은 일상생활에서 별로 생각하지 않거나, 주목하지 않는 인생의 여러 분야를 다루고 있다. 우리는 이 책을 쓰기 위하여 자그마치 약 30개국을 여행하면서 남녀관계에 대한 정보와 자료를 수집했다. 그리고 보편적인 주제와 공통의 문제점을 설정한 다음 나름으로 실제적인 해결방안을 제시했다. 이 책에 제시한 행동과 시나리오를 모든 시대의 모든 사람에게 적용할 수는 없을지 모르지만, 모두 실화이고 이성관계에서 쉽게 적용할 수 있는 보편적 원칙들임은 분명하다.

만약 이런 원칙들을 깨우쳐서 이성과 함께 생활하고, 일하고, 사랑하는 것이 그다지 어렵게 느껴지지 않게 된다면 당신의 생활은 지금보다 한결 행복해질 것이다. 하지만 불행하게도 대부분의 사람들은 이성관계를 제대로 운영하지 못해 쩔쩔매고 있다. 영국의 경우, 결혼 4년차 이내의 부부들이 이혼하는 비율은 현재 50퍼센트가 넘는다. 게다가 정식 결혼을 하지 않은 커플까지 포함하면 커플들이 헤어지는 비율은 60 내지 80퍼센트나 된다.

| 이혼은 100퍼센트 결혼으로부터 시작된다.

이 책은 이런 비참함, 고뇌, 혼란을 당신의 생활에서 말끔하게 없애줄 것이다. 또한 모든 것을 한결 용이하게 처리할 수 있도록 해줄 것이다. 우리의 처방은 과학과 상식이 뒷받침된 강력한 방법이며, 흥미롭고 이해하기 쉬운 방식으로 이루어져 있다. 그리고 이 책은 상대방의 행동을 명쾌하게 설명해줄 것이다. 상대가 당신의 파트너, 아들, 딸, 아버지, 친인척, 친구나 이웃 등 그 누구든 상관없이 말이다.

제2의 언어를 배우자

성공적인 이성관계를 원한다면 두 가지 언어, 즉 '남성언어'와 '여성언어'를 배워야 한다. 영어밖에 할 줄 모르는 사람이 프랑스를 방문해 생선 요리와 감자 칩을 영어로 주문한다면, 프랑스 사람들은 그 주문을 이해하지 못한다. 반대로 프랑스 사람이 영국을 방문해 프랑스어로 구운 달팽이 요리를 주문한다면 그 요리를 가져다주지 않을 것이다. 하지만 간단한 단어나 어구가 들어 있는 회화 책을 가지고 있다면 사정은 달라진다.

사람들은 종종 우리에게 이런 식으로 물어온다.

"나보고 성별을 바꾸란 말이오?"

"내가 이성처럼 생각하고, 말하고, 행동해야 한다는 이야기인가요?"

물론 우리는 그렇게 하라고 말하지 않는다. 휴대전화를 사면 사용 설명서가 함께 따라오지 않던가. 당신은 그 회사에 "나보고 전화 기술자가 되란 이야기야?" 하고 소리치지 않아도 된다. 이 책은 이성을 제대로 이해하는 매뉴얼과 같다. 이 매뉴얼대로 필요한 단추를 누르면 당신은 최선의 결과를 얻게 될 것이다.

여자들이 남자의 진화과정을 자세히 이해하면 남자들의 행동이나 연구조사가 왜 여자들과 다른지 알게 될 것이다. 남자들도 여자가 다른 방향으로 진화해왔다는 것을 깨달으면 그녀와의 교제에 상당한 도움을 얻을 수 있고 흥미진진한 인생의 재미를 느낄 수 있을 것이다.

우리는 행복한 결혼 생활을 하는 부부이고, 충실한 연인이며, 가장 좋은 친구이다. 우리는 또한 네 명의 사랑스런 자녀를 둔 부모이기도 하다. 우리는 이 책에서 개인적인 경험도 많이 제시했다. 또한 다양한 각도에서 남녀관계를 관찰하여 균형 잡힌 시각을 제공했다고 자부한다. 이 책을 쓰기 위해 연구하고 조사하고 집필하는 동안 우리는 서로에 대해, 부모·형제·자매·사촌·동료·이웃에 대해 더 많은 것을 알게 되었다. 우리가 늘 그들과의 관계를 올바르게 유지하고 있다고는 할 수 없겠지만 많은 시간 동안 잘 어울리고 있다고 생각한다. 그 결과 우리는 주위 사람들과 언쟁하는 경우가 거의 없다. 우리의 대인관계가 늘 완벽하다고 장담할 수는 없지만 대체로 잘 굴러가고 있다.

이 책을 당신의 반쪽에게 선물하고 싶다면

지난번 우리는《말을 듣지 않는 남자, 지도를 읽지 못하는 여자》라는 책 한 권으로 전 세계적인 성공을 거두었다. 지금까지 그 책은 약 1,000만 부가 팔렸고 51개국 언어로 번역되었다. 어떤 남자들은 그 책 때문에 생활하기가 힘들어졌다고 불평하기도 한다. 자신들의 아내나 여자친구가 늘 그 책을 펴들면서 "앨런은 이렇게 말했는데?…", "바바라는 이렇게 말했다고…." 하면서 따지고 든다는 것이다.《말을 듣지 않는 남자, 지도를 읽지 못하는 여자》는 전 세계 어디서나 여성 독자들에게 인기가 있었다. 그녀들은 이 책을 남자친구 혹은 애인, 배우자에게 건네주면서 이렇게 말했을 것이다.

"당신은 이 책을 읽어야 해! 이 책을 끝까지 읽어보란 말이야. 특히 당신이 신경 써서 읽어야 할 부분에 밑줄을 쳐두었어."

여자가 여자에게 자기계발 관련서를 건네주면 상대는 자기의 삶을 풍요롭게 해줄 책을 선물 받아 고맙다고 생각한다. 그러나 남자는 그런 책을 건네받으면 모욕을 느낀다. 여자가 간접적으로, "당신은 생활 태도가 틀려먹었어!"라고 말하는 것이 아닐까 생각하기 때문이다. 그래서 남자는 "나, 이런 책 필요없어!"라고 말하는 듯이 무시하는 태도로 여자에게 다시 건네주는 것이다. 그러면 여자는 기분이 나빠지고 화가 나게 된다.

만약 이 책을 읽고 있는 당신이 남자라면, 당신은 여자들의 연구조사와 행동방식에 대하여 뭔가 제대로 알아보려고 애쓰는 극소수의 사람이 될 것이다. 이 책을 집어든 것을 축하한다! 만약 당신이 여자라면 이 책에서 우리가 해주는 조언에 대해 남자에게 의견을 먼저 물어보는 것이 안전할 것이다. 남자들은 남에게 의견을 제시하기를 좋아하니까 말이다. 이 책에서 그가 읽었으면 하는 부분에 밑줄을 친 다음 거실 탁자나 화장실에 슬쩍 놓아두어 보라.

책 속으로의 성공적인 여행을 위해

사람들은 남자라서 좋은 이유를 이렇게 말한다. 자동차 수리 센터에 갔을 때 정비공이 감히 거짓말을 하지 못하고, 얼굴에 주름살이 깊어질수록 인품도 깊어지고, 6개들이 팬티 한 박스에 9,900원밖에 하지 않고, 초콜릿은 그저 간식거리에 지나지 않는다는 것이다. 또한 사람들과 대화를 나눌 때도 상대방이 자신의 가슴을 쳐다보는 법이 없고, 옷매무새를 가다듬기 위하여 잠시 화장실을 다녀와야 할 필요도 없다.

사람들은 여자라서 좋은 이유를 이렇게 말한다. 이성의 알몸을 상상하면서 이야기하지 않아서 좋고, 택시도 먼저 앞에 와서 서주고, 산부인과 관련 병을 슬쩍 들이대면서 상사를 얼마든지 위협할 수 있다는 것이다. 여자가 춤을 추면 믹서기 속의 개구리(혐오스러운 물건이라는 뜻 : 옮긴이)처럼 보이는 법이 없지만, 20년 연하의 남자와 결혼하면 유괴범으로 오인받을 수도 있다.

미래의 언젠가에는 남녀가 똑같은 모습이 되어 있을지도 모른다. 여자들이 자동차 경주 게임을 좋아하고 쇼핑은 에어로빅 정도로 간단한 행위가 되어버릴 수도 있고, 또한 남자들이 1년에 한 달 정도 PMT(월경전 긴장 증후군)와 비슷한 증세로 고통 받을 수도 있다. 어쩌면 변기 시트는 못이 박혀 고정되어 있을지도 모르고 여자는 텔레비전 광고가 나올 때에만 말을 하고, 남자는 〈플레이보이〉지에서 고상한 문학적 소설만 찾아 읽을지도 모른다.

하지만 이런 시절이 곧 올 것 같지는 않다. 어쩌면 수천 년 후에나 가능할까. 그 동안 우리는 남녀의 차이점을 이해하고, 관리하고, 배우려고 계속 노력할 것이다. 수많은 사람들의 경험을 직접 체험하면서 이 책을 즐겁게 읽어주기를!

_ 바바라 & 앨런 피즈

| 차례 |

들어가는 말 • 5

1_ 왜 남자는 거짓말을 밥 먹듯이 할까 • 23

누가 거짓말을 할까? | 거짓과 기만 | 거짓말의 유형 | 거짓말쟁이의 유형 | 누가 거짓말을 가장 많이 할까? | 남자들이 여자들에게 자주 하는 거짓말 | 왜 거짓말은 탄로 날까? | 여자들은 어떻게 거짓말을 금세 알아차릴까? | 남자들에게 주는 조언 | 젊을수록 거짓말을 더 잘한다 | 주위 사람 모두가 당신에게 거짓말을 할 때 | 왜 친구와 가족의 거짓말은 더욱 뼈아플까? | 거짓말을 꿰뚫어 볼 수 있는 단서 | 상습적인 거짓말쟁이 | 상대방의 본심을 읽는 법 | "딱"과 "뿐" | "노력해볼게"라는 말 | 거짓말쟁이를 잡아내는 기계들 | 음성에서 단서 찾아내기 | 몸짓언어를 읽어라 | 미소와 시선 | 피노키오 효과 | 거짓말을 퇴치하는 방법 | 남자의 속셈 알아보기 사전

2_ 왜 여자는 빙빙 돌려 말할까 • 69

왜 여자는 그렇게 말을 많이 할까? | 왜 여자는 문제가 있으면 말로 표현하려 할까? | 한밤의 언쟁 | 왜 여자는 과장을 즐길까? | 여자는 어떻게 자신을 속일까? | 왜 여자는 본론부터 말하지 않을까? | 비즈니스에서의 간접화법 | 가정에서의 간접화법 | 여자들의 간접용어 어휘집 | 왜 여자는 세부사항까지 알려고 할까? | 세부내용을 추적하는 두뇌회로

3_ 왜 여자는 툭하면 눈물을 흘릴까 • 103

왜 사람은 우는 것일까? | 왜 여자가 남자보다 잘 울까? | 눈물과 정신적 협박 | 정서적 협박 | 남자와 정서적 협박 | 흔히 보는 정서적 협박의 전략 | 희생자의 자아를 파괴하는 정서적 협박 | 정서적 협박자를 다루는 법 | 협박자에게 말하는 방법 | 자기연민과 자기파괴를 주의하라 | 협박은 종신형이 될 수 있다

4_ 여자를 미치게 만드는 남자의 7가지 행동 • 139

왜 남자는 끊임없이 해결책을 제시하고 조언을 할까? | 왜 여자는 남자의 해결책을 짜증스럽게 생각할까? | 논쟁을 슬기롭게 피하는 방법 | 이성과 비즈니스를 해야 할 때 | 이성과의 언쟁을 피하는 법 | 왜 남자는 리모컨으로 텔레비전 채널을 마구 돌릴까? | 왜 남자는 길을 묻지 않을까? | 왜 남자는 변기시트를 계속 올려놓을까? | 왜 남자는 쇼핑하기를 그렇게 싫어할까? | 남자와 함께 식료품을 쇼핑하는 법 | 남자와 함께 옷을 쇼핑하는 법 | 왜 남자는 혐오스러운 습관을 가지고 있을까? | 왜 남자는 야비한 농담을 즐길까? | 농담과 유머의 효능 | 농담을 들어도 화내지 말라 | 차라리 그의 어머니를 비난하라 | 남자를 다시 훈련시키기

5_ 남자의 7대 불가사의 해결하기 • 187

왜 남자는 친구의 사생활을 잘 모를까? | 왜 남자는 책임과 약속을 회피할까? | 대부분의 남자들이 생각하는 것 | 남자가 무책임하게 나올 때의 해결책 | 왜 남자는 모든 일에서 자기가 옳다고 생각할까? | "나를 믿지 못하겠다는 거야?" | 왜 성인남자는 장난감에 관심이 많을까? | '스스로 해보기' 프로젝트 | 왜 남자는 한 번에 한 가지밖에 못할까? | 왜 남자는 스포츠에 열광할까? | 혼란스런 남자들을 위한 해결책 | 남자들은 화장실에서 무슨 얘기를 할까?

6_ 왜 여자의 잔소리는 끝이 없을까 • 225

여자의 잔소리와 남자의 신음 | 잔소리 핍박의 역사 | "당신이 잔소리하는 심정을 알아?" | 잔소리 피해자의 심정 | 왜 여자가 잔소리꾼으로 더 어울릴까? | 왜 잔소리는 효과가 없을까? | 최악의 잔소리는 어떤 상황에서 터져 나올까? | 잔소리는 인정해달라는 요청이다 | 마더 콤플렉스 | 잔소리 해결책 1 : 본심을 말하라 | 잔소리 해결책 2 : 느낌을 말하라 | 잔소리 해결책 3 : "나는", "나로서는"이라는 기술 | 잔소리 해결책 4 : 남자에게 30분의 휴식시간을 주라 | 잔소리꾼을 이해하는 방법 | 잔소리 피해자가 해야 할 일 | 잔소리꾼이 해야 할 일

7_ 또 다른 여자, 그의 어머니 • 259

괴물 공룡의 등장 | 그의 어머니에 대한 그녀의 부담 | 시어머니를 향한 비난 | 왜 시어머니는 그토록 까다로울까? | 아들, 며느리, 시어머니의 삼각관계 | 고부관계의 드라마 | 부부가 서로 제기해야 할 질문들 | 한계 정하기

8_ 여자의 비밀 채점표 • 285

남자는 큰 그림만 본다 | 부부가 서로에게 점수 매기기 | 이 실험의 여러 가지 의미 | 여자를 위한 해결책 | 남자를 위한 해결책

9_ 여자의 섹스 어필 테스트 • 307

테스트 | 당신의 섹스 어필 점수는?

10 _ 섹시한 여성의 파워 • 317

아름다움이란 무엇일까? l 과학적으로 알려진 것 l 남자를 매혹시키는 여자의 몸 l 날렵한 몸매 l 풍만한 가슴 l 긴 다리 l 부드럽고 잘록한 허리 l 탄력 있는 바가지형 엉덩이 l 평평한 배 l 아치형의 등 l 기다란 목 l 얼굴의 성적매력 l 육감적인 입술 l 매력적인 눈 l 자그마한 코 l 긴 머리카락 l 성적매력과 포르노의 상관성 l 여자들의 옷차림은 남자들에게 어떤 영향을 줄까? l 성형수술 l 매력의 다른 측면 l 남자가 제일 먼저 보는 것 l 우리의 대비책

11 _ 남자의 섹스 어필 테스트 • 359

테스트

12 _ 여자를 매혹시키는 남자의 매력 • 369

과학적으로 알려진 것 l 운동선수 같은 몸매 l 넓은 어깨와 가슴, 근육질의 팔 l 작고 탄탄한 엉덩이 l 정상적인 머리숱 l 육감적인 입술과 다정한 눈 l 단단한 코와 턱 l 가는 허리와 근육질의 다리 l 쏙 들어간 배 l 커다란 페니스 l 사흘 기른 수염 l 여자가 장기적으로 원하는 것은? l 더욱 매력적인 남자가 되기 위한 방법

참고문헌 • 392

왜 남자는 거짓말을 밥 먹듯이 할까?

Why Men Lie &
Why Women Cry

여자는 걸어다니는 레이더 탐지기

Why Men Lie &
Why Women Cry

왜 남자는 거짓말을 밥 먹듯이 할까?

새로 사귄 남자가 이전 여자친구와는 끝냈고 이제 당신뿐이라고 말한다. 하지만 당신은 그가 아직도 자기 사무실 서랍에 그 여자의 사진을 간직하고 있다는 것을 알고 있다. 당신은 여자의 직감으로 뭔가 잘못 굴러가고 있음을 알지만 그것이 정확히 무엇인지 지적하지는 못한다.

반대로 당신의 여자친구는 어젯밤 약속을 어겼다. 그녀는 애완견, 혹은 자기 어머니가 아프다고 말했지만 당신은 그것을 믿지 않는다. 그녀는 아프지 않았고, 그녀의 어머니는 돌아가신 지 오래되었고, 그녀에게는 애완견이 없다는 것을 이미 알고 있기 때문이다. 당신은 의심한다. 그녀가 당신을 만만한 거짓말 상대로 본 것일까?

> **거짓(말)**
> 명사. 상대방을 오도하기 위해 고의로 하는 행동(말)

누가 거짓말을 할까?

누구나 거짓말을 한다. 남녀는 서로 잘 보이고 싶어서 처음 만날 때부터 거짓말을 하기도 한다. 우리가 말하는 거짓말은 대부분 고의성이 없는 하얀 거짓말이다. 우리는 폭력이나 공격적인 태도를 피해가면서 함께 살아가기를 원한다. 그래서 냉엄한 객관적 진실보다는 약간 왜곡된 진실을 선택하는 것이다. 만약 당신의 코가 지나치게 크다면 다른 사람이 그 진실을 직접적으로 얘기해주지 않기를 바랄 것이다. 오히려 코가 멋져 보인다, 아무도 그것을 의식하지 못한다, 얼굴 크기에 비해 적당하다 등의 말을 해주기를 원할 것이다.

| 늘 진실을 말하라. 그 다음에는 달아나라

만약 당신이 지난주에 만난 모든 사람들에게 백 퍼센트 진실만 말했다면 당신은 지금쯤 어디에 있을까? 병원? 어쩌면 감옥에 가 있을지도 모른다. 당신의 머릿속에 있는 생각을 그대로 다 말해버린다면 사람들은 어떻게 반응할까? 한 가지 사실만은 확실하다. 당신에게는 친구가 아무도 없을 것이고 실직자가 될 것이다. 이런 대화를 한번 상상해보라.

"안녕, 마리아. 어째 몰골이 영 볼품없네? 그 축 처진 가슴을 떠받쳐야 할 텐데, 왜 브래지어를 안 했지?"
"안녕, 아담. 얼굴이 꽉 썩었군. 여드름이 너무 많아. 빨리 피부과 의사를 찾아가보라구. 그리고 그 꼴은 또 뭐야. 그걸 옷이라고 입었나? 게다가 코털까지 콧구멍 밖으로 삐져나와 있잖아."

"미셸, 아주 멋진 차를 새로 뽑았네? 하지만 몇 주 안 가서 막돼 먹은 당신 아들녀석들이 그 차를 작살낼걸? 게다가 당신은 엄마 노릇도 제대로 못하잖아."

상황을 있는 그대로 묘사한 말을 진실이라 한다면 위의 말들은 진실일 것이다. 하지만 이런 진실을 좋아하는 사람은 아무도 없다. 사람들은 이것을 좀 더 부드럽게 만든 하얀 거짓말을 좋아한다.

"안녕, 마리아. 오늘 아주 멋져 보이는데."
"안녕, 아담. 자네는 언제 보아도 멋쟁이야."
"미셸, 당신은 정말 자상한 어머니야."

최근에 거짓말을 한 것은 언제였는가? 어쩌면 당신은 거짓말을 하지 않았을지도 모른다. 당신이 말했거나 말하지 않은 것을 근거로 상대방이 잘못된 추측을 하도록 유도했을지도 모른다. 또는 상대방의 감정을 다치지 않게 하려고 사소한 거짓말을 했을지도 모른다. "헤어스타일이 멋지네.", "실내장식이 훌륭한데?", "새로 사귀는 이성친구가 멋진걸!" 따위의 하얀 거짓말뿐이었으니까. 당신은 나쁜 소식을 전하는 사람이 되고 싶지 않다. 단지 자신을 돋보이게 하기 위하여 대출 신청서나 입사 신청서에 사실관계를 약간 과장했을 뿐이다.

중고차를 남에게 팔면서 그 차가 아주 훌륭하다고 말할 때 엔진에서 오일이 샌다는 사실은 말하지 않을 것이다. 집을 팔 때 비행기가 지붕 위로 지나간다는 사실도 말하지 않을 것이다. 어쩌면 7년쯤 젊어 보이기 위해 머리를 염색했을 수도 있고, 몇 올 남지 않은 머리카락을 정성스럽게 가로로 빗어 넘겨 상대방에게 머리숱이 많다는 인상을 주기를 바랄 것이다.

다리가 길어 보이도록 하이힐을 신어본 적이 있는가? 권위를 보이고 싶어서 어깨 패드를 하거나, 화장으로 얼굴의 약점을 교묘히 감추거나, 체중이나 나이에 대해 노골적으로 거짓말한 적이 있는가? 우리는 늘 이런 종류의 거짓말을 하면서 산다. 부모는 자녀에게 섹스에 대해 거짓말을 하고, 자녀는 자신이 섹스를 한 사실을 부모에게 감춘다. 이런 것들을 어떤 이름으로 부르든 결국 거짓말이다.

> 오직 적들만이 진실을 말한다.
> 친구와 연인들은 의무라는 그물망에 사로잡혀 끊임없이 거짓말을 한다.

우리는 이득을 올리기 위해 혹은 고통을 피하기 위해 거짓말을 한다. 다행스럽게도 대부분의 사람들은 거짓말을 할 때, 죄의식과 후회, 불안 등을 느낀다. 또한 대부분의 사람들은 그것을 잘 감추지 못한다. 따라서 우리는 상대방의 말이 진실인지 혹은 거짓말인지 어느 정도까지 사전에 탐지할 수 있다. 약간의 훈련만 하면 상대방의 행동을 손쉽게 읽을 수 있으며, 또 그것을 곧바로 해독할 수 있다.

거짓과 기만

실라는 데니스에게 저녁식사 초대를 받았다. 그녀는 데니스에게 좋은 인상을 심어주기 위해 멋지게 하고 가기로 했다. 그녀는 먼저 미용실에 가서 머리카락 중간중간에 금발 색깔의 브릿지 염색을 했다. 집에 돌아와서는 정성껏 화장한 후 몸매를 약간 드러내는 섹시한 드레스를 입었다. 그리고 그 드레스와 잘 어울릴 물방울 귀고리를 했다. 마지막으로 귀 뒤에 값비싼 프랑스 향수를 살짝 뿌린 후 하이힐을 신고 집을 나섰다.

데니스의 집에 도착한 그녀는 그가 정성스럽게 준비한 저녁식탁을 보고 감동했다. 불빛은 은은하게 쏟아지고 있었고 감미로운 음악이 집 안을 부드럽게 휘감고 있었으며 타오르는 벽난로의 불은 마음을 녹일 만큼 푸근했다. 그녀가 주방에 들어섰을 때 그는 멋진 꽃다발을 내밀었고 촛불이 켜진 식탁으로 안내하더니 샴페인을 따라 주었다. 그녀가 황홀한 분위기에 도취되어 앉아 있는데 그에게서 애프터 셰이브(면도 후 바르는 로션)의 향기가 은은하게 풍겼다. 그 향기를 맡자마자 그녀의 오감은 흥분을 동반한 채 강하게 반응했다.

두 사람은 그녀의 직장과 일과에 대해서 허심탄회하게 이야기했다. 데니스는 입가에 미소를 머금은 채 그녀의 말에 주의를 기울였으며, 그녀의 눈을 들여다보면서 더 얘기하라고 재촉했다. 실라는 그날 그 자상하고 감수성 깊은 남자에게 완전히 감동했다. 그녀가 지금껏 데이트해 온 남자들과는 너무나 달랐다. 그녀는 데니스도 자기에 대해 같은 느낌을 가지고 있을 것이라고 생각했다.

 이 시나리오를 좋게 말하면 촛불을 켜놓은 로맨틱한 저녁식사라 할 수 있다. 그러나 솔직히 말하면 상대방에게 좋은 인상을 심어주기 위한 거짓말 향연에 불과하다. 데니스는 실라의 환심을 사기 위해 그런 분위기를 연출한 것이다. 샴페인, 은은한 불빛, 부드러운 음악은 데니스의 평소 생활 스타일이 아니다. 그가 즐겨 말하는 화제는 스포츠이다. 그 저녁식사는 정교하게 꾸며진 하나의 기획작품이었던 것이다. 데니스의 속셈은 '실라와 섹스하고 싶다'였다. 그것도 야성적이면서 무제한적인 섹스를. 그는 자신의 경험에 비추어 이런 분위기를 연출해놓으면 실라가 자기한테 도취되리라고 이미 짐작하고 있었다.

 실라 또한 데니스 못지않게 거짓말을 잘한다. 그녀가 그처럼 정성스럽게 화장하고 꾸민 것은 남성 두뇌의 섹스 영역을 자극하여 테스토스테론(남성호르몬) 수치를 높이기 위해서였다. 그녀는 남자의 주목을 받기 위해 온갖 성적 신호를 보내고 있었던 것이다. 그날 밤 두 남녀의 행동은 개인적인 이득을 얻기 위한 것에 불과했다. 간단히 말해서 그 행사는 거짓과 기만에 바탕을 두고 있는 해프닝이었다. 하지만 이런 사실의 전모를 두 남녀에게 말해준다면 그들은 펄쩍 뛰면서 결코 아니라고 말할 것이다.

거짓말의 유형

거짓말에는 하얀 거짓말, 혜택을 주는 거짓말, 악의적인 거짓말, 기만적인 거짓말, 이렇게 네 가지가 있다. 위에서 설명한 바와 같이 하얀 거짓말은 사회적 구조의 일부분이다. 차갑고, 단단하고, 고통스러운 진실로 상대방을 가슴 아프게 하거나 모욕하는 것을 피하기 위해 사람들은 하얀 거짓말을 한다. 혜택을 주는 거짓말은 상대방을 도와주려는 사람이 주로 사용한다.

어떤 농부가 나치를 피해 달아나던 유대인을 숨겨주었다고 하자. 그런데 나치에게 숨겨주지 않았다고 하면, 그것은 혜택을 주는 거짓말이다. 교통사고 현장에서 어린아이를 구조한 구조반원이 어린아이에게 부모는 안전하다고 거짓말을 하는 이유도 일시적으로 아이의 충격을 완화시키려는 의도에서이다. 죽어야 할 운명인 환자에게 기운을 내라며 플라시보(가짜 약)를 처방하는 의사도 이런 거짓말을 하곤 한다.

정말 해로운 것은 기만적인 거짓말이다. 이것은 자신의 이익을 위해 피해자에게 의도적으로 해를 가하는 거짓말이다. 예를 들어 이런 에피소드를 들 수 있다.

우리의 친구인 게리는 친구인 마지로부터 어떤 남자를 조심하라는 경고를 받았다. 게리는 사교생활을 별로 하지 않는 싱글맘이다. 그녀는 아들의 놀이 그룹에 참석했다가 역시 싱글인 어떤 남자를 만났다. 그는 자상하고, 민감하고, 총명하고, 재미있으면서 게리에게 관심이 있는 듯했다. 그래서 게리도 기뻤다.

하지만 마지가 중간에 끼어들어 막 시작된 로맨스에 찬물을 확 끼얹었다. 마지는 게리에게 그 남자가 소문난 플레이보이이며 여자들의 마음을 아프게 한 적이 한두 번이 아니라고 말해주었다. 게리는 그렇지 않아도 아들이 새아버지가 될 사람과 정서적 갈등을 느끼면 어떻게 해야 할지 두려움을 갖고 있었는데, 그런 얘기까지 듣고 나니 정나미가 떨어져 그를 멀리하게 되었다. 한 달 뒤 그녀는 동네의 쇼핑센터에서 우연히 그 남자를 다시 만났다. 그의 옆에는 환히 웃고 있는 마지가 팔짱을 끼고 있었다.

기만적인 거짓말에는 은폐와 날조라는 두 가지 방법이 있다. 거짓말쟁이가 은폐의 방법을 사용할 때는 실제로 거짓말을 하지 않고 단지 정보를 감춘다. 가령 게리가 나중에 다른 친구로부터 이 남자에 대한 정보를 알게 되었는데, 그 남자가 과거에 여자친구를 속여서 전 재산을 빼앗은 후 도망쳐서 그 여자는 파산상태에 놓여 있다고 하자. 게리가 이 정보를 마지에게 얘기해주지 않은 것을 비난할 수는 없으리라. 그것을 말해준들 마지가 믿지 않을 것이 분명하니까. 하지만 게리는 언젠가는 말해주어야지 하고 마음속으로 다짐하고 있다. 그러나 게리가 마지에게 아예 얘기해줄 마음이 없었다면 그녀 또한 은폐에 의한 거짓말을 했다는 비난을 면하기 어렵다.

날조는 거짓된 정보를 마치 진실인 것처럼 제시하는 것이다. 마지는 그 남자를 자기가 차지하기 위해 게리에게 날조된 정보를 제공했다. 이것은 우연한 행위가 아니라 의도적인 행위이다. 악의 있는 거짓말은 복수를 하기 위해 혹은 이득을 얻기 위해 하는 거짓말이다. 배우, 부자, 유명한 정치가 등은 악의 있는 거짓말의 대상이 된다. 언론과 관련된 곳에서 일하는 사람들은 자기 이익을 챙기기 위해 그것이 거짓말인 줄 알면서도 신문이나 잡지에 그 정보를 팔아넘기기도 한다. 악의 있는 거짓말 혹은 루머 만들기는 경쟁적인 상황에서 하나의 무기로 동원된다. 악의적인 거짓말은 피해자의 명성을 손상시키는 치명적인 결과를 가져온다.

가령 어떤 회사는 경쟁사가 재정난에 봉착했다고 거짓 정보를 흘릴 수 있다. 정당은 라이벌 정당의 총재가 부적절한 성추문에 휩싸였다고 소문을 퍼뜨릴 수도 있다.

두 남자가 한 여자를 사랑하고 있을 때도 거짓말이 한 사람을 파멸로 이끌 수 있다. 만약 두 남자 중 한 남자가 상대방 남자가 성병에 걸렸다거나 어린아이만을 사랑하는 변태라는 소문을 퍼뜨렸다면, 진실이 밝혀질 때까지 그 피해자는 여자를 만나지 못할 것이다. 악의 있는 거짓말은 이렇게 자기만의 이익을 챙기려는 생각에 바탕을 두고 있다. 처음에 시작한 거짓말이 황당무계해서 가볍게 받아들여지더라도, 거짓말을 자꾸 하다 보면 결국에는 파괴적인 힘을 발휘할 수 있음을 명심해야 한다.

거짓말쟁이의 유형

'자연스러운 거짓말쟁이'는 양심은 있으나 자신의 거짓말 능력을 믿기 때문에 어린 시절부터 거짓말을 해온 사람이다. 이들은 진실을 말하면 끔찍한 처벌을 받을 것을 알기 때문에 그것을 피하기 위해 부모에게도 거짓말을 한다. 타고난 거짓말쟁이는 나중에 커서 소송 변호사, 세일즈맨, 협상가, 배우, 정치가, 스파이가 되는 경우가 많다.

'부자연스러운 거짓말쟁이'는 어린 시절부터 거짓말을 하면 부모에게 들통이 나서 거짓말이 자연스럽지 못한 사람이다. 이들은 "나는 거짓말을 못해" 하면서 만나는 사람들에게 진실을 털어놓는 바람에 상대방에게 분노와 문제를 안겨준다.

여자에게 가장 위험한 거짓말쟁이는 낭만적인 거짓말쟁이이다. 이 거짓말쟁이가 거짓말을 하면 대부분의 여자들은 정신을 못 차리고 넘어간다. 낭만적인 거짓말쟁이는 자기가 유부남이라는 것을 기막히게 숨기기도 하고 혹은 변호사, 의사, 성공한 기업가 등으로 행세하면서 여자의 환심을 산 후 성적으로 여자를 정복하기도 한다. 그런 거짓말쟁이들은 상상력이 발휘되는 범위 내에서 끝없이 거짓말을 한다. 그 결과 여자에게 정서적, 심리적, 재정적으로 엄청난 피해를 입힌다. 낭만적인 거짓말쟁이의 주된 목적은 여자로부터 돈, 환대, 섹스, 기타 혜택을 가능한 한 많이 받아보자는 데 있다.

심리치료사의 사무실에는 낭만적인 거짓말쟁이에게 당한 총명하고 부유한 여자들로 넘쳐난다. 다른 상황에서는 그토록 똑똑한 여자가 이상하게 이런 낭만적인 거짓말쟁이에게는 자꾸만 넘어가는 것이다. 그런 거짓말쟁이를 만남으로써 받게 되는 정신적인 상처는 재산손실 같은 물질적인 피해보다 더 큰 후유증을 남긴다. 심한 정신적인 충격을 받은 여자는 남자를 더 이상 믿지 않게 되는 것이다.

낭만적인 거짓말쟁이는 마음속으로 자기가 제임스 본드라고 생각한다.

낭만적인 거짓말쟁이는 장소를 가리지 않고 어디에나 나타난다. 특히 많은 사람들이 거짓말을 하고 무엇이든지 허용되는 인터넷에서 활개를 치고 있다. 사람들은 낭만적인 거짓말쟁이에게 속아 넘어가는 여자들이 바보라고 생각하겠지만 사실은 그렇지 않다. 낭만적인 거짓말쟁이가 그럴듯한 역할을 기막히게 해내기 때문에 아무리 똑똑한 여자인들 매혹되지 않을 수 없게 된다. 여자들은 그 거짓말에 눈이 멀어 그것이 거짓임을 믿지 않으려 한다. 친구나 가족들에게 빤히 보이는 것도 당사자들에게는 보이지 않는 법이다.

따라서 여자들은 친한 여자친구와 사전에 협약을 맺어두는 것이 좋다. 만약 자기가 낭만적인 거짓말쟁이와 미친 듯이 사랑에 빠지면 이렇게 하라고 위임하는 것이다. 즉 그 남자에 대해 뒷조사를 해주도록 서로 약속하라. "사랑은 모든 것을 정복한다"면서 이런 뒷조사를 부탁하지 않으려는 여자는 계속 낭만적인 거짓말쟁이에게 당하게 된다.

표범은 결코 자기의 얼룩무늬를 바꾸지 못한다. 마찬가지로 정직에 바탕을 둔 남녀관계만이 장기적으로 지속될 수 있다.

**사람들은 진실을 사랑한다고 말하지만
실은 자기가 진실이라고 생각하는 것만을 사랑한다.**

만약 당신이 회사의 인사부장인데 중요한 자리가 비어서 어떤 사람을 채용하려 한다면, 그 사람의 과거나 경력 등을 가능한 한 많이 알아내려 할 것이다. 장기적인 파트너를 선택할 때도 그와 유사한 절차를 취해야 한다. 가장 좋은 정보를 제공할 수 있는 원천은 그 남자(여자)의 과거 파트너이다. 당신이나 당신의 친구가 우연을 가장하면서 그 과거 파트너를 만나보면 그(또는 그녀)에 대한 정보를 솔직하게 이야기해줄 것이다.

얼핏 보기에는 사생활 침해 같지만 일본에서는 이것이 하나의 표준 절차가 되었다. 한 가문에서 다른 가문으로 딸 혹은 아들의 이력서를 보낼 뿐만 아니라 남녀가 서로 맞선을 보기 전에 인터뷰와 협상 등을 하는 것이다. 이렇게까지 해야 하는 이유는 낭만적인 거짓말쟁이의 희생자가 되어서는 안 되기 때문이다.

누가 거짓말을 많이 할까?

여자들에게 남녀 중 누가 더 거짓말을 많이 하냐고 물으면 머뭇거리지 않고 남자라고 대답할 것이다. 그러나 과학적 연구와 실험에 의하면 남녀는 거의 비슷하게 거짓말을 한다. 단지 그 거짓말의 내용이 다를 뿐이다. 여자들은 다른 사람의 기분을 좋게 하기 위해 거짓말을 하지만, 남자들은 자신을 돋보이게 하기 위해 거짓말을 한다. 여자들은 인간관계를 원활하게 하기 위해 거짓말을 하고, 자기의 감정에 대해 거짓말하는 것을 가장 어렵게 생각한다. 남자들은 언쟁을 피하기 위해 또한 자기가 젊은 시절 날렸다는 것을 과장하기 위해 거짓말을 한다.

이것이 남녀의 거짓말이 지닌 차이점이다. 여자들은 상대방이 감자 자루처럼 보인다고 속으로 생각할지언정 겉으로는 그의 새옷이 멋있다고 말한다. 동일한 상황이라면 남자들은 거짓말을 하지 않기 위해 그 사람을 피할 것이다. 그리고 어쩔 수 없이 의견을 말해야 할 상황이라면 거짓말을 할 것이다. 그는 그 옷이 "좋다", "근사하다"고 말할 것이다. 또한 "뭐라고 말할 수 없을 정도다", "말로 형언하기 힘들다" 등 간접적인 거짓말을 할 것이다. 아니면 그 옷이 마음에 든다고 거짓말을 할 것이다.

그런데 남자들이 거짓말을 하면 여자들은 귀신같이 잘 알아차린다. 가령 남자가 자신은 다국적 회사의 식료품 유통부서의 2인자라고 말하면, 여자는 그가 피자헛에서 배달요원으로 근무하고 있다는 사실을 금세 알아차리는 것이다.

> 여자를 거짓말하게 만드는 가장 흔한 남자의 질문.
> (섹스 직후) "나 어땠어?"

2002년 매사추세츠 대학 교수인 로버트 펠드만은 낯선 사람과 대화하고 있는 남녀 커플 121쌍에 대하여 연구했다. 121쌍 중 3분의 1에게는 호감을 주는 인물인 척하라고 요청하고, 또 다른 3분의 1에게는 유능한 인물인 척할 것을, 나머지 3분의 1에게는 자기를 있는 그대로 표현하라고 요청했다. 그런 다음 121쌍에게 대화의 비디오를 보면서 대화 중에 했던 거짓말을 모조리 지적하라고 요구했다. 그 결과 참가자의 62퍼센트가 10분마다 평균 2에서 3회 정도씩 거짓말을 한 것으로 나타났다. 어떤 거짓말은 누구를 좋아하지 않으면서도 좋아한다고 말한 하얀 거짓말이었는가 하면, 어떤 거짓말은 자기가 록밴드의 리드 싱어라고 주장하는, 허풍 떠는 거짓말이었다.

> 진리가 당신을 자유롭게 할 것이다.
> 하지만 그보다 먼저 당신을 화나게 할 것이다.

가장 흔한 거짓말의 형태는 자기기만이다. 가령 하루에 담배를 두 갑씩 피우면서도 자기는 골초가 아니라고 하거나, 칼로리 높은 디저트를 먹으면서도 다이어트와는 무관하다고 생각하는 것 등이다.

과학적으로 나타난 증거는 명백하다. 여자도 남자 못지않게 거짓말을 한다. 단지 거짓말의 형태가 다를 뿐이다. 여자는 몸짓언어와 음성신호에 밝기 때문에 남자들의 거짓말을 잘 알아차린다. 이 때문에 남자들이 여자들보다 거짓말을 더 많이 하는 것처럼 보인다. 하지만 실제로는 남자들이 여자들보다 더 많이 거짓말을 하는 것은 아니다. 단지 거짓말이 탄로나는 빈도가 높을 뿐이다.

남자가 여자에게 자주 하는 거짓말

"**나 안 취했어.**" 이것은 금방 식별할 수 있는 거짓말이다. "나 아안 추이해서"라고 발음할 테니까. 멀쩡한 사람 같으면 술에 취하지 않았다고 말할 이유가 없다. 술에 취했기 때문에 그런 말을 하는 것이다.

"**나는 절대 저 여자하고 바람 피우지 않았어.**" 바람을 피운 남자는 그 사실에 대해 비이성적일 정도로 거짓말을 한다. 자기가 볼 때 진실을 말하면 이득을 볼 것이 하나도 없기 때문이다.

"**전처와의 섹스는 영 느낌이 없었어.**" 남자에게 섹스는 인생의 즐거움 같은 것이다. 언제 어디서 벌어지든 섹스는 남자를 들뜨게 한다. 만약 전처와의 섹스가 좋지 않았다고 말하는 남자가 있다면 그 남자는 거짓말을 하고 있는 것이다. 전처와의 섹스가 지금 당신과의 섹스보다 더 좋았다고 말한다면 그것 역시 거짓말이다. 당신의 화를 돋우기 위해 그렇게 말한 것인지도 모른다. 남자에게 섹스는 늘 똑같다. 언제나 좋은 느낌일 뿐이다.

"**우린 그냥 친구일 뿐이야.**" 남자는 사람들에게 그 여자는 여자친구일 뿐 성적으로 아무런 관계가 없다고 말한다. 하지만 그 남자는 그 여자를 별로 자랑하고 싶지 않거나, 그 여자가 자기를 만나기 꺼려하기 때문에 그렇게 말하는 것이다.

이와 유사한 거짓말로는 이런 것들이 있다.

"그 여자는 레즈비언이야. 그 여자는 친구가 필요할 뿐이야. 그 여자한테는 대화상대가 필요해."

"그 여자가 아프길래 좀 도와준 것뿐이야."

"그 여자는 나에게 아무런 느낌도 없어. 그저 인생의 어려운 문제 때문에 나에게 의지하고 있을 뿐이야."

왜 거짓말은 탄로 날까?

대부분의 거짓말은 탄로 난다. 거짓말에는 어떤 감정이 개입되는데 그것이 상대의 시각이나 청각에 의해 미묘하게 포착되는 것이다. 거짓말의 규모가 클수록 감정이 더 개입되고 그만큼 탄로날 가능성도 높아진다. 거짓말의 단서를 감추려고 애쓰는 행위는 대부분의 사람들에게 엄청난 정서적 갈등을 불러일으킨다. 특히 상대방이 가까운 사람일수록 더 깊은 감정이 개입되어 더욱더 거짓말하기가 어려워진다.

예를 들어 남편이 아내를 사랑한다면 아내에게 거짓말을 하기가 어려울 것이다. 하지만 전투 중에 적에게 발각되었을 때 거짓말을 하는 것은 전혀 어렵지 않다. 바로 이것이 병적인 거짓말쟁이를 파악하게 하는 핵심 단서이다. 병적인 거짓말쟁이는 그 누구에게도 감정적 애착을 느끼지 못하기 때문에 그만큼 수월하게 거짓말을 한다. 하지만 당신이 이런 단서를 읽어낼 수 있는지는 모를 일이다.

여자들은 어떻게 거짓말을 금세 알아차릴까?

남자들은 아무리 사소한 거짓말이라 할지라도 여자와 얼굴을 맞대며 얘기할 때는 참으로 거짓말을 하기가 어렵다고 생각한다. 따라서 남자들은 꼭 거짓말을 해야 하는 상황에 처하면 차라리 전화로 한다. 이에 비해 여자들은 남자의 얼굴을 보면서 거짓말하는 것을 그리 어렵게 생각하지 않는다. 그리고 여자의 거짓말은 너무나도 잘 통한다.

MRI 두뇌 스캐닝에 의하면, 여자들은 얼굴을 마주보며 대화할 때 좌뇌와 우뇌에 있는 14 내지 16개의 핵심적인 영역을 활용하는 것으로 나타났다. 이 두뇌영역은 말, 어조, 몸짓언어 등을 해독하고 여자의 직감으로 알려진 기민한 상황파악 능력을 담당한다. 남자의 두뇌는 의사소통보다는 공간 기능에 더 집중되어 있으므로 의사소통을 할 때 4내지 7개의 좌우뇌 영역을 사용할 뿐이다.

여자들의 이같이 뛰어난 인식능력은 하나의 뚜렷한 목적의식을 갖고 있다. 그 목적이란, 낯선 사람들에게 대항하여 자기 영역을 수호하고 또 자식들과 적절한 의사소통을 하는 것이다. 여자들은 아이의 표정이나 외모를 보고서 고통, 공포, 배고픔, 부상, 슬픔, 행복의 기미를 재빨리 읽어낸다. 그런 능력으로 여자들은 자기 둥지에 접근해오는 사람들의 태도를 금방 읽어낸다. 그런 능력으로 여자들은 자기 둥지에 접근해오는 사람들의 태도를 재빨리 평가할 수 있게 된다. 저들은 적인가 동지인가? 이런 생존기술을 갖추고 있지 않으면 여자들은 위험에 무방비 상태로 내몰리게 된다.

이런 능력 때문인지 여자들은 동물들의 감정도 읽을 수 있다. 여자들은 집에서 기르는 개가 행복한지, 슬픈지, 화가 났는지, 당황하고 있는지 구분할 수 있다. 대부분의 남자들은 당황한 개가 어떤 표정인지 잘 알지 못한다. 사냥꾼이었던 남자들이 주된 목적은 목표물을 정확히 맞추는 것이지, 그 목표물과 대화하고 상담하면서 목표물을 이해하는 것이 아니다.

> 남자의 목표는 목표물을 정확히 공격하는 데 있지
> 그 목표물을 상대로 의미심장한 대화를 나누는 데 있지 않다.

여자의 두뇌는 다중 트랙으로 회로가 설치되어 있어서 한꺼번에 여러 건의 정보를 다룰 수 있다. 이 때문에 여자는 몸짓신호를 읽으면서 상대방의 말을 듣고 또한 자신과 관련된 사건을 말할 수 있다. 단일 트랙의 두뇌회로를 가진 남자는 한 번에 한 가지 정보에만 집중하기 때문에 많은 몸짓신호를 놓치게 된다.

미국 FBI 요원들은 미세한 표현을 분석하는 훈련을 받는다. 미세한 표현이란 거짓말쟁이들이 짧은 시간에 순간적으로 드러내는 표정을 말한다. 슬로 모션 카메라를 활용하면 이것을 포착할 수 있다. 예를 들어 빌 클린턴은 모니카 르윈스키에 대한 질문에 답변할 때 순간적으로 찡그리는 표정을 지었다. 여자들은 이런 표정을 예리하게 포착한다. 바로 이 때문에 여자들은 잘 속지 않으며 남자에 비해 눈치 빠르게 협상할 줄 아는 것이다.

남자들에게 주는 조언

이스트 캐롤라이나 대학의 심리학 조교수인 에릭 에버하트와 뉴욕 주립 대학의 동료 교수들은 여덟 살에서 열한 살 사이의 여자아이와 남자아이가 제3자의 얼굴이나 표정을 읽을 때 서로 다른 두뇌영역을 활용한다는 사실을 밝혀냈다. 남자아이들이 우뇌를 주로 사용하는 데 비해 여자아이들은 좌뇌를 주로 사용했다. 이런 차이점 때문에 여자아이들은 얼굴의 표정 변화를 더 잘 포착하며 사람들의 분위기도 더 잘 파악한다. 상대방의 입이나 눈만 보고 분위기를 파악하는 것은 얼굴 전체를 보고 감정을 판단하는 것보다 훨씬 어려운 일이다.

여자들은 자기가 어떤 거짓말을 누구에게 했는지 잘 기억하는 반면 남자들은 자주 잊어버린다. 두뇌의 해마상 융기(기억과 언어를 저장, 회복하는 두뇌의 부분)는 에스트로겐 수용기受容器로 가득 채워져 있는데 남자아이보다 여자아이의 것이 훨씬 빨리 자란다. 이 때문에 여자들은 정서적인 문제를 남자보다 더 빨리 기억한다.

여자의 얼굴을 마주보며 거짓말을 하려고 애쓰지 말라. 그것은 너무나 어렵다. 차라리 그 여자에게 전화를 걸거나 이메일을 보내라. 여자들은 거짓말을 꿰뚫어보는 뛰어난 능력이 있을 뿐만 아니라 나중에 그것을 기억해내 무기로 활용하는 지혜마저 갖추고 있다.

젊을수록 거짓말을 더 잘한다

나이가 젊을수록 남을 더 잘 기만한다. 미국에 사는 9천 명의 십대 소년과 어른들을 상대로 이루어진 조사는 15 내지 30세 중 상당수가 거짓말을 하고, 남을 속이며, 물건을 훔친다는 사실을 보여주었다. 이 조사는 2,243명의 고교생, 3,630명의 대학생, 2,092명의 성인을 대상으로 했다. 이 조사에서 고교생 33퍼센트와 대학생 16퍼센트가 지난 한 해 가게에서 물건을 훔친 적이 있다고 시인했다.

각 집단의 학생들 중 3분의 1은 원하는 직장을 얻기 위해서 이력서, 입사 신청서를 쓰거나 입사 인터뷰를 할 때 거짓말을 할 의향이 있다고 대답했다. 또한 고교생 중 16퍼센트는 이미 한 번 이상 그렇게 했다고 말했다. 고교생 61퍼센트와 대학생 32퍼센트는 지난해 각종 시험에서 부정을 저지른 적이 있다고 말했다. 고교생의 83퍼센트와 대학생의 61퍼센트는 지난해 부모에게 거짓말을 한 적이 있다고 말했다.

조사자들은 30세 이상의 사람들이 거짓말이나 비윤리적 행동을 덜하고, 또한 남녀가 비슷한 수준으로 거짓말을 한다고 발표했다. 이 조사에서 한 가지 염려되는 것은 15 내지 30세 사이의 표본 대상들 중 73퍼센트가 "대부분의 사람들이 원하는 것을 얻기 위해서라면 거짓말을 하거나 속인다"고 믿고 있다는 사실이다.

이 연구만 본다면 미국인들은 거짓말쟁이에다 사기꾼이라고 말할 수 있을지도 모른다. 하지만 미국뿐만 아니라 서구 세계에서 전반적으로 이런 경향이 발견되고 있다. 그러면서도 이런 나라들은 정직성의 문제와 관련하여 언제나 다른 나라보다 더 높은 점수를 얻고 있으니 아이러니한 상황이라 하지 않을 수 없다.

불행하게도 이런 도덕적 위기는 어느 나라에서나 깊숙이 침투한 현상으로서, 사회의 가치관이 변화하고 있음을 보여준다. 부모들은 자녀에게 정직함이 최상의 방법이라고 가르치는 동시에 생일선물을 받으면 마음에 드는 것처럼 행동해야 한다고 가르친다. 부모는 다음과 같은 표현을 자주 사용함으로써 아이들에게 거짓말을 가르치고 있는 것이다.

"그런 표정으로 쳐다보지 마!"

"할머니가 뽀뽀를 해주시면 기쁜 표정을 지어야지."

"비참한 표정 짓지 마. 늘 행복한 얼굴을 보여주란 말야."

어린아이들은 당연히 거짓말에 대해 혼란스러워 하게 되고 그 혼란은 성인이 된 아이의 삶에도 지대한 영향을 미친다. 사실대로 말해서 자주 꾸중을 들은 아이들에게서 공통점을 발견할 수 있다. 그런 아이들은 진실을 그대로 말하는 경향이 있다. 가령 길에서 뚱뚱한 사람을 마주치면 그 사람에게 들릴 정도로 큰 목소로 어머니에게 묻는다.

"엄마, 저 사람은 왜 저렇게 뚱뚱해?"

많은 부모들은 엄중한 처벌이 아이들을 습관적인 거짓말쟁이로 만든다는 사실을 깨닫지 못한다. 이이들이 어릴 때부터 거짓말하기 시작하면 하나의 습관적인 패턴이 형성되는 것이다.

주위 사람 모두가 당신에게 거짓말을 할 때

믿을 사람 하나도 없고 세상에는 온통 거짓말쟁이뿐이라고 말하는 사람들이 있다. 그런 사람들은 다음과 같은 두 가지 이유로 그렇게 생각한다.

첫째, 자신이 상습적인 거짓말쟁이기 때문에 남들도 다 그렇다고 생각한다. 둘째, 이것이 더 현실적인 이유인데, 그런 사람들의 행동은 다른 사람들이 거짓말을 하도록 만든다. 달리 말해서 상대방이 진실을 털어놓기 어렵게 행동하는 것이다. 진실을 얘기해주면 공격적으로 또는 너무나 감정적으로 반응하기 때문에 상대방은 그런 소란을 피하기 위해 어쩔 수 없이 거짓말을 한다. 진실을 얘기해주면 상대방이 매우 화를 내고 엄청나게 기분 나빠하며 보복적인 자세로 나온다는 사실을 알고 있다면 어떻게 하든 진실을 말해주는 것을 회피하고 싶은 것이다.

당신이 쉽게 흥분하는 사람이라는 사실이 알려지면 다른 사람들의 생각과 느낌을 잘 파악하지 못하게 된다. 왜냐하면 다른 사람들은 당신의 부정적인 반응을 감안하여 진실을 그대로 말하지 않고 적당히 돌려서 말할 것이기 때문이다. 아이들에게 진실을 말하라고 하고서 그것을 근거로 아이들을 처벌한다면, 오히려 아이들에게 거짓말을 하라고 가르치는 꼴이 된다.

만약 당신의 주변 사람들이 모두 거짓말을 하는 것처럼 느껴진다면 당신의 행동과 태도를 먼저 반성해볼 필요가 있다. 거짓말에 관한 한 주위 사람들은 절반의 책임을 갖고 있을 뿐이다.

왜 친구와 가족의 거짓말은 더욱 뼈아플까?

친밀한 관계에 있는 사람일수록 상대방의 거짓말은 당신에게 심한 고통을 준다. 무엇보다 당신은 그 사람을 당신의 인생에서 제외시킬 수 없으며, 또한 제외시키기를 원하지도 않기 때문이다. 예를 들어 부모나 형제의 거짓말은 정말 고통스럽다. 그들을 믿고 그들에게 당신의 많은 부분을 공개했는데 그들은 그것을 이용하여 속였기 때문이다.

형제자매, 자녀가 한 거짓말은 친지의 거짓말보다 훨씬 더 고통스럽다. 하지만 당신은 그 사람들과 끝까지 형제자매, 자녀의 관계를 유지해야 한다는 것을 알기 때문에 아마도 용서할 것이다. 가까운 친구의 거짓말도 고통스럽긴 하지만 잠시 동안이라도 그 친구를 만나지 않는다면 서운함은 이내 사라질 것이다. 가장 영향력 없는 거짓말은 자동차 세일즈맨 등의 거짓말이다. 사람들은 그런 사람의 거짓말을 알아차려도 별로 놀라지 않으며 다시는 그런 사람을 만나지 않으면 그만이라고 생각하고 만다.

거짓말을 꿰뚫어볼 수 있는 단서

대부분의 사람들은 거짓말을 할 때 불편한 기분을 느끼므로 본능적으로 거짓말과 자기가 상관없는 것처럼 행동하려 한다. 미국의 FBI는 최근에 엉터리 알리바이를 대는 용의자들의 단어를 분석하면서 이 귀중한 단서를 발견했다. 거짓말쟁이는 문장 속에서 "나", "나는"이라는 말을 가능한 한 쓰지 않으려 한다는 것이다. 가령 어떤 사람이 친구를 만나기로 약속해놓고 친구를 바람맞혔다 하자. 거짓말쟁이는 나중에 바람맞은 친구에게 전화를 걸어서 이렇게 두 가지 경우로 말할 수 있다.

경우1 차가 고장 났는데 휴대전화는 배터리가 다 되어서 말이야.
경우2 내 차가 고장 났는데 하필 그때 휴대전화가 먹통이 됐다니까. 그래서 전화를 못했어.

만약 상대가 "나", "나의"라는 말을 쓰지 않는다면 일단 의심해볼 필요가 있다. 또한 거짓말쟁이는 꾸며댄 이야기와 관련 있을 법한 대상의 이름을 잘 쓰지 않으려 한다. "나는 모니카와 섹스하지 않았어" 대신 "나는 그 여자와 아무 일도 없었어"라고 말하는 것이다.

상습적인 거짓말쟁이

상습적인 거짓말쟁이는 결코 잊어버리는 법이 없다. 머릿속에서 자기가 할 거짓말을 여러 번 연습한 다음에 아주 완벽하게 연기를 해낸다. 보통 사람에게 지난주에 무슨 일을 했냐고 물어보면 대부분 이렇게 더듬거리며 대답한다.

"아, 아침을 먹고 형네 집에 갔었지. 그리고… 아니야. 형한테 간 것은 점심을 먹고 나서였구나…. 자동차 손보는 일을 먼저 했으니까. 그리고…."

> 완벽한 연기를 경계하라. _ 중국속담

사람들은 하루 일과를 회상할 때 종종 말이 끊기고, 순서대로 이야기하기 위해 앞에서 했던 말을 뒤에서 정정하곤 한다. 하지만 거짓말쟁이는 그렇지 않다. 시나리오를 완벽하게 연습하여 틀리게 말하는 법이 거의 없다.

어떤 사람이 당신에게 거짓말을 한다고 생각되면 그 사람의 말을 모두 믿어주는 척해보라. 그러면 그 사람은 자기의 연기를 과신한 나머지 꼬리를 드러내게 된다. 시간이 좀 흐른 뒤 그 사람에게 똑같은 말을 다시 한 번 해보라고 요청하라. 상습적인 거짓말쟁이는 대답을 미리 연습했으므로 두 번째도 똑같이 말한다. 그러면 믿어주는 척하라. 그리하여 그 사람이 이제 완전히 통과했다는 안도감을 느끼게 하라. 그런 다음에 그 사람이 느긋하게 있을 때 느닷없이 그 얘기를 다시 물어 보라. 그러면 그 사람의 이야기가 좀 전에 했던 이야기와 약간 다르다는 사실을 발견하게 될 것이다.

거짓말은 심적 부담을 주기 때문에 거짓말쟁이의 목소리는 높아진다. 가령 거짓말쟁이가 아내 아닌 다른 여자에게서 문자 메시지를 받았다고 해보자. "이건 잘못된 전화번호야", "나는 이런 여자 몰라" 하고 둘러댈 때 그 거짓말쟁이의 목소리는 앵무새처럼 한 옥타브 높아진다. 그러면 일단 의심해야 한다.

상대방의 본심을 읽는 법

상대방이 설득력 있게 말하는 듯하지만 들을수록 믿음이 가지 않는 대화를 나누어본 적이 있는가? 상대가 진실을 왜곡하거나 자신의 솔직한 감정을 표현하지 않을 때 쓰는 일반적인 단어와 표현을 살펴보자.

"솔직히", "정말로", "진심으로" 같은 단어는 상대방이 덜 솔직하고 덜 진실되며 덜 진심인 경우가 많다. 눈치 빠른 사람들은 이런 단어에 주목한 후 '상대가 지금 나를 속이려 드는구나' 하고 재빨리 짐작한다. 예를 들어 "솔직히 이게 내가 당신에게 제시할 수 있는 가장 좋은 가격입니다"라는 말은 "이건 가장 좋은 가격은 아니지만 당신이 그렇게 믿어주기를 바랍니다"라는 뜻이다. "나는 당신을 사랑해"가 "나는 정말로 당신을 사랑해"보다 더 믿음직한 말이다. "의심할 나위 없는"의심하라는 전주곡이며 "한 점 의혹 없이"라는 말은 결정적인 경계의 신호탄이 된다.

그리고 "내가 말을 하면 나를 믿어줘"라는 말은 "네가 나를 믿도록 만들 수 있다면, 너는 내가 원하는 것을 해줄 텐데"라는 뜻이다. 상대방에게 믿어달라고 요청하는 정도는 말하는 사람이 어느 정도 기만을 하려고 하느냐에 달려 있다. 거짓말쟁이들은 상대방이 믿어주지 않을 것 같거나 혹은 지금 하는 말이 상대방에게 설득력이 없는 듯하다고 느끼면 "내 말을 믿어줘" 하고 서두를 꺼낸다. "농담 아니야", "내가 왜 너에게 거짓말을 하겠니?"와 같은 표현도 유사 표현임을 잊지 말아야 한다.

당신이 정직하고 솔직하며 믿을 수 있고 진실된 사람이라면 당신의 행동을 믿어달라고 말할 필요가 없다. 어떤 사람은 입만 열면 "솔직히 말해서" 따위의 표현이 자연적으로 흘러나온다. 그런 사람들은 자기도 모르게 그런 말을 함으로써 자기가 믿을 수 없는 사람임을 스스로 폭로한다. 당신의 친구, 친척, 동료에게 당신이 혹시 이런 표현을 자주 쓰지는 않는지 물어보라. 자주 쓴다는 대답이 나왔다면 조심해야 한다. 만약 그 동안 주의 사람들과 지속적인 관계를 맺지 못했다면 그 이유를 당신의 언어습관에서 찾아봐야 한다.

"OK!", "맞아!" 같은 단어도 상대방에게 일방적으로 말하는 사람의 관점을 강요하는 측면이 있다. "너도 동의하지, 맞잖아?"라고 말하면 상대방은 말하는 사람의 관점에 동의하지 않아도 마지못해 "맞아" 하고 반응하도록 내몰리게 되는 것이다. "맞아" 또한 자기 말이 받아들여지지 않을까봐 미리 내지르는 말 중의 하나이다.

"딱"과 "뿐"

"딱 just"과 "뿐 only"이라는 단어는 그 다음에 오는 단어의 의미를 축소하고, 말하는 사람의 죄책감을 덜어주며, 책임을 다른 곳으로 전가하는 기능을 갖고 있다.

"나, 네 시간을 딱 5분만 쓸게."

이렇게 말하는 사람은 당신의 시간을 한 시간 이상 빼앗아갈 가능성이 크다. 반면 "5분만 더 시간을 빌려줘"라고 말하는 사람은 그 약속을 지킬 가능성이 많다. 또한 "10분"이라는 표현은 보통 20분에서 60분까지를 막연하게 가리키는 경우가 많다.

"딱 9,900원"이나 "보증금은 10만 원뿐"이라는 표현은 가격이 하찮다는 것을 강조하는 표현이다. "나는 인간일 뿐"이라고 말하는 사람은 자신의 실수를 책임지지 않으려는 사람이다. 마음이 약하고 수줍음을 많이 타는 애인은 "사랑해" 하고 말해야 할 자리에서 "딱 당신만을 사랑한다고 말하려 했어"라고 말한다. 남편이 "그 여자는 친구일 뿐이야"라고 말할 때 그 어떤 아내도 그 말을 믿지 않는다.

"딱"과 "뿐"이라는 말이 나오면 왜 상대방이 자기 말의 의미를 축소하려 하는지 따져봐야 한다. 상대가 자기의 진실한 느낌을 솔직하게 말할 자신이 없기 때문인지, 아니면 의도적으로 속이려고 하는 것인지, 책임을 회피하려 하는 것인지 등. 수없이 대화를 나눌 때마다. "딱"과 "뿐"을 면밀히 검토해보면 많은 단서를 얻을 수 있다.

"노력해볼게"라는 말

'노력'은 실적 미달자 혹은 실패자들이 즐겨 사용하는 말이다. 그런 사람들은 노력이라는 말로 자신이 맡은 일에서 성공하지 못하리라는 느낌을 미리 선언한다. 바람 피우는 남자에게 남녀관계에서 순결이 가장 중요한 것 아니냐고 따지면 그 남자는 "노력해볼게" 혹은 "최선을 다할게"라고 말한다. 이렇게 말하는 것은 이미 절반쯤은 그렇게 할 생각이 없다는 뜻을 내포하고 있다. 즉 이 말의 속뜻은 "나는 그렇게 할 수 있는지 내 스스로가 의심스러워"이다. 그런 사람은 노력하다가 실패하면 "그래도 노력은 했잖아" 하고 대꾸할 것이다. 다시 말해서 그 사람은 처음부터 순결을 지킬 의도나 자신감이 없었음을 '노력' 이라는 단어로 내비친 것이다.

앞으로 "노력하겠다"는 말은 누군가로부터 듣게 된다면 그 사람에게 "하겠다", "하지 않겠다"라고 명확하게 약속해줄 것을 요구하라. 노력하겠다고 말만 그럴듯하게 하고서 실천하지 않는 것보다는 아예 하지 않겠다고 말하는 것이 더 낫다. 노력이라는 말은 "아마도…일지 몰라"처럼 믿을 만한 말이 아니다.

"존경하는 마음으로", "존경을 보내며" 등의 말도 말하는 사람이 상대방에게 존경심이 별로 없음을 드러내는 말이며 때로는 상대에 대한 경멸감을 표시하는 것이기도 하다. 예를 들어, 누가 이렇게 말했다고 해보자.

"나는 당신의 논평을 이해합니다만, 존경하는 마음으로 그에 반대한다는 것을 말씀드리고 싶습니다."

이 사람은 마음속으로는 '헛소리하고 있네!'라고 생각하면서 겉으로는 이렇게 정중하게 말하는 것이다. 속셈은 상대방에게 결정타를 날리는 것이면서도 상대의 추락에 대비하여 이렇게 쿠션을 깔고 있는 것이다.

다음은 말하는 사람이 진실되지 않은 말을 하면서도 상대방이 그 말을 믿어주기를 바랄 때 사용하는 표현들이다. 하지만 이런 표현을 썼다고 해서 말하는 사람이 반드시 정직하지 않다는 뜻은 아니므로 상황에 따라 잘 가려서 들어야 한다.

"나를 믿어줘."
"나는 거짓말할 이유가 없어."
"진실을 말하자면,"
"난 네게 진실을 말하고 있어."
"내가 무엇 때문에 거짓말을 해?"
"너한테 솔직히/정직하게/진실하게 말하자면,"
"내가 그런 짓을 할 사람으로 보여?"

거짓말쟁이가 사용하는 또 다른 수법은 높은 도덕적 권위를 가지고 있는 사람 혹은 존재를 들먹이는 것이다.

"하나님께 하듯이 정직하게."
"돌아가신 어머니의 이름을 걸고 맹세하지만,"
"하늘이 나의 증인이야."
"하나님께 맹세해."

"내 말이 거짓말이라면 벼락에 맞아 죽을 거야."

종교인이나 종교적 확신을 갖고 있는 사람들은 자기가 믿는 바를 구체적으로 실천하기 때문에 자기의 정직과 관련해서 하나님을 들먹일 필요가 없다. 교황은 이렇게 말하지 않는다.

"나는 돌아가신 아버지의 이름을 걸고 맹세합니다. 내 말이 거짓말이라면 하나님의 벼락에 맞아 죽을 것입니다."

이 밖에도 자기가 소속한 단체, 자기가 받은 상, 가정환경 등을 들먹이며 자기의 정직을 믿어달라고 말하는 사람들도 있다. 다음은 몇 가지 사례이다.

"우리 부모님은 나를 그렇게 가르치지 않으셨어."

"나는 성실한 회사원이야."

"나는 어떤 단체(클럽)의 회원이야."

"나는 그런 부류의 사람이 아니야."

"나는 그런 비열한 짓은 하지 않아."

"나는 이런 상을 받았어."

정말 도덕성이 있는 사람은 상대방에게 그것을 입증하려 들지 않는다. 그런 사람들은 평소에 그런 도덕을 실천하고 있으므로 그렇게 할 필요가 없다. 위와 같은 표현들은 직접적인 답변을 피하기 위해 둘러대는 말이다.

거짓말쟁이를 잡아내는 기계들

컴퓨터 프로그래머는 거짓말쟁이를 집어내는 흥미로운 측정기준 세 가지를 내놓았다. 가장 잘 알려진 거짓말 탐지기인 폴리그래프는 관련자의 호흡, 혈류, 맥박을 측정하는 기계이다. 거짓말쟁이가 거짓말을 할 때 발생하는 생리적 변화를 측정함으로써 거짓말을 포착한다. 생리적 변화로는 맥박의 변화, 혈류의 증감, 호흡과 발한의 변화 등이 있다. 진실을 말하고 있다면 생리적으로 아무런 변화가 일어나지 않는다.

폴리그래프가 어느 정도 정확한지는 아직까지도 뜨거운 논쟁의 대상이 되고 있다. 미국 폴리그래프 협회에 의하면, 지난 25년 동안 폴리그래프의 정확성에 관한 연구가 250회 이상 이루어졌는데 모두 그 정확성을 입증했다. 최근의 조사에 따르면, 새로 나온 컴퓨터 폴리그래프의 정확도는 100퍼센트에 가깝다. 이 기계는 미국의 텔레비전 토크쇼에도 등장했다. 그 쇼에 초청되어 나온 사람들은 배우자의 유죄, 무죄, 진실함을 파악하기 위해 이 기계를 사용하는 데 동의했다. 폴리그래프는 판사가 명령하지 않는 한 법정에서 증거로써 효력을 갖지 못한다.

상습적인 거짓말쟁이는 초심자보다 불안을 덜 느끼므로 때때로 폴리그래프를 무사히 통과한다. 반면 정직한 사람이 지레 겁을 먹는 바람에 거짓말쟁이로 몰리기도 한다. 이처럼 사람들마다 생리적 차이가 있기 때문에 폴리그래프의 정확성에 대해 왈가왈부한다.

음성억양 분석기는 목소리의 억양수준을 전자수단으로 파악하여 진위여부를 가리는 장치이다. 인간의 본능에 내재된, 싸우거나 달아나려는 반응 등의 생리적 지표를 측정하는 이 장치는 전화 통화나 테이프 녹음을 분석할 때 아주 효과적이다. 이 장치를 만든 회사는 열 건의 거짓말 중 여덟 건 정도는 잡아낸다고 주장한다. 휴대용이 50달러 정도 하는 이 장치는 거짓말을 할 때 성대의 혈류가 줄어들어 음성의 억양수치가 변화하는 것으로 거짓말을 측정한다. 〈타임〉지는 부시-고어 대통령 선거전 때 두 후보의 억양수치를 측정했는데, 세 번의 후보 토론회에서 부시가 57회, 고어가 23회 거짓말을 한 것으로 드러났다.

펜실베이니아 의과대학 정신과 소속 교수인 루벤 거와 대니얼 랭글벤은 MRI(자기공명 이미지 촬영장치)를 통해 연구한 결과 진실과 거짓말을 할 때 두뇌가 다르게 작동한다는 사실을 발견했다. 두 교수는 열여덟 명의 실험 지원자에게 트럼프 카드(심장 모양의 무늬가 새겨진 에이스 카드)한 장과 20달러를 주었다. 그리고 각 지원자의 두뇌활동을 측정하기 위해 MRI 기계를 작동시켰다.

스캐닝이 진행되면서 컴퓨터가 지원자들에게 또 다른 카드를 주었다. 지원자들은 컴퓨터가 정답인 카드(심장 모양의 에이스 카드)를 주면 오답카드라고 거짓말을 하라는 요청을 받았다. 지원자들은 컴퓨터를 속여서 자기들의 말을 믿게 만들면 더 많은 보수를 받기로 되어 있었다. 하지만 컴퓨터는 지원자들이 무슨 카드를 갖고 있는지 미리 알고 있었고, 그들이 거짓말을 하면 그것을 알아차리게 되어 있었다. 지원자들이 거짓말을 할 때마다 이마 뒤쪽으로 3인치 정도의 위치에 있는 띠 모양 같은 피질이 크게 활동을 했고, 또한 왼쪽 귀에서 두뇌 쪽으로 몇 인치 들어간 곳에 있는 운동전 피질도 활발하게 움직였다.

루벤 거와 랭글벤은 이 발견으로 폴리그래프의 시대는 끝났다고 생각했다. 이제 MRI가 서로 다른 유형의 생각들도 구분할 수 있기 때문이다. 예를 들어, 폴리 그래프는 거짓말할 때와 다가오는 휴가를 앞두고 흥분할 때의 두뇌 신호가 같다고 기록한다. 그러나 MRI는 두뇌의 다른 영역이 활발하게 가동되는 것까지 보여줌으로써 서로 다른 두 가지 생각을 구분할 수 있도록 해준다.

센앤토니오 대학의 두뇌 이미징 연구 센터의 교수인 지아-홍 가오는 유사 실험을 수행하여, 사람들이 기억력을 잃어버린 것처럼 가장할 때 좌측과 우측의 대뇌반구가 가동된다는 것을 발견했다. 이 이미징 데이터는 관련 두뇌활동의 영역이 전두엽/두엽, 정수리, 관자놀이, 피질 밑 이렇게 네 부분이라는 사실을 밝혀냈다. 정수리 부분은 두뇌의 계산 중추이기도 하다.

음성에서 단서 찾아내기

음성의 세 가지 요소인 고저, 속도, 음량을 잘 살펴보면 거짓말을 알아차릴 수 있다. 사람이 스트레스를 받으면 그 긴장감이 성대를 조이기 때문에 새되고 빠르며 걸걸한 목소리를 내게 된다. 실험에 의하면 약 70퍼센트의 사람들이 거짓말을 할 때 목소리가 높아진다. 반대로 거짓말쟁이가 거짓말을 무사히 했다고 생각하면 좀 더 천천히 말하고 목소리도 낮아지며 속도도 떨어진다. 거짓말을 하다가 중간에 발각되면 '흐음', '아아', 말더듬, 침묵 등이 이어지는데 그 이유는 재빨리 거짓말을 수정할 시간이 없기 때문이라고 한다.

이렇게 당황하는 현상은 여자보다 남자가 더 심한데, 남자의 두뇌는 언어를 통제하는 기능이 떨어지기 때문이다. 말을 더듬는 남자는 거짓말을 하고 있을 가능성이 높다. 남자의 머릿속에서는 여러 가지 문제가 동시에 솟구치는데 빈약한 언어지능이 그것을 따라가지 못해 애를 먹다가 말을 더듬는 것이다.

상대방이 당신이 한 질문에 말을 더듬는다면 일단 의심해보아야 한다.

우리가 설명하는 이런 음성신호는 말하는 사람이 스트레스를 느끼고 있다는 표지이지, 그 사람이 반드시 거짓말을 하고 있다는 뜻은 아니다. 비록 소수의 사람이기는 하지만 거짓말을 하는 데 너무 익숙해져서 전혀 스트레스를 느끼지 않는 사람도 있다. 부도덕한 정치가나 광신적인 신자는 자기기만이 너무나 완벽해서 자기가 거짓말을 한다고 생각하지 않는다. 그래서 아무런 신호도 드러내지 않게 된다. 하지만 대 부분의 거짓말쟁이들은 늘 다양한 신호를 내보내고 있다.

몸짓언어를 읽어라

어떤 사람이 거짓말을 할 때 알아차릴 수 있는 비결은 몇 가지 신호를 미리 알아두는 것이다. 남녀 불문하고 의심, 불확실함, 과장, 거짓 상태에 있을 때는 손과 얼굴의 동작이 크게 늘어난다. 구체적인 예로는 눈과 코를 비비는 것, 귀를 잡아당기는 것, 목 칼라를 잡아당기는 것 등이다. 빌 클린턴은 대배심원 앞에 나가 모니카 르윈스키에 대한 증언을 할 때 코와 얼굴을 26회 만진 것으로 드러났다.

  몸짓언어는 덩어리로 읽어야 한다. 상대방의 몸짓을 다른 몸짓과 따로 떼서 단독 몸짓만으로 해석해서는 안 된다. 어떤 사람이 눈을 비빈다면 정말로 간지러워서, 따가워서, 혹은 피곤해서 그렇게 할 수도 있다. 우리는 거짓말이 하나의 덩어리를 이루며 행해진다는 사실을 발견했다. 적어도 세 가지 이상의 신호를 발견해야만 상대방이 거짓말을 한다고 생각할 수 있다.

  어떤 사람이 입술이나 코를 만지고, 눈을 비비고, 귀를 잡아당기고, 목을 긁고, 손가락을 입술에 가져가고, 코를 비빈다 하더라도 그것이 거짓말을 하고 있는 신호라고 무조건 치부할 수는 없다. 하지만 '그의 머릿속에 뭔가 얘기하지 않은 것들이 있구나' 하고 짐작할 수는 있다. 그 사람은 어쩌면 거짓말을 하고 있지 않을 수도 있지만 당신에게 뭔가를 감추고 있을 수는 있다. "나를 믿어줘", "솔직히 털어놓고 하는 말이지만" 같은 표현을 계속 늘어놓으면서 얼굴을 만진다면 거짓말을 하고 있다고 판단하면 된다.

미소와 시선

남녀는 진실을 말할 때는 물론이고 거짓을 말할 때도 미소를 짓는다. 진정한 미소는 순간적으로 얼굴에 떠오르며 얼굴의 왼쪽과 오른쪽이 균형을 이룬다. 이에 반해 거짓된 미소는 천천히 떠오르며 좌우가 일치되지 않는다. 진실하지 않은 감정을 상대방에게 내보이려고 할 때 그 사람의 표정은 비대칭적으로 되는 것이다. 다시 말해 삐딱한 미소를 짓게 된다.

거짓말쟁이가 상대방의 눈을 쳐다보지 않는다는 말은 많이 들었을 것이다. 특히 많은 부모들은 아이들에게 "내 눈을 쳐다보지 않기 때문에 네가 거짓말을 하고 있다는 걸 알아!"라고 자주 말한다. 그러나 숙달된 거짓말쟁이는 눈을 마주쳐도 죄책감을 갖거나 하진 않는다. 따라서 눈 맞추기는 거짓말을 포착하는 데 있어서 간접적인 요소 정도밖에 되지 않는다.

눈을 자주 깜빡거리는 것도 중요한 단서이다. 그것은 긴장하고 있다는 뜻이며, 거짓말쟁이가 억지로 눈을 마주치는 바람에 눈망울이 건조해졌다는 뜻이기도 하다. 상대방의 눈동자가 움직이는 방향도 거짓말을 포착하는 중요한 단서가 된다. 눈동자의 움직임은 곧 두뇌의 어떤 부분이 활동하고 있는지를 보여주므로 인위적으로 눈동자를 움직일 수 없다.

오른손잡이인 사람이 실제 벌어진 일을 회상할 때는 좌뇌를 사용하면서 오른쪽을 본다. 이야기를 꾸며낼 때는 우뇌를 사용하면서 왼쪽을 본다. 간단히 말해서 오른손잡이인 거짓말쟁이는 왼쪽을 보고, 반대로 왼손잡이인 거짓말쟁이는 오른쪽으로 시선을 돌린다. 이것이 100퍼센트 맞진 않지만 거짓말을 발견하는 믿을 만한 단서라 할 수 있을 것이다.

피노키오 효과

특수 이미지 촬영 카메라는 거짓말을 할 때 특정 신체부분에 피가 몰려든다는 것을 밝혀냈다. 코가 약간 커지는 것이 그렇다. 코로 몰려드는 혈류가 코의 모세혈관을 팽창시켜 간지럼증을 유발하는데, 이 때문에 거짓말쟁이는 코를 비비게 된다. 당황하거나 화를 낼 때도 동일한 현상이 벌어진다.

시카고에 있는 후각/미각 연구재단에 근무하는 과학자들은 거짓말을 할 때 카테콜라민이라는 화학물질이 분비되어 코 내부의 조직이 팽창한다는 것을 발견했다. 물론 육안으로는 그 팽창을 볼 수 없지만…. 뿐만 아니라 남자의 경우 거짓말을 할 때 페니스가 커진다고 한다. 따라서 남자가 거짓말을 하는지 아닌지 불확실할 때는 남자의 바지를 자세하게 살펴보는 것도 한 방법이다.

다음은 남자가 거짓말을 할 때 무의식적으로 드러내는 신호를 목록화한 것이다.

1. 얼굴 근육이 씰룩거린다. 두뇌가 얼굴이 어떤 신호를 내보내는 것을

억제하기 때문에 생기는 현상이다.

2. 눈을 맞추지 않는다. 그 남자는 다른 곳을 본다. 만약 방안에 문이 있다면 그 문을 쳐다볼 것이다.
3. 팔짱을 끼거나 다리를 꼰다. 이것은 본능적으로 방어하기 위한 자세이다.
4. 입술을 꽉 다문다. 남녀 모두 성실성을 가장하기 위해 부자연스러운 미소를 짓곤 한다.
5. 눈동자가 축소된다.
6. 빠르게 말한다. 거짓말쟁이는 거짓말을 얼른 끝내고 싶어한다.
7. 입으로는 "예"라고 하지만 머리는 "아니오"라고 흔들면서 대답한다. 또는 반대로 입으로는 "아니오"라고 하면서 머리는 "예"라고 끄덕인다.
8. 손을 감춘다. 남자는 손을 호주머니에 찔러 넣은 채 거짓말을 하곤 한다.
9. 말을 더듬으면서 우물우물한다. 거짓말쟁이는 거짓말을 하면서도 자기가 거짓말을 하는 것이 아니라고 생각한다.
10. 다정하게 대하며 과장된 웃음으로 일관한다. 그 남자는 당신이 자기에게 호감을 갖기를 바라며 더불어 자기 말을 믿어주기를 바란다.

거짓말을 퇴치하는 방법

첫째 높은 의자에 앉으라. 이렇게 하면 상대방에게 위압감을 줄 수 있다.

둘째   다리를 꼬지 말고, 팔을 약간 벌리면서 등을 뒤로 기대라. 즉 진실을 받아들일 준비를 하라.

셋째   다 알고 있다고 말하지도 말고, 상대방에게 당신의 말이 거짓임을 다 알고 있다고 지적하지도 말라.

넷째   상대의 개인적 공간을 향해 다가가라. 당신이 그처럼 다가서면 거짓말하는 사람들은 불편함을 느끼게 된다.

다섯째   거짓말하는 상대의 자세와 동작을 따라해보라. 이렇게 하면 친화감이 느껴져서 당신에게 거짓말을 하지 못하게 된다.

여섯째   거짓말하는 상대의 말을 귀 기울여 들으면서 그 사람의 스타일을 따라가라. 만약 상대방이 "나는 당신 말을 듣고 있습니다!", "그거 좋은 말이군요"라고 말하면 그 사람의 청각적 스타일을 따라가라. 만약 "내 이렇게 될 줄 알고 있었지" "당신이 뭘 말하는지 잘 보여"라고 말하면 그 사람의 시각적 스타일을 따라가라. 만약 상대가 "1톤짜리 트럭이 나를 때리는 것 같았어", "나는 발걸음이 얼어붙었어"라고 말하면 그 사람의 촉각적 스타일을 따라가라. 그리고 그 사람이 사용하는 스타일대로 해보라. 상대방의 스타일을 알아보는 좋은 방법은 상대방에게 알파벳을 한번 외워보라고 요청하는 것이다. 어떤 사람은 초등학교 때 칠판 위에 쓰여진 알파벳을 쳐다보듯이 말할 것이고(시각적), 어떤 사람은 알파벳을 노래부르듯이 읊을 것이고(청각적), 또 어떤 사람은 손으로 철자를 쓰면서 말할 것이다(촉각적). 만약 상대방의 연구조사에 사이클을 맞출 수 있다면 당신은 그 사람에게 곧바로 유대의식을 갖게 될 것이다. 다시 말해 상대방의 사이클을 이해할 수 있다면 그 사람이 거짓말을 하는지 진실을 말하는지 쉽게 알아차릴 수 있다.

일곱째 거짓말하는 상대에게 도망갈 틈을 제공하라. 당신은 거짓말을 하는 사람이 진실을 말할 수 있도록 여유를 줘야 한다. 그 사람의 말을 잘 알아듣지 못하는 척하거나 아니면 제대로 이해하지 못했다고 말하라. 늘 도망갈 수 있는 틈을 마련해놓으라. 그러면 그 사람은 거짓말을 하지 않고 진실을 말할지도 모른다.

여덟째 침착하라. 놀라거나 충격 받은 표정을 보이지 말라. 상대방이 말하는 거짓말을 모두 중요한 사항인 것처럼 받아들이라. 만약 처음부터 부정적인 반응을 보인다면 진실을 들을 기회는 영원히 사라지고 만다.

아홉째 비난하지 말라. "왜 나한테 전화 안 했어?", "다른 사람 만나고 돌아다니는 거 아니야?" 같은 공격적인 질문은 거짓말쟁이의 입장을 강화시킬 뿐이다. "어디 갔었어?", "레스토랑에 언제 도착할 거야?"와 같이 부드럽게 질문하라.

열째 상대에게 마지막 기회를 주라. 거짓말을 무시하고 이렇게 말하라. "이런 사태의 재발을 막으려면 어떻게 해야 할까?"라고. 만약 그들이 당신의 선량한 의도를 알아차린다면 솔직하게 고백할 수도 있다. 설사 지금 고백을 하지 않더라도, 앞으로 당신에게만은 거짓말을 하지 말아야겠다고 결심할 수도 있다.

남자의 속셈 알아보기 사전

남자가 표면적으로 한 거짓말 : 남자의 속셈(진실)

못 찾겠는데.
➡ 그게 안 보여. 내 손안에 뚝 떨어져 주지 않아. 그러니까 없는 거야.

이건 남자들의 문제라구.
➡ 내 행동에는 아무런 논리도, 패턴도 없어. 그래서 내가 이렇게 이해할 수 없는 행동을 하는 거라고.

저녁 준비하는 거 도와줄까?
➡ 왜 아직도 식탁 위에 저녁식사가 준비되어 있지 않은 거야?

이러다간 늦겠는걸.
➡ 나는 지금부터 미친 듯이 운전을 해야 한단 말야.

여보, 좀 쉬지 그래. 당신은 일을 너무 많이 해.
➡ 그놈의 진공 청소기 소리 때문에 텔레비전을 볼 수가 없잖아.

여보, 그거 흥미로운데?
➡ 당신, 아직도 말을 계속하고 있는 거야?

꼭 물질이 있어야만 사랑을 증명할 수 있나?
➡ 나는 결혼기념일 선물을 안 사가지고 왔어.

정말 좋은 영화인걸.
➡ 권총, 칼, 빠른 자동차, 알몸의 여자가 나오는 영화군.

당신, 내 기억력이 신통치 않다는 거 알지?
➡ 나는 '길리건의 섬'이라는 노래 가사도 알고 있고, 첫 키스를 한 여자의 주소도 외우고 있고, 내가 소유했던 자동차 번호도 모두 기억하고 있지만, 당신의 생일은 잊어버렸어.

당신 생각을 하면서 이 장미를 사왔어.
➡ 저 코너에서 장미를 팔고 있는 여자애, 정말 몸매가 끝내주더군.
좀 더 가까이 가서 살펴보고 싶었다니까.

빨리 앰뷸런스를 불러! 죽을 것만 같아.
➡ 나, 손가락 베었어.

충분히 알아들었어.
➡ 난 당신이 무슨 얘기를 하는지 전혀 모르겠다구. 하지만 이제 그만 입을 다물어 주었으면 좋겠어.

당신, 그 옷 정말 끝내주는데.
➡ 제발 더 입어 보지 마. 배고파 죽을 지경이라고.

당신이 너무 보고 싶어.
➡ 난 혼자서 양말을 찾을 수도 없고, 배고프다고 우는 애들을 달랠 수도 없고,
게다가 화장실에 두루마리 화장지마저 떨어졌다구.

나는 길을 잃은 게 아니야. 정확히 어디쯤인지 알고 있다구.
➡ 이거 영 길을 찾지 못하겠는데.

멋진 드레스야.
➡ 멋진 가슴이군.

사랑해.
➡ 자, 이제 섹스를 하자고.

춤 한번 출래? 나중에 전화해도 될까? 영화를 보거나 저녁을 같이 먹을까?
➡ 언젠가 당신과 섹스하고 싶어.

나와 결혼해주시겠습니까?
➡ 나는 당신이 다른 남자와 섹스를 하는 것을 불법으로 만들겠소.
나는 어머니를 대신할 여자가 필요하오.

좀 긴장한 듯한데, 내가 마사지를 해줄게.
➡ 앞으로 10분 안에 당신과 섹스하고 싶어.

우리, 대화 좀 할까?
➡ 당신에게 내가 진지하고 성실한 사람이라는 인상을 심어주고 싶어.

그래서 앞으로 언젠가 당신이 나와 섹스하고 싶다는 생각이 들게 할 거야.

내가 집안일을 도와줄게.
➡ 옛날에 내가 빨래 바구니 근처에다 지저분한 수건을 내던진 적이 있지.

그 여자는 아주 진보적인 페미니스트 레즈비언이야.
➡ 그 여자가 섹스를 거부했어.

남자는 결코 여자를 이해하지 못할 것이고,
여자 또한 결코 남자를 이해하지 못할 것이다.
그리고 이 사실을 남녀는 영원히 이해하지 못할 것이다.

왜 여자는 빙빙 돌려 말할까?

Why Men Lie &
Why Women Cry

트레버는 여자들이 자기와 의사소통을 하려 할 때면
아예 머리를 파묻어 버리고 만다.

Why Men Lie &
Why Women Cry

왜 여자는 빙빙 돌려 말할까?

한 고고학자가 고대 폐허 더미에서 발굴 작업을 하다가 먼지가 덕지덕지 앉은 고대의 램프를 발견했다. 그가 먼지를 털어내자 지니(요정)가 램프 밖으로 튀어나왔다.

"당신이 나를 자유롭게 해방시켜주셨습니다!"

지니가 소리쳤다.

"당신의 소원을 하나 들어드리지요."

고고학자는 잠시 생각하더니 대답했다.

"나는 영국과 프랑스 사이에 고가 고속도로가 있었으면 하오!"

지니는 눈알을 한번 굴리더니 대답했다.

"이봐요, 난 방금 램프에서 빠져나왔어요. 그래서 온몸이 쑤시는데다 너무 피곤하다고요. 영국과 프랑스 사이의 거리가 몇 마일이나 되는지 알기나 하세요? 엔지니어링 관점에서 볼 때 불가능한 일입니다! 다른 소원을 말씀해보세요."

고고학자는 잠시 생각하더니 말했다.

"음, 그렇다면 여자들과 훌륭하게 의사소통할 수 있는 방법을 알고 싶소."

지니는 얼굴이 창백해지더니 이렇게 물었다.

"아까 말한 그 고속도로, 1차선으로 할까요, 2차선으로 할까요?"

만약 이 책을 읽고 있는 독자가 남성이라면 이 장은 이 책에서 가장 중요한 부분이 될 것이다. 당신은 이 장에서 읽게 될 어떤 사항에 대해서 회의적인 느낌이 들지도 모른다. 만약 그렇다면 그 사항을 당신 주변의 여자들에게 다시 확인해보도록 하라.

지난 10년 동안 우리는 남녀의 의사소통에 관한 자료를 수집하고 정리해왔다. 또한 행동과학의 이론에 근거하여 남녀의 차이점을 설명해왔다. 그리하여 우리는 그 차이점에 적절히 대응하는 전략을 개발했다.

우리는 다양한 국가와 민족의 남자들을 연구조사했다. 그 결과 사상 처음으로 그들(남자들)이 여자와 의사소통하는 문제에 대하여 제기하는 의문사항들을 상세히 알게 되었고, 그 의문에 깃들어 있는 내면적 논리를 발견하게 되었다. 하지만 일단 비결을 알고 나면 새롭고 수준 높은 차원의 남녀관계를 운영할 수 있다. 남자들이 자주 제기하는 남녀 간의 의사소통과 관련된 질문은 다음과 같다.

1. 왜 여자들은 그렇게 말이 많을까?
2. 왜 여자들은 문제가 있으면 그것을 말로 표현하고 싶어 할까?
3. 왜 여자들은 과장을 할까?
4. 왜 여자들은 재빨리 본론을 꺼내지 않을까?
5. 왜 여자들은 그 모든 세부사항을 알고 싶어 할까?

왜 여자는 말을 많이 할까?

여자들의 엄청난 말하기 능력을 대부분의 남자들은 잘 이해하지 못한다. 《말을 듣지 않는 남자, 지도를 읽지 못하는 여자》에서 우리는 여자의 수다스러움에 대하여 자세히 논평한 바 있는데 여기서 간략히 그 요점을 추려보겠다.

여자들은 동굴에서 다른 여자, 어린아이와 함께 생활하는 집단생활에 능숙하며 그런 생활에서 진화해왔다. 그녀들은 이렇게 집단적으로 생활해야 했기 때문에 유대관계를 구축하고 긴밀한 인간관계를 형성하는 능력은 곧 그녀들에게 생존의 문제였다. 남자들은 언덕에 조용히 앉아 움직이는 목표물을 노려보면서 진화해왔다. 여자들은 어떤 행동을 할 때 유대관계의 수단으로 대화를 했다. 남자들은 사냥하거나 물고기를 낚을 때 목표물을 놀라게 할까봐 거의 말을 하지 않았다. 현대 여성들은 함께 모일 때(가령 쇼핑하러 갈 때)여전히 말을 많이 한다. 여자는 어떤 용건이나 목적이 있어야만 말을 하는 것이 아니다. 상대방과 유대관계를 구축하기 위해 본능적으로 말을 하는 것이다.

《말을 듣지 않는 남자, 지도를 읽지 못하는 여자》에서 우리는 여자의 두뇌가 하루 6,000에서 8,000단어를 수월하게 말할 수 있음을 보여주었다. 이에 비해 남자는 하루 2,000에서 4,000단어밖에 말하지 못한다. 이처럼 여자의 언어능력이 월등하기 때문에 부부 사이에 많은 문제점이 발생한다. 직장에서 일하는 남자는 오후 중반쯤이면 이미 단어창고의 재고가 소진되고 만다. 그가 집에 돌아왔을 때 그의 아내는 아직도 4,000에서 5,000단어를 말할 수 있는 여유를 가지고 있는 것이다! 두 여자는 온종일 함께 보내고 헤어진 다음에도 전화로 한 시간 정도는 너끈히 더 얘기할 수 있다. 이런 현상에 대한 남자들의 반응은 이렇다.

"내가 너무 말을 많이 한 건 아닌지 모르겠네요."

"오늘 낮에 그녀와 만났을 때는 도대체 무슨 얘기를 한 거야?"

남자는 이처럼 여자에 비해 말하는 능력과 언어 능력이 떨어지기 때문에 여러 가지 언어적 문제를 겪게 된다. 가령 말더듬이는 남자가 여자보다 서너 배나 많고, 심한 난독難讀증은 열 배나 더 많다.

남자의 두뇌는 문제를 해결하고 또한 끊임없이 해결책을 제시하도록 구조화되어 있다. 대부분의 남자는 뭔가 할 말이 있을 때에만 말을 한다. 그러니까 남자들은 사실, 자료, 해결책을 전달하기 위해 말을 하는 것이다. 이런 자세는 여자와 의사소통을 할 때 심각한 문제를 일으킨다. 왜냐하면 여자들의 말은 근본적으로 다르기 때문이다. 여자들의 말은 보상의 한 형태로 사용되고, 또한 다른 사람과의 유대의식을 강화하는 데 동원된다. 그녀가 당신을 좋아하거나 사랑할 때 또는 당신의 언행이 마음에 들어 당신을 신임한다는 표현을 하고 싶을 때 당신에게 말을 거는 것이다. 만약 그녀가 당신을 좋아하지 않는다면 아예 말을 하지 않을 것이다.

남자의 두뇌는 해결 지향적이고, 여자의 두뇌는 과정 지향적이다.

남자가 다른 남자에게 자신의 개인적인 문제를 털어놓는 경우는 그 남자에게 어떤 해결책이 있다고 생각할 때뿐이다. 앞에서도 말했지만, 이 경우 조언을 요청받은 남자는 그 일을 명예롭게 생각하며 기쁜 마음으로 해결책을 제시한다. 그러나 여자의 말은 주로 상대방과 좋은 관계를 맺으려는 것이므로 해결책은 필요없다. 불행하게도 남자는 여자가 해결방안을 몰라서 그녀의 문제를 꺼낸다고 생각하고, 끊임없이 그녀의 말을 중단시키면서 해결책을 제시한다.

여자는 여자대로 남자가 자신의 말을 자꾸 끊으면서 끝까지 말하지 못하게 하는 것에 불만스러워한다. 여자의 관점에서 본다면 남자가 이처럼 해결책을 자꾸 제시하는 것은, 남자 자신은 옳고 그녀에게는 문제를 해결하는 능력이 부족하다고 말하는 것처럼 보인다. 하지만 여자가 어떤 사람에게 자신의 감정이나 문제를 털어놓는다는 것은 상대방을 믿기 때문에 그 믿음을 공유하자는 뜻이다.

> 여자가 당신에게 개인적인 문제를 털어놓는 것은 불평을 하는 것이 아니다. 그것은 당신을 믿고 있다는 뜻이다.

그 반대 또한 진실이다. 만약 여자가 어떤 사람을 좋아하지도 않고 사랑하지도 않는다면, 상대방이 하는 말에 동의하지 않는다면, 그 사람을 벌주고 싶어 한다면, 그녀는 말을 하지 않을 것이다. 침묵은 징벌의 한 수단이고 다른 여자에게 써먹을 때는 아주 효과적인 전략이 된다. 이 전략은 남자에게는 통하지 않는다. 남자들은 그런 정적과 평화를 하나의 보너스로 생각한다. 바로 여기에 남녀관계의 문제점이 있는 것인데, 따라서 남자는 "다시는 당신과 얘기하지 않겠어!"라는 여자의 말을 보너스로 생각할 것이 아니라 하나의 위협으로 진지하게 받아들여야 한다. 하지만 그것을 문자 그대로 해석해서는 안 된다.

> 여자는 남자를 처벌하기 위해 침묵을 선택한다.
> 그러나 남자는 침묵을 사랑한다.

만약 여자가 남자를 처벌하고 싶다면 가장 간단한 방법은 그에게 쉴 새 없이 말하면서 화제를 계속 바꾸는 것이다.

왜 여자는 문제가 있으면 말로 표현하려 할까?

여자들은 남자보다 평균 7년을 더 사는데, 주된 이유는 스트레스를 잘 조절하기 때문이라 한다. 남자는 스트레스를 많이 받고 그것을 잊으려면 깊은 생각에 빠지거나 아니면 다른 일을 해야 한다. 그는 단일 트랙의 두뇌구조를 지니고 있기 때문에 뉴스, 텔레비전, 정원에 물 뿌리기, 인터넷 서핑하기, 모형배 조립하기 등에 집중하면서 스트레스를 푼다. 골치 아픈 문제는 잠시 접어두고 다른 어떤 사항에 집중함으로써 그 문제를 잊어버리는 것이다. 스트레스를 받고 있는 남자가 다른 어떤 일을 하지 않는다면 그는 바위에 걸터앉아 문제 해결안을 곰곰이 생각한다. 그런데 여기에는 위험이 도사리고 있다. 그의 스트레스는 무의식 중에 체내에 그대로 쌓여 설사, 변비, 위궤양, 심장마비 같은 스트레스 징후로 나타날 수도 있기 때문이다.

여자들은 이렇게 저렇게 또는 다양한 각도에서 자신의 문제를 털어놓음으로써 스트레스를 해소한다. 비록 어떤 결론에 도달하지 못한다

해도 이렇게 하면 스트레스가 상당히 해소되는 것이다. 이처럼 여자는 말을 함으로써 스트레스에 대응한다. 만약 남자가 이런 식으로 말을 했다면 다른 남자들은 그가 능력이 부족하기 때문에 해결안을 요청하고 있다고 생각할 것이다. 물론 조언을 요청받은 남자는 곧바로 해결안을 제시할 것이다.

한밤의 언쟁

리사와 조는 동거생활을 시작한 이래 많이 다투었다. 말싸움을 하다 보면 자정을 훌쩍 넘기기 일쑤였다. 그것은 리사의 부부관 때문이었다.

그녀는 부부가 언쟁을 시작하면 어떤 합의점에 도달하지 못한 채 잠들면 안 된다는 가르침을 받으며 성장했다. 그래서 그녀는 부부 사이에 어떤 문제가 있으면 그것을 말하고 또 말했다. 그렇게 하다 보면 말이 빌미가 되어 또 다른 언쟁으로 번졌다. 조는 그 상황을 제대로 감당하지 못했다. 그는 언쟁을 그만두고 빨리 잠을 자고 싶어 했다. 아침에 일어나면 그 문제는 온 데 간 데 없이 사라지리라고 생각하면서.

리사는 스트레스를 해소하고 두 사람이 만족할 수 있는 어떤 합의점에 도달하고 싶어 했다. 조는 자신들이 같은 문제를 자꾸만 거론하고 있다고 생각했다. 일과가 끝나갈 즈음 그는 말하는 것이 너무 지겨워졌고 제발 언쟁을 그만두었으면 하는 생각뿐이었다.

> 나와 남편은 언쟁을 해결할 때까지 잠을 자지 않기로 했어요.
> 어느 날 밤부터 우리는 6개월 동안 잠자지 않고 깨어 있었어요.
> _필리스 딜러

남자들이 볼 때에는 여자들이 밤늦게까지 언쟁을 해결하려고 애쓰는 것이 이상하게 보인다. 여자가 그렇게 하는 데는 다 이유가 있다. 여자의 두뇌는 남자의 그것과 다르기 때문이다. 달리 말하면 여자의 두뇌는 과정 지향적인 의사소통 컴퓨터인 것이다. 여자들은 자신의 행동과 느낌에 관하여 시시콜콜 모든 것을 얘기하기를 좋아한다. 남자들은 언쟁을 어느 정도 하다가 그만두는 것을 더 좋아한다. 남자들은 홀로 바위에 걸터앉아 대안을 모색하기를 좋아한다.

> 여자와 언쟁하는 데는 두 가지 방법이 있다.
> 하지만 그 어떤 것도 제대로 통하지 않는다.

여자들은 의견이 일치하지 않는 상황이 발생하면 그것을 해결해야만 마음의 평화를 되찾을 수 있다고 생각한다. 그녀들은 대화가 모든 사람을 행복하게 해줄 수 있다고 믿는다. 하지만 남자들은 대화가 사태를 더 악화시킬 뿐이라고 생각한다.

여자가 어떤 문제에 대하여 이야기를 할 때 불합리하다는 느낌이 들어도 그녀가 대화를 통해 우울한 기분을 풀어버리려 한다는 사실을 기억하라. 공감하고 이해하면서 그녀의 말을 들어주고, 그녀에게 언제나

성의껏 말을 들어주겠다고 하라. 이렇게 하는 것이 애초에 존재하지도 않는 문제를 해결하려고 애쓰는 것보다 훨씬 쉽다. 또한 여자로부터 많은 점수를 얻는 비결이다.

> 여자들이 남자가 알아주었으면 하고 바라는 사항 제105조:
> 여자가 6개월 전 혹은 8개월 전에 말한 이야기는
> 지금 이 순간의 말다툼에서는 통용되지 않는다.

만약 당신이 지금 현재 여자의 말을 들어줄 기분이 아니라면 그 화제를 잠시 접어두었다가 둘 다 좀 냉정해진 다음 다시 얘기하자고 말하라. 가령 이렇게 말하는 것이다.

"미안해, 여보. 나는 지금 이 문제에 대해 생각할 여유가 없어. 잘 생각해보고 내일(혹은 주말, 다음주) 다시 얘기하면 안 될까?"

이 방법이 입 다물고 있는 것보다 훨씬 효과적이다.

왜 여자는 과장을 즐길까?

남자나 여자나 둘 다 과장을 한다. 차이점이 있다면 남자는 사실과 자료를 과장하고 여자는 감정과 느낌을 과장한다는 것뿐이다. 남자는 자기 일, 수입액, 자신이 잡은 물고기의 길이, 데이트한 아름다운 여인의 숫자 등을 과장한다. 여자는 개인적인 문제나 남들이 한 말에 대한 느낌을 과장한다. 여자의 두뇌는 사람에게 집중되어 있고 또한 남자들에 비해 인생과 인간관계에 대하여 공상을 많이 한다. 이런 것들에 대한 과장은 때때로 아주 흥미로운 대화를 만들어낸다.

> 과장은 인간관계의 상황을 한결 흥미롭고 재미있는 것으로 만들어준다.

여자들이 단어나 감정을 과장하는 것은 아주 흔한 일이다. 그래서 여자들끼리 이야기할 때는 그런 과장이 무조건 허용되며 또한 여성적 대화의 사회적 기반이 되기도 한다. 대부분의 여자들은 백마 탄 잘생긴 기사가 자신들을 데려가는 꿈을 꾼다. 하지만 실제로는 토요일 저녁 화이트 호스 술집에서 만난, 빨간 머리에, 주근깨가 가득하고, 손에 맥주잔을 든 컴퓨터 기술자와 결혼한다.

> 사회학적 연구에 의하면 여자의 궁극적인 꿈은 두 남자를 한꺼번에 얻는 것이다. 이 꿈 속에서 한 남자는 음식을 만들고 있고, 다른 한 남자는 청소를 하고 있다.

다음은 여성적 과장법의 몇 가지 사례이다.

"내가 젖은 수건을 주워 들라고 백만 번은 더 말했지."
"온갖 집안일을 다하면서 아이들까지 정성껏 돌보라는 얘기야?"
"그런 웃기는 드레스를 입은 그 여자를 보니까 정말 죽고 싶더라!"

"당신은 나한테 늘 이런 짓만 하지."
"나는 당신과는 다시 얘기하지 않을 거야!"

남자의 입장에서 보면 여자의 과장법은 아주 난처한 것이다. 왜냐하면 그의 두뇌는 사실과 자료에 근거하여 이해하고 상대방의 말을 문자 그대로 해석하기 때문이다. 예를 들어 친구들 앞에서 남자가 여자의 의견에 반대했다면 그녀는 나중에 이렇게 말할 것이다.

"당신은 '언제나' 나를 억누르고 '절대' 내 의견을 말 못하게 하지! 당신은 '늘' 나한테 이런 짓만 해!"

그는 여자의 말을 문자 그대로 해석하여 날마다 혹은 언제나 그녀의 의견을 무시했던 것은 아니라고 말하리라. 그는 항의할 것이다.

"그건 사실이 아니야! 어젯밤에는 그렇게 하지 않았고, 또 지난 몇 달 동안 그렇게 해 본 적이 없다고!"

그녀는 그 말을 무시하면서 그가 그런 짓을 한 횟수, 장소, 날짜를 숨도 쉬지 않고 열거한다. 그러면 남자는 자존심 상하고 화가 난 상태로 그녀와 헤어진다. 하지만 여기서 그가 그런 짓을 했느냐 하지 않았느냐는 그리 중요한 문제가 아니다. 그녀가 간절히 바라는 것은 친구들 앞에서 그가 자상하게 행동해주는 것이다. 이때 그녀는 자신의 감정을 과장하고 있고, 그는 사실과 자료에 입각하여 반박하는 것이다.

> "나는 백만 명의 남자들을 상대할 수 있을 것 같은 느낌이야. 하지만 한 번에 한 명밖에 상대하지 못해."_메이 웨스트의 남자론

여자들은 뛰어난 언어능력에도 불구하고 의사소통을 할 때면 정보교환을 위해 다양한 몸짓언어를 구사한다. 몸짓언어는 여자의 감정 상태를 잘 보여주며 효과적인 여성적 대화에서 60 내지 80퍼센트나 차지한다. 남자의 입장에서 볼 때 여자는 양팔을 흔들고, 얼굴에 다양한 표정을 지으며, 온갖 제스처를 구사한다. 심지어 전화할 때도 몸짓언어를 사용한다. 어조 또한 미묘한 뉘앙스를 전달하는데 여자는 다섯 가지의 어조를 자유자재로 구사한다. 그러나 남자는 그 중 세 가지 정도의 어조밖에 이해하지 못한다.

말은 여자들이 전달하는 메시지의 효과상 7 내지 10퍼센트밖에 차지하지 못한다. 따라서 말 자체는 여성의 대화에서 그리 결정적인 요소가 아니다. 왜냐하면 여성적 메시지의 대부분은 비언어적 수단으로 전달되기 때문이다. 여자의 경우, 대화의 내용과 동떨어진 단어를 사용해도 아무런 문제가 없다. 여자들에게는 감정과 느낌이 중요한데, 몸짓언어와 어조는 이런 의사소통에서 가장 중요한 수단이 된다.

여자는 어떻게 자신을 속일까?

여자는 어떤 시나리오를 자기 머릿속에서 반추할 때 자기의 생각을 현실로 착각하는 경우가 많다. 제시카라는 여성 독자가 보내준 편지는 그것을 잘 보여준다.

루크와 저는 토요일 저녁 여섯 시쯤 자주 가는 레스토랑에서 만나기로 했어요. 그는 그날 낮에 친구들과 축구경기를 보러 갔고 저는 루크와 동거하게 된 이래 자주 만나지 못했던 친구들과 만나 재미있는 시간을 보냈습니다. 저는 친구들과 함께 쇼핑을 했고, 점심을 먹고 커피를 마셨으며 온갖 사소한 일에 대해 이야기를 나누었지요.

시간이 쏜살같이 흘러서 저는 약속장소에 조금 늦게 도착하게 되었어요. 저는 아주 로맨틱한 저녁식사를 기대했답니다. 그래서 그런지 흥분되었고 어서 빨리 루크를 만났으면 하는 생각뿐이었지요.

레스토랑에 도착해보니 그는 의자에 앉아 창밖을 내다보고 있더군요. 저는 약간 늦어서 미안하다고 말하고 친구들과 재미있는 시간을 보냈다고 설명한 다음 사가지고 온 특별한 선물을 그에게 주었어요. 그의 정장과 잘 어울리는 황금빛 커프스링크였어요. 그는 "고맙다"고 우물우물 말하더니 그 선물을 주머니에다 집어넣고 그 후로는 말도 없는 거예요.

그는 아주 시무룩해 보였어요. 저는 약속시간에 늦게 와서 제가 가끔 그러듯이 침묵시위를 하나 보구나 하고 생각했지요. 식사 도중에도 대화가 잘 진행되지 않았고 당연히 재미도 없었어요. 그는 백만 마일 떨어진 곳에 가 있는 것 같았어요. 우리는 커피는 집에 가서 마시기로 했어요.

차를 몰아 집으로 돌아오는 길에도 조용했어요. 저는 이제 우리가 심각한 상황에 돌입했다는 생각이 들었어요. 저는 도대체 뭐가 문제인지 알아내려고 머리를 쥐어짜 보았어요. 그러나 뭐가 문제인지 알 수 없었어요. 저는 집에 도착하는 즉시 이 문제를 화제에 올려야겠다고 생각했어요. 희미하게 짚이는 사항이 몇 가지 있기는 했지만, 제가 먼저 그 얘기를 꺼내지는 않기로 했지요.

집에 도착하자 루크는 거실로 곧바로 가더니 텔레비전을 켜고 멍하니 쳐다보는 거예요. 그의 눈빛은 우리 둘의 사이는 끝났다고 말하는 것 같았어요. 저는 그 동안 죽 의심해 왔던 것이 사실이었구나 하고 직감했어요. 그에게 다른 여자가 생긴 거예요. 그는 현재 그 여자 생각을 하고 있으며, 제게 그 문제를 말하지 않으려는 거겠죠. 그리고 그 여자가 누구인지 이제 분명해졌어요. 데비라는 나쁜년인데 그의 직장동료이고 미니스커트를 즐겨 입고 다녀요. 그녀가 루크 옆을 지나갈 때마다 요염하게 엉덩이를 흔드는 걸 보았어요. 그는 저를 바보로 알고 있지만 넋 나간 표정으로 그녀의 엉덩이를 쳐다보며 좋아하던 것을 다 지켜보았다구요. 나를 눈먼 장님으로 알다니!

저는 15분쯤 거실의 소파에 그와 함께 앉아 있다가 더 이상 참지 못하고 침실로 들어가 버렸어요. 10분쯤 뒤에 루크가 침실로 오더니 놀랍게도 저를 껴안는 거예요. 저는 그의 접근을 거부하지 않았고 우리는 화끈하게 섹스를 했어요. 그는 섹스가 끝나자마자 옆으로 나가 떨어지더니 코를 곯더군요! 저는 너무 당황하고 스트레스를 받아서 몇 시간 동안 잠을 이루지 못하다가 새벽녘에서야 울다 지쳐 잠이 들었답니다. 우리의 관계가 끝나가고 있다는 확신이 들었어요.

저는 내일 단단히 따져야겠다고 마음먹었어요. 진실을 밝혀야겠어요. 다른 여자는 누구인지? 그는 정말 그 새로 생긴 여자를 사랑하는지, 아니면 한때의 불장난인지? 왜 남자는 진실하지 못한지? 저는 더 이상 이렇게 비참한 상태로는 살 수 없어요….

그렇다면 루크가 그날 밤 곰곰이 생각했던 것은 무엇이었을까?

그의 생각 잉글랜드 팀이 축구경기에서 지다니. 하지만 집에 돌아와 화끈한 섹스를 했다.

만약 당신이 남자라면 정서적으로 과장하기를 좋아하는 여성의 스타일을 이해하고, 그녀의 말을 너무 문자 그대로 해석하지 말기 바란다. 그녀를 드라마의 여왕이라고 부르지도 말고, 친구들 앞에서 그녀의 말 하나하나에 토를 달지도 말라. 한 발자국 뒤로 물러서서 그녀의 진실한 느낌을 들어보려고 애써보라. 그녀가 말을 할 때 이렇게 생각한 후 말해야 한다고 훈수하지도 말라. 반면 여자는 남자가 문자 그대로 해석한다는 것을 염두에 두고 가능한 한 과장을 피하면서 사실만 말해야 한다. 특히 비즈니스 분야에서는 과장을 하면 상대방에게 혼란을 주기 쉽고 큰 손해를 입을 수도 있으니 유의해야 한다.

왜 여자는 본론부터 말하지 않을까?

남자들이 볼 때, 여자들은 본론을 곧바로 꺼내기보다는 막연한 방식 혹은 변죽을 울리는 방식으로 얘기하는 것처럼 보인다. 때때로 남자는 여자의 말을 추측해야 하고 어떤 때는 여자가 남자를 독심술사로 만들려는 것인지 의문까지 갖게 된다. 이런 의도적인 모호함을 가리켜 통칭

'간접화법'이라고 한다.

남성 독자가 보내온 다음 편지는 간접화법에 대한 남자의 느낌을 잘 보여주고 있다.

> 제 아내는 간접화법을 거의 예술의 경지로 끌어올린 인물이랍니다. 어제 같은 경우에는 주방을 돌아다니면서 이렇게 말하는 것이었습니다.
> "오늘 직원회의에서 부장이 그러는 거 있지. 살라미salami(향미가 강한 소시지. 속어로 페니스를 일컫기도 한다 : 옮긴이)를 먹지 말라고."
> 제가 물었습니다.
> "엉? 그 여자 부장이 거시기에 대해서 뭐라고 그랬다고?"
> 그러자 아내가 화난 어조로 이렇게 말하는 것이었습니다.
> "그런 얘기가 아니야. 당신이 살라미를 먹는 건 안 좋다고. 그래서 살라미를 조금만 넣었어."
> 저는 입을 딱 벌리고 멍한 표정으로 서 있었습니다. 저는 제 머릿속의 어두컴컴한 캐비닛 속을 뒤져서 좀 전에 아내와 나눈 대화의 녹취록을 꺼내보려고 했습니다. 하지만 그녀는 자기가 아까 멈추었던 부분에서 이야기를 계속하면서 부장이 실제로 말한 것을 이야기하기 시작했습니다.
> 아내는 늘 이런 식으로 말합니다. 저는 그녀가 쏟아놓는 언어의 흐름에다 적당한 구두점을 집어넣어 툭하면 끊어지는 대화의 흐름을 서로 이으려고 애씁니다. 그녀는 네다섯 개의 서로 다른 문장들을 동시다발적으로 구사하는데, 그 흐름을 놓치지 않기 위해서는 여간 애를 쓰지 않으면 안 됩니다. 아내의 친구들은 그녀의 말을 별 어려움 없이 따라가는 듯합니

다. 하지만 저와 제 두 아들은 그 말을 따라가려면 뇌출혈을 일으킬 지경이랍니다. 아내처럼 똑똑한 여자가 막상 말을 할 때에는 어떻게 그리도 산만할까요?

한번은 아내가 제게 이렇게 묻는 것이었습니다.

"오늘 저녁 영화 보러 갈까?"

저는 아내의 요청이 고맙기도 했지만 " 안 되는데"라고 대답했습니다. 차고에서 할 일이 있었기 때문이지요. 그리고 나서 한 시간쯤 되었을 때 저는 아내가 제게 말을 하지 않는다는 것을 발견했습니다. 저는 무슨 문제가 있느냐고 물었습니다. 그녀는 "아냐" 하고 쌀쌀맞게 대답하더군요. 하지만 여전히 말을 하지 않았습니다. 제가 자꾸 그 이유를 캐묻자 아내가 눈물을 글썽이며 크게 소리치는 것이었습니다.

"당신이 언제 나를 영화 보러 데려간 적이 있었어!"

젠장. 저는 영화에 초대받은 사람이 저라고 생각했지, 그녀가 가고 싶다는 얘기였는지는 꿈에도 상상하지 못했단 말입니다!

오늘, 차고에 빨래를 한 아름 들고 가면서 아내에게 말했습니다.

"이따 철물점에 가야 할까봐."

저는 차고에서 30분 정도 바쁘게 일을 했습니다. 세탁기에 빨래를 집어넣고 돌렸고, 몇 가지 박스를 다른 데로 옮겨놓았으며, 선반을 깨끗하게 정리했습니다. 저는 철물점에 다녀오겠다는 생각은 까맣게 잊어버리고 앞으로 차고에서 해야 할 일들을 마음속으로 체크했습니다. 차고 일을 대충 끝내고 다시 방으로 들어오는데. 아내가 하던 일을 멈추고 고개를 들면서 묻는 것이었습니다.

"도대체 왜 그러는 거야?"

"엉? 뭐가 왜야?"

저는 멍한 표정으로 물었습니다.

"마음속에 담아둔 용건이 대체 뭐야?"

"나, 용건 없어. 뜬금없이 무슨 얘기야?"

"마음속에 할 얘기가 없다면 왜 아까 철물점에 간다고 했어? 나를 피하려고 그러는 거 아니야?"

아내는 결혼한 남자들이 너무나 잘 아는 자세인, 팔짱을 낀 자세("왜 치사하게 피하고 그래요?")로 저를 노려보는 것이었습니다.

철물점 얘기는 이미 지나간 거 아닙니까. 저는 아까 30분 동안 여러 가지 일을 하면서 철물점에 가야겠다는 생각은 까맣게 잊고 있었습니다. 하지만 아내는 그 이야기를 잊지 않았고 제가 철물점으로 간다는 것은 표면적인 이유일 뿐 속으로 뭔가 못마땅한 것이 있구나 하고 넘겨짚고 있었던 것입니다.

우리가 서로의 오해를 풀고 난 다음에, 아내는 제가 도무지 남의 말을 듣지 않는 사람이라고 다시 한번 확신하게 되었답니다. 그리고 저는 마지못해 아내의 말이 맞다고 수긍해주어야 했습니다. 저는 우선 살라미 샌드위치를 먹고 난 다음에 이 문제에 대해 좀 더 생각해볼 예정입니다.

_좌절감을 느끼는 레이먼드

여자는 말할 때 간접화법을 사용하는 경우가 많다. 그러니까 그녀가 원하는 것을 암시함으로써 상대방으로 하여금 추측하게 만든다. 레이먼드의 아내도 다중 트랙 화법을 구사했고 그래서 그는 완전히 길을 잃어버려 헤매게 되었던 것이다.

여자들의 간접화법은 나름의 목적을 갖고 있다. 그것은 공격성, 대결, 불화 등을 피하면서 다른 사람들과의 인간관계를 구축해주곤 한다. 진화의 관점에서 볼 때 여자들은 간접화법을 씀으로써 상대방과의 불화를 피하고 공격적이거나 지배적인 인상을 주지 않아 쉽게 좋은 관계를 맺을 수 있었다. 이 접근방법은 조화를 지향하는 여성의 스타일과 잘 어울린다.

여자가 다른 여자를 상대로 간접화법을 사용하면 전혀 문제가 없다. 여자들의 귀는 민감하여 진짜 의미를 잘 알아차린다. 하지만 간접화법을 남자들에게 사용하면 예측할 수 없는 나쁜 결과를 가져올 수 있다. 남자들은 직접화법을 사용하고 말을 문자 그대로 해석한다. 이미 앞에서 말한 바와 같이 남자의 두뇌는 사냥의 필요성 때문에 단일주제에 집중하는 기례로 진화해왔다. 남자들은 의도나 목적이 별로 없는 여자들의 대화를 아주 난처하게 생각한다. 또한 여자들이 자기가 무슨 말을 하고 있는지 모르면서 말한다고 비난한다. 남자들은 이렇게 말하면서 여자들의 화법에 저항한다.

"도대체 요지가 뭐야?"
"이 대화는 도대체 어디로 흘러가는 거야?"
"그래서 결론은?"

이렇게 말한 다음, 남자들은 여자가 정신병 환자라도 되는 듯이 그녀의 말허리를 무참하게 잘라버리고는 이렇게 말한다.

"그 문제에 대해서는 이미 열 번도 넘게 말했어."
"그 얘기 도대체 얼마나 더할 거야?"
"이 대화는 힘만 들고 결론이 나질 않는군!"

비즈니스에서의 간접화법

여자가 비즈니스 분야에서 간접화법을 사용하면 문제가 될 수 있다. 왜냐하면 남자들은 다중 트랙의 간접화법을 따라가는 데 어려움을 느끼기 때문이다. 남자는 분명하고, 논리적이고, 조직적인 아이디어와 정보를 갖고 있어야만 명확한 결론을 내릴 수 있다. 여자는 남자상사에게 자기 의도를 분명하게 전달하지 못하는 제안이나 요청사항을 거부당하는 경우가 많다. 마리의 경우가 그런 전형적인 사례이다.

6개월간의 협상을 거친 끝에 마리는 대기업 광고주에게 새로운 광고 프로그램을 프레젠테이션하는 기회를 얻을 수 있었다. 대기업 측의 청중은 남자 여덟 명과 여자 네 명이었다. 예상 광고 계약액은 20만 달러였고 그녀에게는 30분 동안 자신의 기획안을 설명할 기회가 주어졌다. 그녀는 프레젠테이션이 1회로 끝난다는 것을 누구보다도 잘 알고 있었다. 보고 당일 마리는 무릎까지 내려오는 점잖은 정장을 입고, 머리는 틀어올린 채 가볍게 화장했다. 그녀는 자신의 보고 내용을 눈감고도 할 수 있을 정도로 완벽하게 소화했다.

그러나 프레젠테이션에 들어가면서 그녀는 남자 청중들이 멍한 표정으로 자신을 쳐다보고 있는 모습을 보았다. 그녀는 그들이 비판적인 입장을 견지하고 있으며 흥미를 느끼지 못한다고 판단했다. 그래서 흥미와 관심을 유도할 목적으로 다중 트랙 프레젠테이션을 시작했다. 슬라이드를 앞뒤로 참조하면서 간접화법을 구사하고 여러 가지 화제가 서로 관련되어 있음을 이해시키려고 했다.

여자 청중은 마리에게 미소를 지어보이고, 다양한 표정과 맞장구치는 소리("어머 그렇네", "맞아!", "흐음!" 등)로 마리의 말에 호응하는 듯했다. 마리는 여자들의 반응에 흥분하여 남자들의 존재는 완전히 잊어버리고 여자들만 상대로 프레젠테이션을 진행했다. 그리하여 그녀의 프레젠테이션은 다중 트랙과 간접화법이 교차하는, 아주 복잡한 보고가 되고 말았다. 그녀는 자신이 잘해냈다고 확신하면서 회의장을 빠져 나왔다. 광고주로부터 곧 연락이 올 것이라고 생각하면서.

마리가 가고 난 다음에 남자 중역들이 커피를 마시면서 한 대화는 이렇다.

마케팅 이사   그 여자가 무슨 얘기를 하는지 자네들은 이해가 되던가?
담당 중역   아니…… 잘 이해하지 못했어. 그녀에게 제안서 사본을 한 부 보내라고 하자고.

마리는 자신의 말을 잘 알아듣지 못하고 이 화제가 저 화제와 어떻게 연결되는지를 이해하지 못하는 남자 중역들을 상대로 다중 트랙의 간접화법 프레젠테이션을 했다. 여자 중역들은 그 프레젠테이션에 만족하면서 이런 저런 질문을 왔다. 하지만 남자 중역은 아무도 손을 들지 않았고 마리의 말을 이해하지도 못했다. 여자는 이런 사실을 알아두어야 한다. 남자는 여자의 말을 잘 알아듣지 못하면 솔직히 모르겠다고 인정하지 않는다. 바보처럼 보이는 것이 싫어서 잘 모르면서도 아는 척 하는 쪽을 선택한다.

여자들은 종종 자신의 남자 파트너가 자신의 간접화법을 이해하고, 독해하고, 또한 따라와 주기를 바란다. 하지만 남자는 그것이 잘되지 않는다. 상대방 남자의 연령과 상관없이, 여자는 남자에게 직접화법을 구사해야 할 필요가 있다. 남자에게 시간표와 의제, 결론에 해당하는 답변과 마감시한을 주도록 하라. 특히 비즈니스 분야에서는 남자와 상대할 때 직접화법을 써야 한다. 또한 남자에게 한 번에 한 건씩 접근해 들어가야 한다. 마리는 아직도 광고주로부터 연락을 기다리고 있다.

여자들의 경우 간접화법은 다른 여자를 상대로 할 때 사용하는 것이 좋다. 남자들과 의사소통할 때는 반드시 직접화법을 사용하라. 처음에는 다소 불편하겠지만 연습을 반복하다 보면 원하는 결과를 얻을 수 있다. 또 당신의 파트너와 오해를 빚는 경우가 현저히 줄어들 것이다.

남자는 여자와 대화할 때 이야기를 잘 따라가지 못하겠다면, 의자 등받이에 등을 기댄 채 그 이야기의 흐름을 그저 들어주기만 하라. 이때 해결안을 제시하지 않아야 한다. 필요할 경우 상대에게 시간을 제한하는 것도 좋은 방법이다.

"여보, 일곱 시 뉴스를 봐야 하거든. 그러니까 그때까지만 얘기하자고."

이렇게 하면 상대는 그 시간에 맞추어 마음속에 있는 이야기를 다 털어놓게 되므로 행복하고 기쁜 마음이 될 것이다. 반면 당신은 아무런 행동을 취하지 않아도 된다.

가정에서의 간접화법

___

"여자가 이렇게 말할 때? ➡ 그녀의 본심은?

우리 얘기 좀 해.
➡ 난 화가 났어. 문제가 있어.

우리에게 이것이 필요해.
➡ 나는 이것을 원해.

미안해.
➡ 나한테 미안하게 여기게 될 걸?

그건 당신의 결정사항이야.
➡ 단 내가 동의해야 해.

나는 화나지 않았어.
➡ 물론 나는 화가 났다고!

당신, 의사소통 방법을 배워야겠어.
➡ 당신은 내 말에 동의해야 해.

나를 사랑해?
➡ 나는 비싼 물건이 필요해.

당신, 오늘밤 정말 자상하네.
➡ 머릿속엔 그저 섹스 생각밖엔 없지?

나를 얼마나 사랑해?
➡ 당신이 싫어하는 일을 저질렀어.

로맨틱하게 불 좀 꺼줘.
➡ 난 허벅지가 굵단 말이야.

여자들의 간접용어 어휘집

한 독자는 우리에게 남녀 간의 논쟁에서 자주 구사되는
《여성의 간접용어 어휘집》을 보내왔다.

좋아 : 여자들은 언쟁의 끄트머리에 이 단어를 사용한다. 여자들은 자기 말이 옳지만 상대방이 조용해지도록 하기 위하여 이 말을 쓴다. 남자들은 여자들의 용모를 묘사할 때 "좋아"라는 단어를 써서는 안 된다. 이것은 남녀 사이에 언쟁을 불러일으킬 수 있고 그 언쟁은 결국 여자들이 "좋아"라는 말을 하는 것으로 끝나게 된다.

5분 : 이것은 실제로는 약 반 시간을 의미한다. 축구구경을 하는 남자에게 쓰레기를 안 내놓느냐고 물을 때도 이 단어를 사용하는데 이때의 5분 역시 반 시간이다.

아무것도 아냐 : 이것은 "뭔가 있다"는 것을 의미한다. 여자들은 남자를 목 졸라 죽이고 싶을 때 보통 이 단어를 쓴다. "아무것도 아냐"는 종종 언쟁의 시작을 의미하며, 그 언쟁은 5분간 지속되다가 언쟁 끝에는 "좋아"라는 단어가 구사된다.

그렇게 해(눈썹을 치켜 뜬 상태) : 이것은 하나의 위협이며 만약 문자 그대로 믿고서 그렇게 하면 여자들은 아무것도 아닌 일에 벌컥 화를 내고, 결국 "좋아"라는 말로 언쟁을 끝내게 된다.

그렇게 해(평상시의 눈썹 상태) : 이것은 "나는 포기하겠다" 혹은 "나는 상관하지 않겠으니 당신 하고 싶은 대로 하라"는 뜻이다. 하지만 몇 분 후 남자는 여자가 눈썹을 치켜 뜨고 "그렇게 해" 하는 소리를 듣게 될 것이고, 연이어 " 아무것도 아냐"와 "좋아"라는 말을 듣게 될 것이다. 상대가 화가 가라앉을 무렵이면 당신을 상대로 5분 동안 얘기할 것이다.

큰 한숨 : 여자들은 남자들이 바보스럽다고 생각될 때 큰 한숨을 내쉰다. 여자들은 '내가 왜 이런 바보를 상대로 아무것도 아닌 일을 가지고 언쟁을 벌이며 시간을 낭비해야 하지?'라고 생각하는 것이다.

뭐? : 말을 시작할 때 내뱉는 "뭐?"는 보통 남자들의 거짓말이 들통났음을 뜻한다. 가령 "뭐? 어젯밤 당신이 뭘 했는지 당신 동생에게 물어봤는데?", "뭐? 그 말을 지금 나보고 믿으라는 거야?"와 같은 상황이 벌어지면, 여자들은 당신의 옷을 창문 밖으로 내던지면서 "좋아"라고 말할 것이다. 하지만 그 상황을 모면하기 위해 또 다른 거짓말을 해서는 안 된다. 만약 당신이 또 거짓말을 하면 그녀는 눈썹을 치켜 뜬 채 "그렇게 해"를 서슴없이 내뱉을 것이다.

괜찮아 : 당신의 소행을 어떻게 처벌할 것인지 오래도록 곰곰이 생각해 보겠다는 뜻이다. "괜찮아"는 종종 "좋아"와 함께 쓰이고 눈썹을 치켜 뜬 채 말하는 "그렇게 해"가 중간 중간에 끼어들 것이다. 하지만 얼마 지나지 않아 처벌의 수위가 확정되면 당신은 아주 큰 곤란에 직면하게 된다.

해봐 : 이것은 진술이 아니다. 당신에게 어서 말하라는 제안이다. 당신의 행동에 대해 이유와 변명을 말할 기회를 주겠다는 뜻이다. 만약 당신이 진실을 말하지 않으면 "괜찮아"라는 말이 튀어나올 것이다.

정말? : 이것은 당신이 하는 말에 약간 의문을 갖고 있다는 뜻이 아니다. 오히려 당신의 말을 단 한 마디도 믿지 않는다는 뜻이다. 당신이 해명하겠다고 말하면 상대는 "해봐"라고 말할 것이다. 당신이 장황하게 변명을 늘어놓을수록 상대의 "정말?"은 점점 냉소적으로 변해가고 그 중간에 "뭐?"와 눈썹 치켜 뜬 채 말하는 "그렇게 해"와 마지막으로 '큰 한숨'이 뒤섞일 것이다.

눈물나게 고맙네 : 여자들은 남자들에게 화나 있을 때 이 말을 쓴다. 이 말은 "당신이 아주 뻔뻔스럽게 내 마음을 아프게 했다"는 것을 뜻한다. 이 말 뒤에는 곧 '큰 한숨'이 따라나온다. 상대가 큰 한숨을 쉬면 무슨 일이냐고 묻지 말라. 상대는 분명 "아무것도 아냐"라고 말할 테니까. 상대가 당신에게 속마음을 털어놓을 기회는 내일, 혹은 모레 아니면 그 어떤 날이 될 것이다.

왜 여자는 세부사항까지 알려고 할까?

어느 날 저녁 조시가 신문을 읽는데 전화벨이 울렸다. 그가 전화를 받았고 약 10분간 중간 중간에 짧게 대답하면서 듣기만 하더니, 마침내 "알았어, 그럼 한번 보자구…"라고 대답하면서 전화를 끊고 다시 신문을 읽기 시작했다.

"누구야?" 아내 데비가 물었다. 그가 대답했다.

"학교 동창 로버트."

"로버트? 그 사람이라면 고등학교 졸업한 후 한 번도 못 만났잖아? 그래, 어떻게 지냈대?"

"잘 있대."

그녀가 물었다. "그래…, 뭐라고 해?"

"별거 없었어…잘나가고 있대…잘 있고."

조시는 신문을 읽다가 방해받아 짜증나다는 표정을 지으며 말했다.

그녀가 물었다.

"십 년 동안 한 번도 만나지 못했는데 한 말이 겨우 그거야? 그 사람은 잘 있대?"

그녀는 이어 변호사처럼 그를 심문하기 시작했고 몇 번이고 그 대화를 되풀이한 끝에 대화의 전모를 알아냈다. 조시의 관점에서 보면 그 대화는 일단 끝났고 더 이상 언급해야 할 것도 없었다. 하지만 제비는 전화통화한 모든 세부적인 내용까지도 알고 싶어 했다.

조시가 볼 때 내용은 간단했다. 로버트는 열다섯 살 때 학교를 그만

두었고 아버지가 바람이 나서 집을 나가버린 후 신경쇠약에 걸린 어머니를 부양하기 위해 남자 에스코트로 일했다 한다. 어머니가 신경쇠약을 극복하지 못하고 비관자살을 하자 로버트는 그 고통을 잊기 위해 약물 중독자가 되었는데, 그 후 모스크바 서커스단에 들어가 입으로 칼을 받는 곡예사가 되었단다. 우연한 사고로 사타구니에 큰 부상을 입은 것이 계기가 되어 프랑스의 외인부대로 들어갔고, 얼마 지나지 않아 다시 아프가니스탄으로 가서 선교사가 되었다는 것이다. 기독교를 전파한다는 이유로 체포되었다가 탈레반 정부의 앞잡이가 되기로 동의한 후 석방되기는 했지만, 어느 날 밤 분뇨 수거차의 탱크에 잠입해서 겨우 도망칠 수 있었다 한다.

로버트는 현재 새 아내와 함께 고향에서 산다고 했다. 새 아내는 전에 화류계에서 잠깐 일하다가 수녀가 된 후 지금은 환속한 여자로, 로버트와 함께 아프리카로 가서 나환자촌을 건설하기를 희망하고 있단다. 그는 억울한 살인혐의로 투옥되었다가 무죄임이 밝혀져 출감한 상태이므로 아내가 하자는 대로 살아간다고 했다. 로버트와 그가 입양한 일곱 명의 브라질 아이들은 철저한 채식주의자이면서 신실한 종교인인데, 그는 현재 생활에 아주 만족하며… 그래서 결론은 좋다는 것이다. 조시가 볼 때 그것은 매우 간단한 일이었다. 결론은 로버트가 잘 있다는 것이었다. 조시는 그 복잡한 이야기를 반복하는 것이 무의미하다고 생각했다. 하지만 데비는 아니었다. 그녀는 모든 내용을 다 알아낼 때까지 묻고 또 물었다.

이 대화는 남자와 여자의 두뇌가 근본적으로 차이가 있음을 보여준다. 남자가 볼 때 세부적인 내용은 그리 중요하지 않다. 여자는 남자가 침묵하면 자기를 사랑하지 않는다고 생각한다. 여자에게 말이란 곧 유대의식을 강화시키는 수단인 것이다. 반면 남자는 여자가 말을 너무 많이 하며 남자들을 괴롭히려 든다고 생각한다.

세부내용을 추적하는 두뇌회로

인류의 둥지 수호자인 여자는 남자가 사냥이나 전투에서 돌아오지 않으면 자신을 돌봐줄 여자친구들의 연락망을 비밀스럽게 형성해놓고 있었다. 즉 여자친구들은 보험증권과 비슷했다. 여성의 생존은 다른 여성집단과 유대관계를 맺는 능력에 달려 있었다. 따라서 다른 여성집단의 생활에 대한 모든 세부적인 사항을 알아둘 필요가 있었다.

부부가 사교모임에 참석하고 온 다음에 대화가 벌어지면 여자들은 다른 남자들의 아내가 무엇을 하고 있는지, 그녀의 올해 꿈과 목표는 무엇인지, 건강은 어떤지, 부부관계는 원만한지 등을 얘기하고 또 알고 싶어 한다. 또한 여자들은 다른 부부들이 휴가는 어디로 가는지 자녀들을 어떻게 교육시키는지 등에 대해서도 이야기한다.

반면에 남자들은 다른 남자동료가 사들인 새로운 소년용 장난감, 새로 산 스포츠 카, 고기가 잘 잡히는 낚시터, 테러리즘을 퇴치하는 방법, 잉글랜드 축구 팀이 독일 팀을 이긴 사건 등에 대해서 이야기한다. 또한 육체파 여배우 엘 맥퍼슨과 단 둘이서 무인도에 표류한 남자에 대해 농담도 한다. 하지만 남자들은 사교모임에 참석한 사람들의 개인적인 생활에 대해서는 아는 것이 별로 없다. 여자가 집에 돌아오는 길에 남자에게 말해줄 때에야 알게 되는 것이다.

물론 여자들이 다른 사람들의 사생활을 밀탐하고 다니는 존재라는 뜻은 아니다. 여자들은 유대를 강화시키는 한 방편으로 상대방의 생활형편을 그토록 알고 싶어 하는 것이다. 여자들의 두뇌회로에는 장기적인 존속이라는 지상목표가 프로그래밍되어 있다. 그래서 상대방 여자가 어떻게 지내고 있는지 또한 어떻게 하면 서로 도와줄 수 있는지 알고 싶어 한다.

만약 당신이 남자라면 상대방의 개인생활과 신상정보를 알고 싶어 하는 여자들의 욕구를 좋은 쪽으로 이해해야 한다. 다시 말해 인간관계의 존속을 위한 것임을 잊지 말아야 한다. 그런 욕구가 여자의 두뇌회로에는 영구적으로 프로그래밍되어 있다. 따라서 여자와 이야기할 때는 당신이 생각했던 것보다 훨씬 더 많은 세부적인 정보를 알려줄 필요가 있다.

당신의 아내, 혹은 애인과 대화를 나누는 상황이라면 당신이 나서서 그녀와 함께 거리를 산책하자고 제안하라. 그리고 사랑하는 그녀와 마음껏 이야기를 나누라. 가능하면 그녀의 이야기를 많이 들어주라. 이렇게 하면 운동도 할 수 있고 여자의 마음도 기쁘게 할 수 있으니 일거양득이 아니겠는가. 하지만 대화 도중 어떤 해결안을 제시하려고 해서는 안 된다. 당신의 입장에서는 해결안을 생각해내기 위해 머리를 쥐어짤 필요가 없다.

만약 당신이 여자라면 너무 많은 세부정보를 남자에게 요구하지 말라. 그것은 남자를 화나게 하고 따분하게 만든다는 것을 기억해야 한다. 비즈니스 회의에서는 곧바로 본론으로 들어가 간결하고 분명한 화법을 구사하라. 집안에서 남편과 이야기할 때는 미리 대화의 틀을 제시하는 것이 좋다. 어느 시간까지 얘기할 생각이니 말을 끊지 말고 끝까지 들어달라고 하거나 계속 남편에게 "내 말 듣고 있지?", "금방 내가 뭐라고 했어?" 이런 식으로 물어보면서 반응을 확인하라.

왜 여자는 툭하면 눈물을 흘릴까?

Why Men Lie &
Why Women Cry

Why Men Lie &
Why Women Cry

왜 여자는 툭하면 눈물을 흘릴까

지금까지 우리는 남녀의 차이점을 때로는 진지하게 때로는 유머러스하게 살펴보면서 그 해결방안을 찾아보았다. 이제는 상대방의 동의를 받아내기 위해 정서적인 측면을 조종하는 문제를 진지하게 살펴보기로 하자. 여기에 인용된 이야기는 모두 실화이다. 관련자들의 프라이버시를 보호하기 위해 이름만 가명으로 바꾸었다.

사람들은 마음속에서 우러난 감정 때문에 눈물을 흘리기도 한다. 그러나 많은 경우 상대방의 감정을 조종하기 위해 눈물을 흘린다. 남자들은 그런 경우가 드물지만 여자들은 상대방을 정신적으로 협박하기 위해 눈물을 흘리는 경우가 많다. 때로는 여자들도 자기가 왜 그런 행동을 하는지 잘 모른다. 여자들은 어떤 상황에 반응하여 눈물을 흘리는

데, 그 눈물로 인해 상대가 죄책감을 느낄 것이라고 생각하고, 상대방을 자기(여자) 마음대로 움직일 수 있다고 여긴다. 의도적일 수도 있고 아니면 무의식적으로 발휘되는 통제장치일 수도 있다.

눈물의 목적은 상대방(남편, 애인, 어린아이, 부모, 친구 등)을 강요하여 그가 평소라면 하지 않았을 행동을 하도록 만드는 것이다. 여자는 자기 행동을 후회한다는 의미로도 눈물을 흘린다. 그리하여 혼외정사나 백화점에서 도둑질을 하더라도 눈물 때문에 비교적 가벼운 처벌을 받는다. 이 장에서는 눈물로 상대방을 위협하거나 조종하여 자신의 목적을 달성하는 사례를 살펴보겠다.

왜 사람은 우는 것일까?

인간은 이 세상에 나올 때 소리치며 나오는데 이것은 동물도 마찬가지이다. 그러나 지상에 사는 동물 중 유일하게 인간만이 감정 때문에 흐느낀다. 눈물은 인간에게 세 가지 목적을 충족시켜준다. 첫째는 눈의 표면을 닦아주고, 둘째는 신체의 스트레스 화학물질을 제거해주며, 셋째는 정서적으로 아주 민감한 상황에서 시각적으로 괴로움을 호소한다. 눈물은 눈 위의 눈물샘에서 만들어져서 눈 안쪽 구석에 있는 눈물관을 따라 흘러 비강으로 배출된다. 극심한 정서적 고통의 상황에서는 눈물이 눈물관으로 모두 배출되지 못하기 때문에 뺨 위로 넘쳐흐르게 된다.

울다 cry
동사. 소리내어 울다, 엉엉 울다, 울부짖다, 소리치다, 눈물을 흘리다, 탄식하다, 흐느끼다, 훌쩍거리다, 슬퍼하다, 징징거리다, 투덜대다, 구슬피울다.

왜 여자가 남자보다 잘 울까?

울음은 태어날 때부터 시작된다. 울음의 주된 목적은 부모에게 사랑과 보호의 감정을 자극하자는 것이다. 우는 것은 어린아이가 원하는 것을 얻어내기 위한 하나의 방법인데, 어른의 경우에는 여성이 즐겨 사용한다. 대부분의 여자들은 어린아이의 울음소리를 듣고서 일곱 가지나 되는 요구사항을 분간해낸다. 어린아이의 울음소리는 여성의 두뇌에 있는 정서적 회로와 일치하곤 하기 때문이다.

남자들은 공공장소에서 거의 울지 않는다. 진화의 관점에서 보면, 동료 남자들에게 자신의 감정을 드러내는 남자는 위험한 입장에 놓이게 된다. 그는 나약한 존재로 보이게 될 것이고, 다른 남자들이 그를 공격할 수 있는 빌미가 된다. 그러나 여자가 다른 여자에게 자신의 감정을 보이는 것은 상대를 신임한다는 의미이다. 왜냐하면 우는 여자는

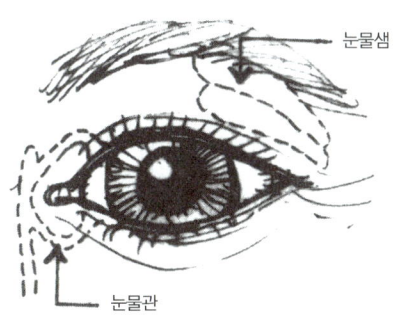

눈물샘은 수도꼭지이고 눈물관은 하수구이다.

어린아이로 돌아가고 그녀의 친구는 보호하는 부모의 입장이 되기 때문이다.

눈물은 다음과 같은 세 가지 기능을 가지고 있다.

첫째, 눈 보호 기능. 많은 동물학자들은 눈물이 눈을 보호하는 기능을 가진, 수중시대의 유물이라고 생각한다. 인간은 물 속에 살던 시절, 수영을 효과적으로 하기 위해 물갈퀴 같은 손가락과 발가락, 밑을 향하는 콧구멍을 발달시켰다. 눈물샘은 눈으로 액체를 분비하고 눈물관은 하나의 통로가 되어 눈물을 비강으로 흘려보낸다. 눈물은 눈으로부터 소금이나 기타 불순물을 제거해준다. 이런 눈물의 기능은 다른 영장류에게서는 찾아보기 힘들다. 또한 눈물은 리소짐이라는 효소를 함유하고 있어서 박테리아를 죽이고 눈의 감염을 막아준다.

둘째, 스트레스 해소 기능. 눈물의 화학적 분석결과에 의하면, 뺨을 타고 줄줄 흘러내리는 스트레스성 눈물은 안구 보호용 눈물과는 성분이 다른 것으로 알려졌다. 신체는 몸으로부터 스트레스 독소를 제거하기 위하여 이 기능을 발휘한다. 바로 이 때문에 여자들은 실컷 울고 나면 기분이 한결 개운해진다고 말하는 것이다(특별히 울 이유가 없어도 눈물은 몸의 상태를 좋게 한다). 눈물에는 신체의 자연적 진통제인 엔돌핀이 함유되어 있어 정신적 고통을 줄여준다.

셋째, 정서적 표시 기능. 물개와 바다 수달은 새끼를 잃어버렸을 때만 정서적으로 고통을 느끼면서 소리 내어 운다. 인간은 정서적 고통 때문에 울지만 정서적 조종을 위해서 울기도 한다. 지상의 동물 중 이 두 기능을 모두 발휘하는 것은 인간밖에 없다. 눈물은 가시적인 정서의 표시이다. 상대방의 눈물을 본 사람은 그 사람을 껴안으며 위로해주고 싶은 마음이 들게 된다. 눈물은 옥시토신이라는 호르몬의 분비를 촉진시킨다. 이 호르몬이 왕성한 사람은 다른 사람의 포옹을 받고 싶은 강렬한 욕구를 느끼는 것이다.

> 물개와 수달은 눈물로 상대방을 조종하지 않는다.
> 그렇게 하는 것은 인간밖에 없다.

진한 감정을 느끼지만 눈물이 뺨을 타고 흐를 정도는 아닐 때 사람의 눈은 반들거리거나 반짝거린다. 이런 눈은 자식을 자랑스럽게 여기는 부모나 애정이 지극한 애인의 눈에서 발견할 수 있다. 은은하게 솟구치는 눈물에서 불빛이 반사되어 눈이 반들거리거나 빛나는 것이다.

눈물과 정신적 협박

이제 눈물의 기능을 파악했으니 한 사람이 심리적으로 다른 사람을 조종하는 방식, 즉 눈물과 정신적 협박에 대해 살펴보자.

조지나는 매력적이고 총명한 여자였다. 비서대학을 졸업하고 모 회사 중역의 비서로 취직한 그녀는 사치스러운 생활을 좋아했다. 화려한 파티, 값비싼 아파트, 유명 디자이너의 의상, 고급 스포츠 카를 좋아했다. 그녀의 수입은 생활비를 충당할 정도는 되었지만, 화려한 생활의 비용은 감당할 수 없었으므로 대부분 남자친구들이 그 비용을 감당했다.

조지나는 곧 생활비를 벌기 위해 일하는 것이 지겨워졌다. 하룻밤을 즐겁게 보낸 다음 침대에서 빠져나와 아침 아홉 시까지 회사에 출근해야 하는 것이 점점 힘들어졌다. 그녀의 사교생활과 직장생활은 양립할 수 없었다.

어느 날 밤, 그녀는 파티에서 만난 남자에게 자신의 어려움을 털어놓았다. 그 남자는 그녀보다 훨씬 나이 많은 부자였다. 그는 포르셰 자동차를 몰고 다녔고 요트를 갖고 있었으며 해외여행도 많이 다녔다. 하지만 특별히 하는 일이 있는 것 같지는 않았다. 그는 조지나에게 상류사회의 에스코트(사교모임의 여성 동반자)를 제안했다. 그녀의 수입 중 몇 퍼센트만 떼준다면 많은 남자들에게 소개해 줄 수 있다는 것이었다. 조지나는 며칠 동안 곰곰이 생각한 끝에 그 제안을 받아들였고 자신이 원하던 생활을 마음껏 즐겼다. 하지만 그 생활은 오래 가지 못했다. 죄책감, 양심의 가책, 우연찮게 발생한 사고 등으로 인해 예전의 직장생활이 그리 나쁘지 않았음을 깨닫게 된 것이다.

그녀는 다른 도시로 이사를 가서 이름을 파멜라로 바꾸고 대규모 회계법인 회사에 비서로 취직했다. 얼마 지나지 않아 조지나(현재 이름은 파멜라)는 회사의 공동사장이며 상사인 그레임과 데이트하게 되었다. 그들은 서로 의기투합하여 결혼했고 행복하게 3년을 보낸 뒤 아이까지 낳았다. 조지나의 인생은 아주 행복했다. 사랑하는 남편, 예쁜 아이, 좋은 집, 경제적인 안정, 많은 친구, 무엇 하나 부족하지 않았다.

어느 날 아침 그녀는 프랭크로부터 전화를 받았다. 프랭크는 그녀가 에스코트로 활약하던 시절의 단골 고객이었다. 그는 그녀를 다시 만나고 싶다면서 점심식사를 함께 하자고 했다. 파멜라는 거절했다. 모두 과거의 이야기이고 이미 끝난 일이라고 말했다. 프랭크는 자기를 만나주는 것이 신상에 이로울 거라며 만약 응해주지 않는다면 남편과 친구들에게 과거를 폭로하겠다고 위협했다. 파멜라는 충격을 받았다. 남편, 집, 아이, 안정된 생활 등 모든 것을 잃어버릴 수도 있었다.

파멜라는 프랭크를 만났고 그는 입을 다무는 조건으로 1만 달러를 요구했다. 파멜라는 마침 모아놓은 돈으로 그의 요구를 들어줄 수 밖에 없었다. 석달 뒤 프랭크는 또다시 나타나서는 돈과 섹스까지 요구했고 파멜라는 경찰에 신고했다. 프랭크는 갈취혐의로 12개월의 징역형을 선고받았다. 남편 그레임이 사건을 잘 무마해주기는 했지만, 파멜라는 이제 그녀의 삶이 예전 같지 않으리라는 것을 알고 있었다.

범죄자의 협박이 어떻게 시작되고 있는지를 보여주는 전형적인 사례이다. 이 사례는 한 사람이 다른 사람을 조종하여 개인적 이익을 얻으려는 모든 상황에 적용될 수 있다. 다음은 협박 드라마의 주요 구성요소이다.

희생자   죄의식이나 의무감을 지닌 사람
협박자   희생자의 약점을 알고 있는 사람
요구사항   침묵이나 협조를 조건으로 금품 요구

협박 폭로와 처벌의 협박, 혹은 소중하게 여기는 것을 잃게 되리라고 협박
저항 희생자는 처음엔 협조를 거부함
굴복 협박자의 요구사항을 들어줌
계속 요구사항은 필연적으로 계속됨

대부분의 사람들은 자기와 가까운 사람이 이런 유형의 조종전략을 쓸 수 있다고 생각하지 않는다. 나쁜 사람, 잔인한 사람만 이런 수법을 쓴다고 생각한다. 이 장에서는 이런 수법을 쓰는 사람이 누구인지 그것을 어떻게 처리할 것인지 살펴보자.

정서적 협박

정서적 협박은 당신과 정서적으로 가까운 사람이 당신을 협박, 위협, 혹은 응징을 암시하며 자기 목적을 달성하는 것을 말한다. 그들은 당신의 은밀한 비밀이나 약점을 알고 있으며 그것을 이용해 당신을 굴복 시킨다. 당신이 어떤 장점 혹은 약점을 갖고 있건 간에 협박자는 그 점을 들이대며 당신을 굴복시킨다.

그레그와 장모 매기는 서로 사이가 나빴다. 매기는 로즈메리가 손해 보고 결혼했다고 생각했기 때문에 늘 부부 사이를 이간질하려 들었다. 어느 날 매기는 딸에게 자기 친구가 대낮에 그레그를 보았는데 어떤 여

자와 함께 있더라고 말했다.

"직장 동료겠지요."

로즈메리가 말했다.

"아무리 부부라도 상대방을 소유한 것은 아니에요."

하지만 로즈메리는 남편에게 그 얘기를 꺼냈다. 그는 화를 벌컥 내면서 자기에게 스파이를 붙였냐며 분노를 터트렸다. 그레그가 말했다.

"나를 그렇게 못 믿겠다면 우리 사이도 다시 생각해봐야 하는 거 아냐?"

로즈메리는 그래도 계속 물고 늘어졌고, 그레그는 마침내 그 여자는 바의 여주인이며 다가오는 로즈메리의 생일을 위해 그 여자와 깜짝 파티를 계획하던 중이라고 말했다. 이어 그는 로즈메리를 그 바로 데려가서 그 여자에게 아내를 소개했다.

2년 뒤 매기는 넘어져서 크게 다쳤다. 병원에서 넉 달을 보낸 후 퇴원했지만, 병색이 짙은 그녀는 이제 매사에 자신이 없었다. 로즈메리는 할 수 없이 어머니를 자기 집으로 모셔야겠다고 생각했다. 그러나 어머니와 사이가 나쁜 남편이 그것을 어떻게 받아들일지 자신이 없었다. 그녀는 얘기를 꺼낼 타이밍을 조심스럽게 살폈다.

어느 날 저녁 그녀는 특별히 신경을 써서 몸단장과 옷단장을 했고 그레그가 좋아하는 음식을 준비했다. 그가 집에 돌아오자 그녀는 남편에게 와인 한잔을 내밀며 일과가 어땠느냐고 물었다. 그들이 저녁식탁에 앉았을 무렵, 그레그는 아주 평온하고 느긋한 상태가 되어 있었다. 디저트를 먹은 후 그녀는 양손에 얼굴을 파묻으며 흐느꼈다. 그레그는 걱정하며 왜 그러느냐고 물었다.

"이걸 어떻게 말해야 할지 모르겠어. 마음이 너무 심란해."
그레그는 다정하게 아내의 손을 잡았다
"로지, 무슨 일이야? 내가 뭐 잘못했어?"
로즈메리는 슬프게 머리를 흔들었다.
"아니, 그레그. 자기는 잘못한 거 하나도 없어. 난 다만…"
그녀는 다시 울음을 터트렸다. 그레그는 다정하게 그녀의 어깨에 팔을 두르며 무슨 일인지 제발 말해달라고 애걸했다. 그녀는 눈물 젖은 얼굴을 쳐들면서 고개를 저었다.
"아니야, 그레그. 괜찮이. 내가 어떻게 해볼게. 이렇게 소란을 피워서 미안해. 걱정하지마."
"하지만, 로지, 무슨 일인지 말해줘야지. 정말 나쁜 일은 아니지?"
로즈메리는 눈물을 머금은 채 호소하듯 남편을 쳐다보았다.
"아니야, 그레그. 난 자기가 내게 화를 낼까봐 두려워. 난 그것만큼은 견디지 못할 것 같아."
그녀는 부드러우면서도 슬픈 목소리로 말했다. 그레그는 이제 당황하기 시작했다. 그는 그 말이 무슨 뜻인지 몰라 의아한 표정을 지었다.
"여보, 제발 말해줘. 뭐든지 다 이해해줄게."
그레그는 '아내가 바람을 피웠다'고 최악의 상태를 상상했다. 로즈메리는 한번 부르르 몸을 떨더니 눈물을 찍어내고는 심호흡을 했다.
"친정 엄마 때문에 그래. 엄마가 너무 쇠약해져서 걱정돼 죽겠어. 아무래도 내가 엄마를 돌봐야 할 것 같아. 하지만 엄마랑 함께 사는 것을 당신이 어떻게 생각할지 너무나 잘 알기 때문에…그래서 나 혼자 해결하려고 했는데 자꾸만 걱정이 돼. 엄마가 아무 도움도 없이 그 집에서 혼자 지내야 할 걸 생각하면…그러다 또 넘어지면 어떻게 하나…이런 생각 때문에 말이야. 오, 그레그, 난 어떻게 해야 할지 모르겠어. 만약 시어머니였다면 집으로 곧바로 모셔왔을 텐데… 하지만 친정 어머다 보니…."

그녀는 말을 끝맺지 못한 채 길게 흐느껴 울었다. 처음에 그레그는 장모를 모시고 사는 일은 전혀 용납할 수 없다며 거절했다. 그러나 로즈메리가 연 이틀 눈물로 호소해오자 죄책감을 느끼기 시작했다. '정말 로즈메리를 사랑한다면 그녀를 봐서라도 내가 희생해야 되는 게 아닐까? 진정한 사랑이야말로 그런 게 아닐까? 결혼이란 따지고 보면 타협이 아닐까?' 하고 말이다.

그런 생각을 하던 그레그는 자신이 이기적이고 야비한 남자라는 생각마저 하게 되었다. 로즈메리는 그가 그런 식으로 반응하리라는 것을 미리 예상하고 있었다. 결국 그는 한 달간 시험 삼아 장모를 모시고 있어 보자고 제안을 했다. 로즈메리와 매기는 일단 집안에 발을 들여놓으면 내보내기가 거의 불가능하다는 사실을 알고 있었다. 그레그는 자신이 불평을 할 때마다 아내가 눈물과 비난으로 대응해올 것이고, 그러면 자신이 나쁜 사람이라는 느낌을 가지게 되리라는 것을 알고 있었다. 이미 하나의 패턴이 형성된 것이다.

로즈메리와 그레그의 이야기는 한 사람이 다른 사람을 조종하여 자신의 개인적인 이득을 취하는 정서적 협박의 모든 요소를 갖추고 있다.

희생자	그레그. 마음이 약해서 아내가 정신적으로 고민하고 있다는 것을 알고서 죄책감을 느낌
협박꾼	로즈메리. 그녀는 그레그의 약점을 알고 있음
요구사항	로즈메리의 어머니를 모시고 사는 것
협박	로즈메리의 요구를 들어주지 않으면 사랑도 없다는 협박
저항	그레그가 처음엔 협조를 거부함
굴복	그레그가 로즈메리의 요구사항을 들어줌
계속	언쟁과 눈물이 필연적으로 계속됨

상대방이 당초 거절할지도 모르는 것을 강요하기 위해 정서적 협박을 하는 사람은 주위에 너무나 많다. 우리 주변에서 발견되는 상황과 그레그의 상황은 별반 다르지 않다. 자신이 원하는 것을 직접적으로 말하지 않는 수동적-공격적 성향의 사람은 늘 이런 수법을 쓴다. 자신의 목적을 달성하기 위하여 일종의 게임을 벌이는 것이다. 자신의 목적을 달성하기 위해 이런 조종이나 협박을 하는 사람이 어떤 사람인지 잘 알아두는 것은 매우 중요하다. 대부분의 사람들은 가족이나 친구가 이런 계획적인 수법을 사용하리라고는 생각하지 않는다. 간교하고 공격적인 사람들만 이런 수법을 쓴다고 믿는다. 하지만 실제 사정은 그렇지 않다. 또한 정서적 협박의 결과는 아주 해로우므로 누가 그런 행동을 하는지 잘 살펴야 한다.

이 수법에 말려들게 되면 싫어하는 일, 또는 현재 상황에서 어리석다고 판단되는 일을 해야 한다. 당신을 굴복시키는 과정에서 협박자는 당신에게 죄책감을 심어주어 저항하지 못하게 한다. 당연히 당신은 그런 입장에 놓이게 된 것에 분개하게 된다. 당신이 의식하든 못하든, 장기적으로 볼 때 당신과 협박자의 관계는 더 나빠진다.

남자와 정서적 협박

남자들은 정서적 협박을 하기보다는 희생자가 되는 경우가 많다. 남자들은 자기가 원하는 것을 노골적으로 말해버린다. 평화의 수호자로 진화해온 여성은 자기가 원하는 것이 있어도 그것을 직접 말하지 않는다. 많은 여성들은 자기 존중심이 약하여 자기가 그런 것을 요구할 자격이 충분하다는 생각을 하지 못한다. 둥지 수호자인 여성은 누구에게나 사랑을 받아야 한다는 생각을 먼저한다. 그들은 배우자, 어린아이, 가족, 사회집단 등과 관계에서 그 관계를 양육하는 역할을 맡아왔다. 그들의 뇌는 인간관계를 원활히 유지하는 쪽으로 회로가 설정되어 있다. 따라서 그들은 거절당할 각오를 하고 자신의 요구사항을 직접 말하기보다는 정서적 협박을 통해 요구사항을 얻어내려 한다.

남자도 물론 이런 협박을 하기도 하지만 그 빈도가 현저히 떨어진다. 정서에 관한 한 남자의 두뇌는 아주 단순하게 작동한다. 남자들은 사냥꾼이었던 시절 직접적이고 노골적인 접근방법을 선호했고 그런 식으로 남자의 두뇌가 진화해왔다.

만약 남자가 자신의 어머니를 모시고 살아야 할 처지에 놓여 있다면,

꽃다발을 한아름 사와서 아내에게 안겨준 다음 솔직하게 털어놓았을 것이다. 남자의 조종이라는 것은 기껏해야 그 정도이다. 이어 그는 아무런 감정의 동요도 없이 그 문제의 장단점을 아내와 함께 의논하면서 결론을 향해 나아갔을 것이다. 뒷마당에다 별채를 짓는다든지, 간병인을 어머니 집에 보낸다든지, 주말에는 어머니 없이 부부끼리 여행을 간다든지, 이런 여러 가지 대안을 제시했을 것이다. 남자들은 보통 자기 뜻을 주장하며 그것을 관철시키는데, 여자들은 대부분 남자의 뜻에 따른다.

> 남자들은 자기가 원하는 것을 얻기 위해 잘 준비가 된 직접적인 접근방법을 사용한다. 반면에 여자들은 정서적 협박을 더 좋아한다.

역사적으로 볼 때 남자들은 여자들보다 더 힘 있는 지위에 있었기 때문에 공개적으로 사태를 주관할 수 있었다. 반면 여자들은 남자를 제압할 위치에 있지 못했다. 그래서 지난 수세기 동안 그들이 원하는 것을 얻기 위해 은밀한 꾀와 음모를 계획해왔다.

그러나 어떤 상황에서는 남자들도 정서적 협박을 한다. 예를 들어 여자친구에게 섹스를 하자고 제안할 때가 그렇다. 자신의 뜻을 관철시키기 위해 여자에게 정서적 협박을 가하는 것이다.

데이미언은 에리카와 두 번 데이트를 했다. 그들의 데이트는 진한 키스에서 끝났다. 그 이상 진행되기 전에 에리카가 포옹을 풀고서 차에서 내려 자기 집으로 들어갔기 때문이다. 데이미언은 초조해졌다. 그는 에리카를 좋아했고 그녀와 섹스하고 싶었다. 하지만 그녀는 저항했다. 그는 왜 그러는지 알지 못했다. 그녀는 분명 그를 좋아한다고 말했다. 그렇다면 그만큼이나 그녀도 섹스를 하고 싶어 해야 당연한 것이 아닌가.

세 번째 데이트에서 그들은 함께 영화를 보았고 지난번보다 훨씬 우아한 레스토랑에서 값비싼 저녁을 먹었다. 그런 다음 데이미언은 어둠 침침한 공원 안으로 차를 몰고 가서 엔진을 껐다. 그는 에리카에게 키스하면서 상의를 더듬었다. 그녀는 그가 상의의 단추를 푸는 것을 도왔고 그들은 서로 애무하기 시작했다. 5분 뒤 그가 치마를 걷어올리려 하자 그녀가 그의 손을 밀어냈다. 그가 다시 시도했지만 역시 마찬가지였다. 그녀는 계속해서 세 번을 밀어냈다. 마침내 그가 정색을 하면서 따지고 들었다. 데이미언이 말했다.

"에리카, 난 네가 정말 좋아. 그냥 너와 섹스하고 싶어. 내가 널 얼마나 좋아하는지 보여주고 싶어."

에리카는 별로 납득하는 눈치가 아니었다.

"미안해, 데이미언. 나도 널 좋아해. 하지만 너무 일러. 난 아직 준비가 되지 않았어. 이제 겨우 세 번 만났잖아. 나도 때가 되면 응할 거야. 그러니 좀 참아줘."

데이미언은 그녀의 귀에 코를 비벼댔다.

"제발, 에리카. 너도 원하잖아. 난 널 정말 좋아해. 난 지금이 바로 그때라고 생각해. 널 좀 더 잘 알고 싶어. 이런 기분은 정말 처음이야."

그렇지만 에리카는 몸을 뒤로 뺐다.

"안 돼, 데이미언…미안해… 난 원하지 않아. 널 정말 좋아하지만 아직 준비가 안됐어."

데이미언은 풀이 죽었다.

"에리카. 미안해. 난 네가 나하고 똑같은 느낌인 줄 알았어… 난 너의 느낌을 잘못 읽었나봐."

그는 당황하고 있었고 에리카는 그런 그가 측은해 보였다.

"아냐. 데이미언. 난 널 정말 좋아해. 약간의 시간이 필요할 뿐이야."

데이미언은 슬프게 고개를 저었다.

"아니야, 넌 나하고 느낌이 다른 것 같애. 미안해. 에리카. 난 우리가 잘 나간다고 생각해서 이렇게 했던 거야. 내가 정말 바보였어. 미안해. 오늘 벌어진 일은 다 잊어버리기로 하자."

그는 시동을 걸기 위해 자동차 키를 더듬어 찾았다. 에리카는 점점 더 당황했다.

"아니야, 데이미언. 넌 정말 좋은 남자야. 난 너와 더 많은 시간을 보내고 싶어."

"하지만, 에리카, 너의 반응은 이해가 안돼. 난 널 정말 좋아해. 그래서 그런 애정을 육체로 표현하고 싶은 거야. 하지만 네가 그런 느낌이 아니라면 우리의 관계를 이쯤에서 정리하는 게 좋겠어. 공연히 나 혼자 후끈 달아오를 수는 없으니까…미안해, 아무튼 그게 나의 솔직한 지금 심정이야. 난 지난번 데이트에서도 기분이 좋지 않았어…."

에리카는 그날 밤 결국 데이미언과 섹스를 하고 말았다. 그 후 그들의 관계는 2주 더 지속되었을 뿐이다.

이 상황에서 협박자는 데이미언이고 피해자는 에리카이며 요구사항은 섹스이다. 그는 에리카의 약점이 무엇인지 알고 있으며 그것을 집요하게 물고 늘어졌다. 여자들은 남자가 정서적으로 당황하거나 흥분하는 것을 싫어한다. 그래서 남자가 정서적으로 당황하거나 흥분하면 여자는 모성본능과 남자의 고통은 없애주려는 욕망이 솟구치게 된다. 여자들은 남자를 강인하고 고집 센 존재라고 생각한다. 그런 남자가 나약한 태도를 보일 때 여자는 마음이 약해진다.

에리카가 데이미언을 좋아한다고 분명히 말했는데도 그는 말만 그렇지 행동이 따르지 않는다고 비난했다. 그래서 에리카는 자신이 정말 그를 좋아한다는 것을 보여주는 길은 섹스에 동의하는 수밖에 없다고 생각하게 되었다. 다시 말해서 그런 생각을 강요당한 것이다.

게다가 데이미언은 자기 고집대로 하지 않으면 그들의 관계를 재고하겠다고 은근히 협박했다. 만약 그가 노골적으로 관계를 끊자고 말했다면, 그녀는 그런 식(섹스에 동의)으로 반응하지 않았을 것이다. 하지만 이렇게 고통을 당하는 것은 더 이상 참을 수 없다는 식으로 데이미언이 말해오자, 그런 정서적 협박에 저항을 포기하고 자기가 원하지 않는 상황을 받아들였던 것이다. 이렇게 해서 데이미언은 그녀를 만날 때마다 섹스를 요구하게 되었다.

이런 강압과 조종에 바탕을 둔 남녀관계는 대부분 실패로 끝나는 경우가 많다. 어느 한쪽의 일방적인 페이스대로 관계가 유지되는데 어떻게 서로 신임하고 존중하는 관계가 지속될 수 있겠는가? 정서적 협박은 즉시 대응하지 않으면 좋지 않은 결과를 가져온다.

흔히 보는 정서적 협박의 전략

정서적 협박자는 애인, 남편, 아내, 자녀, 시어머니, 부모, 친구 등 그 누구도 될 수 있다. 회사의 사장인 경우도 있다. 협박은 가문의 내력이며 한 세대에서 다음 세대로 이어지는 전략이다.

다음은 정서를 자극하여 협박하는 사람들이 자주 사용하는 전형적인 협박의 사례이다. 어떤 것은 아주 친숙하게 들릴 것이다.

부모 "내가 너한테 이렇게 많이 해주었는데도…." "네 이름을 내 유언장에서 빼버리겠어." "왜 나한테 이렇게 구는 거냐? 넌 내 피와 살이 아니냐!"

남편/아내 "당신이 그렇게 이기적으로 행동할 줄은 몰랐어." "당신은 나에게 조금도 신경 쓰지 않아." "나를 사랑한다면 그렇게 해주었을 거야."

이혼한 배우자 "당신을 법정에 세우겠어. 아이들을 다시는 못 보게 할 거야." "당신의 돈을 마지막 한 푼까지 받아내겠어." "난 당신과 섹스하는 게 너무나 지겨웠어."

애인 "다들 그렇게 해? 자기는 왜 그래?" "애인이라면 서로 이렇게 하는 거야." "자기는 나를 사랑하지 않는 게 분명해. 우리, 헤어지는게 나을 것 같아."

자녀들 "다른 부모들은 애들한테 이렇게 해준대요. 그런데 왜 엄마, 아빠는 안 해주는 거예요?" "집을 나갈래요. 저, 데려온 자식 맞죠?" "아빤 저보다 누나를 더 좋아하잖아요."

시부모 "난 전 재산을 자선단체에다 헌납할 거야." "네가 나를 돌보지 않으면 난 병들어 환자 신세가 되고 말 거야." "내 걱정은 하지 마. 늙어 죽으면 그만이니까."

친구들 "사정이 지금 같지 않았더라면 네게 그걸 해주었을 텐데." "너는 내가 제일 친한 친구라고 했지. 이제 그런 친구는 다른 데서 찾아봐라." "난 늘 네 곁에 있었어. 하지만 내가 널 필요로 할 때 넌 어디에 있었니?"

사장 "자네는 늘 동료들만 힘겹게 하고 있어. 동료들이 자네 짐을 대신 들어줘야 한단 말이야." "자네는 결코 진급대상이 될 수 없어." "자네는 회사와 나한테 약간의 충성심이라도 가지고 있는 거야?"

직원 "만약 나를 해고한다면 변호사 비용 깨나 들걸요." "언론에다 확 불어 버릴 겁니다." "직권남용이라는 말을 들어보셨나요?"

결국 협박자의 말을 이렇게 요약할 수 있다.

"내가 원하는 대로 행동하지 않으면 당신은 고통을 받게 될 것이다."

우리가 정서적 협박에 굴복하면 할수록 그 협박은 인간관계에서 하나의 패턴을 형성하게 된다. 서로 관계가 가까울수록 죄책감의 강도는 높아진다. 그런 죄책감이야말로 협박자의 강력한 무기이다.

스티븐은 카밀라와 결혼하여 5년 동안 살다가 합의이혼을 했다. 적어도 스티븐은 그것이 합의이혼이었다고 생각했다. 카밀라는 그 당시 이혼에 합의하기는 했지만, 스티븐이 이혼생활을 견뎌내지 못하리라고 생각했다. 2주쯤 혼자 살다가 자신에게 되돌아와 다시 함께 살자고 통

사정할 것으로 예상했다. 그러나 스티븐은 돌아오지 않았다. 그는 오랜 시간 열심히 일하면서 일에 파묻혀 살았다. 카밀라는 그가 그런 페이스를 계속 유지하지 못하리라고 추측했다. 곧 자신이 없는 생활이 얼마나 공허하고 무의미한지 깨닫게 될 것이라고 짐작했다. 하지만 그는 다른 여자를 만났다.

카밀라는 화가 나서 제정신이 아니었다. 그녀는 그의 생활에 대해 알아내기 위해 스티븐의 어머니에게 주기적으로 전화했다. 시어머니는 카밀라를 친딸처럼 사랑해주었기에 그들이 이혼했을 때 커다란 충격을 받았다. 시어머니가 스티븐에게 새 여자가 생겼다는 말을 해주었을 때 카밀라는 경고등이 빨갛게 켜지는 것을 보았다. 그녀는 시도 때도 없이 스티븐에게 전화를 걸어서 자기가 큰 실수를 했으며 한번 만나서 솔직하게 얘기하고 싶다고 말했다.

스티븐은 마지못해 만나주었다. 카밀라는 유머러스했고, 매력적이었고 또한 따스했다. 그가 처음 만났을 때의 그녀 그대로였다. 하지만 스티븐은 이미 다른 단계로 옮겨가 있었다. 그는 아직도 카밀라를 좋아했고 그녀에게 좋은 감정을 갖고 있었지만 더 이상 정서적 유대감은 느끼지 못했다. 그녀가 정말 보고 싶었다고 얘기하는 것을 그는 묵묵히 듣기만 했다. 그는 정말 미안하게 되었다고 말하고 지금 다른 여자를 만나고 있다는 것도 털어놓았다. 그러면서 카밀라에게 좋은 사람 만나 행복하게 되기를 바란다고 말했다.

하지만 카밀라는 그의 메시지를 분명하게 알아듣지 못했다. 그녀는 그 후에도 그에게 전화를 걸어 눈물 젖은 목소리로 그를 다시 만나고 싶다고 호소했다. 그녀는 그를 만나면 흐느껴 울면서 그가 없는 삶이 너무나 비참하다고 말했다. 그는 카밀라의 눈물 앞에 마음이 약해져서 그녀를 위로하려 애썼다. 그 후 그녀는 전화를 걸 때마다 자살하겠다고 위협했다.

스티븐은 어떻게 해야 할지 막막했다. 그의 새 여자친구 크리시가 카밀라의 정서적 협박을 꿰뚫어보았고 그 일에 적극적으로 개입했다. 그녀는 스티븐의 어머니에게, 카밀라의 집안에 전화를 걸어서 카밀라의 정신상태가 우려되니 좀 보살펴주기를 요청하게 했다. 또한 크리시는 스티븐에게 카밀라에게 편지를 써 보내게 했다. 미안하게 되었지만 두 사람 사이는 이미 끝났고 다시 그녀에게 돌아갈 수는 없노라고 분명하게 말하도록 했다.

여자들끼리의 일에서 늘 그렇듯이 크리시는 카밀라가 정서적 협박을 가하고 있고 스티븐은 대책 없이 당하고 있음을 파악했다. 크리시가 재빨리 개입했기 때문에 스티븐은 자신이 원하지 않는 상황에 다시 빠져드는 것을 모면할 수 있었다. 만약 크리시가 개입하지 않았더라면 그는 마음속으로는 원하지 않으면서도 카밀라에게 되돌아갔을 것이다. 그는 그녀의 자살협박에 크게 겁을 먹고 있었고, 만약 그녀가 자살이라도 한다면 평생 죄책감을 떨쳐버리지 못하리라고 생각했다. 그는 카밀라가 협박하고 있을 뿐 자살할 생각은 조금도 없다는 사실을 눈치채지 못했다.

스티븐과 크리시는 그 다음해에 결혼했다. 카밀라는 아직도 혼자 살면서 스티븐의 어머니를 가끔 방문하여 과거의 좋았던 시절을 타령처럼 늘어놓곤 한다. 하지만 아무도 그녀를 크게 주목하지 않는다. 그들은 그녀를 안쓰럽게 여기지만, 이제 그녀가 과거를 극복하고 좀 더 나은 독립된 삶을 꾸려나가기를 바라고 있다.

죄책감은 피해자에게 엄청난 압박을 가한다. 그 누구도 남의 감정을 상하게 하지 않으려 하지만 때로는 자신의 입장을 명확하게 밝히는 것이 중요하다. 스티븐은 카밀라에게 돌아가고 싶은 마음이 없었으므로 먼저 자신의 마음을 명확하게 인식하고 그것을 그녀에게 분명하게 알려주었어야 했다. 남자들은 자기 감정을 적절히 다루는 데 아주 서툴며 또한 감정적인 여성을 어떻게 대해야 하는지 잘 모른다.

남자들은 어떤 스포츠 팀이 최강 팀인지, 어떤 정당이 좋은 정책을 펼치고 있는지. 어떤 맥주가 다음날 아침의 숙취가 덜한지 등에 대해 토론하고 논쟁하기를 좋아한다. 그들은 사실, 자료, 구체적인 현실을 다루기를 좋아한다. 그러나 여자들의 정서적인 문제는 잘 다루지 못한다. 여자들은 이 점을 잘 알고 있기 때문에 그것을 자기에게 유리하도록 이용하는 것이다. 그러나 자기가 원하는 바를 얻기 위해 정서적 협박을 서슴지 않는 남자들도 있다. 특히 남의 말을 잘 들어주는 감성적이고 조용한 타입의 여자를 상대로 그런 협박을 가한다.

희생자의 자아를 파괴하는 정서적 협박

이린은 마음이 착한 여자이다. 그녀는 침착하고 동정심이 많고 남을 잘 배려하여 자신의 요구사항을 앞세우는 법이 없다. 거기에다 너그럽고, 자상하고, 상냥하기까지 하다. 하지만 그녀는 자기 자신을 그렇게 생각하지 않는다. 그녀는 평화를 지키기 위해 남이 무엇을 요구하면 곧잘 굴복하고 자기 자신의 주장도 제대로 내세우지 못한다. 때때로 자신의 그런 성격을 싫어하기도 한다. 반면 이린의 남편 밥은 고집이 세고, 질투심이 강하고, 모든 것을 자기 마음대로 해야 직성이 풀린다. 적어도 이린만큼은 자기 마음대로 할 수 있다고 생각한다.

어느 날 밤 밥은 새 보트를 사야겠다고 선언했다. 현재 가지고 있는 배는 빠르지도 않고 덩치가 작으며 조종하기가 쉽지 않은 데다 낙후되어 있다는 것이 그의 주장이었다. 그래서 새로 나온 보트를 살펴보았는데 아주 적당한 가격에 나온 좋은 물건을 하나 발견했다는 것이었다. 그가 보트 가격을 말하자 이린은 기절할 뻔했다. 그녀가 말했다.

"여보, 우리는 그럴 만한 돈이 없어. 얼마 전에 애들 학비도 냈고 이 달 말에 새 차를 사주겠다고 했잖아? 차가 너무 낡아서 자꾸만 고장 나는데…. 주행중에 차가 고장날까봐 조마조마한 적이 한두 번이 아니었어. 그러니 곧 바꿔야 하지 않겠어?"

밥은 벌컥 화를 냈다.

"당신은 늘 그 모양이야. 늘 자기 생각만 한다구. 나도 나름대로 원하는 게 있다는 생각은 조금도 안 하나? 왜 그리 생각이 모자라? 나는 생활비를 벌기 위해 온종일 힘들게 일하고 있어. 스트레스가 팍팍 쌓인다고! 스트레스 풀러 토요일에 낚시하러 가는 것이 유일한 낙이라는 거 당신도 알잖아!"

밥은 그 후 사흘 동안 계속 이린을 못살게 굴었다. 이린은 진이 다 빠지는 느낌이었다. 마침내 그녀는 협상안을 내놓았다.

"여보, 내가 그 보트 건을 좀 생각해봤거든? 나는 중고로 소형차를 사고 당신은 내년에 보트를 사면 두 가지 문제가 동시에 해결될 수 있을 것 같은데…."

밥은 요지부동이었다.

"안 돼. 내년이면 보트 값이 더 오를 텐데. 이번 여름에 보트를 사는 게 낫다니까. 그 보트가 있으면 아이들이 수상 스키를 할 수 있으니 시간을 함께 보낼 수 있잖아. 아이들에게도 주말에 할 일을 주어야 해. 그렇지 않으면 무슨 사고를 칠지 모른다고."

이린은 당혹감을 감출 수가 없었다.

"하지만, 여보. 지금 당장은 보트를 살 여유가 없잖아. 집안에 돈 들어갈 데가 한두 군데가 아닌데."

밥은 여전히 수긍하는 눈치가 아니었다. 그는 화가 나서 언성을 높이기까지 했다.

"이린, 난 당신의 말을 받아들일 수 없어. 당신은 정말 아이들 문제를 신경 쓰기나 하는 거야? 늘 아이들이 어떻게 될지, 무엇을 하고 있는지 걱정이 된다고 입으로만 말할 뿐이지. 보트만 사면 가족이 함께 귀중한 시간을 함께 보낼 수 있는데, 왜 못하겠다는 거야? 아이들도 이 보트를 원한다고!"

이틀 동안 긴장이 더 계속된 후, 이린은 그 상황을 더 이상 감내하지 못하겠다고 생각했다. 밥은 그 문제를 끝까지 물고 늘어질 테고, 아이들은 점점 더 집안의 냉랭한 분위기에 당황할 것이었다. 마침내 이린은 방법을 찾아냈다. 그녀가 온종일 일하는 직장에 취업하면 모든 것이 해결될 터였다. 밥은 결국 보트를 샀다. 그리고 지금은 그 배를 계류시킬 선착장을 사들일 궁리를 하고 있다. 그는 지난번과 같은 수법을 사용하면 선착장도 사들일 수 있다고 생각한다.

이린은 인질 석방금을 요구하는 쪽지나 직접적인 위협을 받는 사람들과 마찬가지로 협박의 피해자가 되었다. 범죄자의 협박이나 마찬가지로 정서적 협박의 필수적인 구성요소는 똑같다.

희생자	이린의 의무감, 자녀에 대한 사랑, 행복한 가정을 꾸리겠다는 마음이 그녀의 약점
협박자	밥은 이린과 부부이기 때문에 그녀의 소망과 약점을 잘 알고 있음
요구사항	이린은 새 보트를 사는 데 동의해야 함
협박	남편의 건강에 대하여 무관심한 것, 그녀의 이기적인 태도 때문에 자녀가 나쁜 친구를 사귀도록 내버려두는 것, 집안의 냉랭한 분위기가 계속되도록 하는 것
저항	밥의 요구사항이 현실적이지 못하다는 것을 설명하려는 이린의 태도, 온종일 일하는 직장에 취업하겠다는 그녀의 대안
굴복	이린은 마침내 요구사항을 들어주게 됨
계속	요구사항은 필연적으로 계속되어 밥은 같은 수법으로 배를 계류시킬 선착장을 살 생각을 함

정서적 협박은 희생자의 자아를 파괴시킨다. 만약 협박자에게 계속 굴복하면 희생자는 자신감을 잃어버리게 되고 자기의 주장을 과감히 펼 수 있는 능력을 상실한다. 희생자는 자기 회의, 공포, 죄책감 등에 시달리게 되고 협박자는 그것을 이용하여 더욱 뻔뻔스러운 요구사항을 내놓는다.

정서적 협박자를 다루는 법

정서적 협박자들은 보통 강인하고 단호해 보인다. 그들은 자기가 무엇을 원하고 또한 그것을 얻기 위해 어떻게 할 것인지 강력히 내비치지만, 속사정을 꿰뚫어보면 실은 그렇지 못하다.

협박하는 사람은 일반적으로 비겁하게 남을 괴롭힌다. 그들은 허약한 자기 이미지를 갖고 있으며 남에게 거부당하는 것을 잘 참지 못한다. 그들은 상황을 의논하고 대안을 검토하는데 필요한 자신감이 결여되어 있다. 자신이 이미 가지고 있는 것을 잃어버리지 않을까 대단히 겁을 내고 있다. 그들은 협박당하는 사람을 이기적이고, 남을 배려하지 않으며, 자기중심적이라 비난하지만 실은 자신을 가리켜 하는 말이다. 협박하는 사람은 많은 점에서 버릇없는 아이와 비슷하다. 그들은 어떤 요구사항을 걸었다가 즉시 만족이 되지 않으면 아이처럼 신경질을 낸다. 부모는 아이의 신경질에 굴복할 때마다 그 아이가 장차 정서적 협박자가 되도록 씨앗을 뿌려주는 것임을 잊지 말아야 한다.

만약 당신이 정서적 협박의 피해자라면 그 상황을 그대로 묵과할 것인지 아니면 뭔가를 개선할 것인지 결정해야 한다. 사람들은 당신의 반응을 살피며 당신에게 해야 할 행동을 결정한다. 당신이 피해자가 된 것은 그런 상황을 허용했기 때문이다. 협박자의 행동은 오랜 세월에 걸쳐 형성되었으므로, 그것을 고치려면 역시 오랜 시간이 걸린다. 따라서 협박자의 행동을 바로잡으려면 당신의 결단과 많은 시간이 필요하다. 어렵고 힘든 시기를 헤쳐나갈 각오를 해야 하는 것이다.

가장 먼저 깨달아야 할 사실은 협박자가 먼저 당신의 동의를 원한다는 점이다. 그렇기 때문에 당신에게 요구를 하는 것이다. 이렇게 볼 때 칼자루를 쥔 사람은 당신이다. 당신의 동의가 없으면 협박자는 무력해진다. 당신이 나약한 모습을 보이지 않는 한 당신의 힘을 아무도 빼앗지 못한다. 협박자에게 까다롭게 굴지 말라고 애원할 필요도 없고 현재의 긴장된 상황에 죄책감을 느낄 필요도 없다. 협박자의 감정은 배려해 주지 말라. 그리고 절대로 협박에 협박으로 대응하지 말라.

협박자의 요구사항, 협박, 비난이 쏟아질 때 그것에 어떻게 반응할지 미리 구상해놓는 것이 좋다. 물론 이런 대응방법은 처음에는 어색하고 부자연스러울 것이다. 따라서 그런 방법이 당신 행동의 일부가 될 때까지 부지런히 실천할 필요가 있다.

협박자에게 말하는 방법

"글쎄, 그건 당신의 선택이지."
"당신이 그런 식으로 느낀다니 정말 안됐군."
"물론 당신은 화가 나겠지. 당신 화가 풀렸을 때 이 문제를 토론하자고."
"글쎄, 당신의 의견은 나와는 다른 것 같아."
"당신이 불만이라는 건 알겠어. 하지만 이번만큼은 어쩔 수 없어."
"생각을 많이 해봐야겠는데. 나중에 얘기하도록 해."
"우리는 사태를 다르게 보고 있는 것 같아."
"어쩌면 당신이 맞을지 몰라. 좀더 생각해본 뒤에 결정하도록 해."
"실망스럽겠지만, 이건 타협의 대상이 아니야."

곧바로 굴복하거나 협상하는 태도로 나오지 않으면 협박자는 한동안 말이 없거나 시무룩해질 것이다. 희생자는 보통 이때 마음이 약해져서 굴복하고 만다. 긴장되고 불편한 상황은 즉시 푸는 것이 좋다. 하지만 협박자가 좀 더 원숙하고 합리적인 방식으로 나오지 않는다면 그런 어려운 상황쯤은 견딜 수 있어야 한다. 협박자가 침묵시위를 하는 동안 관련된 문제에 대하여 불평하지 말라. 그렇게 하면 협박자는 당신이 좌절감을 느끼고 있음을 알고서 더욱 강하게 나올 것이다. 단지 이렇게만 말하라.

"당신이 합리적으로 얘기할 준비가 되어 있다면 나도 의향이 있어."
이렇게 하면 협박자는 무기력해지고 절망감을 느끼면서도 자기의 체면을 살리려고 할 것이다. 이쯤되면 그들의 장점 한 가지를 칭찬해 줄 필요가 있다. 혹시 협박자와 협상을 하게 된다면 일정한 한계를 정해놓고 절대 그 범위를 넘어서지 말라. 협박자가 당신을 불편하게 하면 그가 무슨 말을 하더라도 들어주지 말라.

> 협박자와 싸우거나 언쟁하지 말라.
> 단지 그를 훈련시키기만 하라.

이런 방식으로 반응하면 당신은 협박자의 태도를 바로 잡을 수 있다. 협박자는 끝까지 자기 입장을 고수하는 사람을 존경한다.

자기연민과 자기파괴를 주의하라

때때로 협박자는 자기가 무슨 행동을 하고 있는지 모를 때가 있다. 남아프리카의 언론인 찰린 스미스는 자기 집에서 강간을 당한 후 강간범을 잡아달라고 관계당국에 집요하게 호소한 경위에 대하여 《나 자신이 자랑스럽다 proud of Me》라는 감동적인 책으로 엮어냈다. 당시 남아프리카는 26초당 1명 꼴로 강간사건이 발생하여 세계 최고의 강간 범죄율을 기록하고 있었다. 이 나라에서 강간이란 가장 꺼리는 화제였고 특히 여성 피해자는 자신의 피해사실을 거의 발설하지 않았다.

찰린 스미스는 자신의 저서에서, 강간피해가 자신에게 입혔던 정신적 피해에 대하여 언급하고 있다. 하지만 그녀는 그 사건을 계기로 더 강한 사람이 되었고, 그것이 다른 유사한 피해를 입은 많은 여성들에게 모범이 되었다. 그러나 자신의 고민을 털어놓기 위해 찰린에게 전화를 걸었던 한 여성 피해자는 강간당한 후에 대학에 다니는 것도 포기하고 남편에게 다른 지역에 집을 사달라고 요구했다. 또한 세 명의 자녀와 집안을 돌보는 것도 포기했다. 그녀의 자녀들은 엄마의 보살핌을 받지 못했고 집안 살림은 엉망이 되었으며 남편은 아내의 회복을 도와주지 못해 슬픔과 좌절감으로 어쩔 줄 몰라했다.

찰린은 이 여성 피해자에게 차갑게 말해주었다. 그녀 스스로가 그같이 정서적 협박을 하고 있기 때문에 자신이 피해당한 것 못지않게 가족도 피해를 입고 있다는 사실을 왜 모르느냐는 것이었다. 찰린은 자신의 저서에 이렇게 썼다.

> 자기연민에 빠진 메리는 자신을 강간범들과 똑같은 사람으로 만들고 있었다. 그녀는 그들의 파괴적인 행동을 다른 방식으로 답습했다. 그들의 소행은 야만적이었다. 하지만 그녀가 가족들에게 한 행동 또한 그에 못지않게 야만적이었다. 단지 그 행동이 눈에 보이지 않을 따름이었다.

그 강간 피해자(메리)는 자기가 정서적으로 가족을 협박하고 있다는 사실을 몰랐던 것이다. 메리는 남편이나 자식들이 자기에게 항의하거나 반항할 능력이 없다는 것을 알았기 때문에 협박자의 역할에 빠져들었다. 가족들은 그 강간사건이 마치 자신들의 책임인 양 죄책감에 사로잡혀 있었다. 그날 밤 남편이 집에 있었더라면 어떻게 되었을까? 아마도 강간사건은 발생하지 않았을 것이다. 죄책감은 협박자가 가장 끈질기게 물고늘어지는 약점이다. 이런 공격은 희생자를 마비시킨다.

이런 입장에 있는 피해자라면 가정의 울타리 밖으로 나가 도움을 요청하는 것도 한 방법일 수 있다. 믿을 수 있는 여자 친구를 찾아가 도움을 요청할 수도 있다. 훌륭한 카운슬러, 심리학자, 정신 치료사에게 상담을 할 수 있다. 자기연민과 자기파괴의 사이클을 깨뜨리기 위해서는 협박자의 정서적 범위 밖에 있는 이성적인 사람의 도움이 필요하다.

협박은 종신형이 될 수 있다

만약 정서적 협박자가 가하는 최초의 위협에 굴복한다면, 갈수록 깨뜨리기 어려운 불쾌한 사이클이 형성될 수 있다. 협박자는 희생자를 정서적으로, 심리적으로, 재정적으로 완전히 파멸시킬 수도 있다.

우리가 아는 어떤 여성은 약혼자의 강요에 못 이겨 그의 채무보증서에 공동보증인 자격으로 서명을 했다. 그는 일을 하기 위해 새 차가 필요한데 자동차 구입자금의 채무보증서에 서명해달라고 요청했다. 그는 자기가 필요한 만큼의 신용등급이 나오지 않는다는 것이었다. 처음에 그녀는 서명을 거부했다. 그러자 약혼자가 그녀에게 말했다.

"왜 안 해준다는 거야? 우리는 앞으로 평생을 함께 보낼 거야. 이런 간단한 융자 건에서도 나를 믿지 못하겠다면 차라리 지금 당장 우리 관계를 청산하자고!"

두 사람의 언쟁은 며칠 동안 계속되었다.

"만약 당신이 정말 사랑한다면 이런 간단한 일을 못해줄리 없어."

그가 말했다.

"나 혼자만 쓰겠다고 융자신청을 하는 것도 아니잖아. 일을 하기 위한 것이니까 결국 우리 둘이 공동으로 쓰기 위해 하는 거잖아. 우리 두 사람의 미래를 위한 거라고!"

그는 그렇게 말하더니 마지막으로 이런 말을 덧붙였다.

"우리가 그 동안 죽 함께 지내온 것을 생각하면 최소한 이 정도는 요구할 수 있다고 생각해."

마침내 그녀는 로맨스가 깨질까봐 또한 그를 잃을지도 모른다는 두려움에 서명을 해주고 말았다. 나중에 그녀는 그 남자가 무능하고 무책임한 거짓말쟁이라는 사실을 알게 되었다. 그는 어떤 직장에서도 2주 이상을 견디지 못하는 사람이었고 많은 사람들에게 빚을 지고 있었다. 하지만 그때는 이미 늦은 일이었다. 협박자에게 굴복함으로써 그녀는 엄청난 빚을 떠안게 되었고 지금도 그 빚을 매월 갚아나가고 있다. 그 약혼자라는 남자는 어디론가 사라진 지 오래이다. 슬프게도 그 이후부터 그녀는 자기에게 접근해오는 남자라면 우선 의심부터 하는 이상한 버릇이 생겼다.

> 협박자가 더 이상 사랑 할 수 없다는 협박을 하면
> 많은 여성들은 마음이 약해져서 굴복하고 만다.

어떤 상황에서 발생하든 정서적 협박은 불쾌하고 씁쓸하다. 일단 희생자의 역할을 하게 되면 그것을 평생 감당해야 하는 함정에 빠질 수도 있다. 이렇게 되면 그것을 평생 감당해야 하는 함정에 빠질 수도 있다. 이렇게 되면 정신적 죄책감을 떨쳐내고 자유롭고 행복하고 사랑이 넘치는 생활을 할 수 있는 가능성은 멀어지게 된다. 따라서 정서적 협박에 관한 한 처음부터 강력하게 대응해야 한다.

여자를 미치게 만드는 남자의 7가지 행동

Why Men Lie &
Why Women Cry

세 명의 동방박사는 아기 예수에게 경배하기 위하여 동방의 별을 따라 베들레헴으로 갔다.
그들은 황금과 유향과 몰약이라는 세 가지 선물을 가지고 갔다.
만약 세 명의 동방박사가 남자가 아니라 여자였다면 상황은 어떻게 되었을까?

Why Men Lie &
Why Women Cry

여자를 미치게 만드는 남자의 7가지 행동

　세 명의 동방박사와 그리스도의 탄생에 관한 이야기는 세상에 널리 알려져 있다. 하지만 여자들이 볼 때 난감한 남자들의 특징을 가장 잘 말해주는 이야기이기도 하다.

　첫째, 동방박사는 천체가 자신들을 중심으로 돈다고 제멋대로 생각했다. 동방에서 빛나는 별은 그들의 여행에 좋은 참고점이 되기 위해 거기에 있다고 생각했다. 둘째, 그들은 예수가 태어난 지 두 달이 지나서야 그 마구간에 도착했다. 이렇게 늦게 도착한 것은 오는 도중에 걸음을 멈추고 방향을 물어보지 않았기 때문이다. 셋째, 신생아와 피곤한 산모에게 황금, 유향(훈증에 사용되는 송진), 몰약(시체를 방부 처리하는 데 사용되는 강한 향기를 지닌 식물기름)이 무슨 소용이 있겠는가? 넷째, 동방박사 세 사람? 아이 낳는 현장에 웬 남자?

만약 이 스토리에 현명한 여자들 세 사람이 등장한다고 해보자. 그녀들은 오는 도중에 길을 물어서 제때에 도착했을 것이고, 해산을 도와주었을 것이며, 기저귀·젖병·장난감·꽃다발 등 실용적인 선물을 가져왔을 것이다. 그런 다음 마구간의 말들을 밖으로 몰아내고 마구간을 청소하고, 냄비 요리를 만들고, 우편으로 외부와 통신을 했을 것이고, 지상에는 영원한 평화가 깃들었을 것이다.

> 모세는 사막에서 40년을 방황했다.
> 이유는 길을 물어보지 않았기 때문이다.

여자들이 남자에게서 발견하는 못 말리는 특징들을 일일이 열거하자면 지금 여러분이 손에 들고 있는 책 한 권으로도 모자랄 것이다. 우리는 전 세계 여성 독자 5천 명으로부터 많은 편지를 받았다. 그 중에서 공통된 의견을 모아 다음과 같이 여자를 미치게 만드는 남자의 일곱 가지 행동을 열거해보았다.

1. 왜 남자는 끊임없이 해결책을 제시하고 조언을 할까?
2. 왜 남자는 리모컨으로 텔레비전 채널을 마구 돌릴까?
3. 왜 남자는 길을 묻지 않을까?
4. 왜 남자는 변기 시트를 계속 올려놓을까?
5. 왜 남자는 쇼핑하러 가는 것을 싫어할까?

6. 왜 남자는 혐오스러운 개인적 습관을 가지고 있을까?

7. 왜 남자는 야비한 농담을 즐길까?

여자들이 남자의 나쁜 습관으로 보는 사항들을 크게 두 가지로 분류할 수 있다. 하나는 성장환경에서 배운 것이고 다른 하나는 남자의 두뇌회로와 관련된 것이다. 하지만 개선의 여지가 없는 것은 아니다. 그 내막을 자세히 알면 모두 개선할 수 있다.

왜 남자는 끊임없이 해결책을 제시하고 조언을 할까?

제가 사귀는 남자는 모든 것을 해결해주겠다는 식으로 나와서 저를 피곤하게 만들어요. 제가 원하든 말든 제 인생의 모든 것에 대하여 조언을 하려고 해요. 오늘 하루 있었던 일이나 그 일에 대한 느낌을 말할라치면 제 말을 가로막으면서 어떻게 행동해야 하고, 어떻게 생각해야 하고, 어떻게 말해야 하는지 일러주려고 해요. 그는 구체적인 사항들, 가령 고장난 수도꼭지를 고치고, 끊어진 전구를 갈고, 차나 컴퓨터의 장애를 제거하는 일 같은 것은 아주 잘해요. 하지만 제 말은 죽어도 안 들어주려고 해요. 자기 조언을 받아들이지 않으면 화를 벌컥 내요.

_ 미칠 것 같은 카렌 올림

남자가 왜 모든 일에 조언을 하려고 드는지 이해하려면 먼저 남자의 두뇌회로에 대하여 몇 가지를 알아야 한다.

　남자는 오래전부터 사냥꾼의 모습으로 진화해왔다. 움직이는 표적을 때려잡아야만 가족에게 먹을 것을 가져다줄 수 있었다. 남자는 이렇게 먹을 것을 구해주는 방식으로 인류의 생존에 기여해왔다. 남자는 사냥감 혹은 그 사냥감을 빼앗거나 가족을 위협하는 적을 정확하게 겨냥할 수 있어야 했다. 그 결과 남자의 두뇌는 '시각-공간' 영역이라는, 목표물을 때리는 두뇌부분을 집중적으로 개발하게 되었다. 이 두뇌영역 덕분에 남자는 움직이는 표적을 맞추고 문제를 해결할 수 있는 능력을 갖게 되었다. 그리고 그의 성공은 곧 그의 업적과 직접적으로 연관되어 있다. 남자는 자신의 결과, 성취, 문제해결 능력 등으로 성공을 측정한다. 그래서 남자는 21세기에 들어선 지금도 문제해결 능력과 업적으로 자신의 존재와 가치를 규정하려 한다.

> 남자의 가치는 움직이는 얼룩말을 얼마나 정확히 맞힐 수 있느냐, 다시 말해서 그가 해낸 업적에 의해 결정된다.

　바로 이 때문에 남자들은 자신들의 유능함과 문제해결 능력을 잘 보여주는 배지나 휘장이 달린 유니폼, 모자를 즐겨 착용한다. 남자들은 자신의 문제해결 능력을 확신하기 때문에 다른 사람과 그 문제를 의논하는 것을 싫어한다. 전문가 의견이 필요할 경우에만 다른 사람에게 물어보는 것이 현명하며, 그것이 전략이라고 생각한다. 이런 경우에 의견을 요청받은 사람은 당연히 그런 요청을 명예롭게 생각한다.

> 남자가 다른 남자에게 조언을 요청받으면,
> 그는 그것을 명예로 생각한다.

여자가 남자에게 일방적으로 조언을 해주면 남자는 모욕을 느낀다. '저 여자가 나를 문제 해결할 능력이 없는 무능한 남자로 보는구나.'

남자는 남의 조언을 받는 것을 무능함의 표본이라고 생각한다. 남자들이란 어디까지나 문제가 있으면 자기 힘으로 풀어야 한다. 바로 이 때문에 남자는 고민이 있어도 잘 털어놓지 않는다. 남자는 남에게 조언하고 해결책을 제시하는 것은 좋아하지만 일방적인 조언, 특히 여자가 해주는 조언은 못마땅하게 생각한다.

왜 여자는 남자의 조언을 짜증스럽게 생각할까?

여자의 두뇌회로는 대화를 함으로써 의사를 소통하는 것을 지향하고 있으며, 대화의 주된 목적은 그저 대화 그 자체에 있다. 대부분의 경우, 여자는 해결책을 구하지 않으며 그런 해결책은 불필요하다고 생각한다. 바로 이것이 대부분의 부부가 안고 있는 문제이다. 일과가 끝나갈 무렵 아내는 남편에게 그날 하루에 벌어진 일을 이야기하면서 자신의 느낌을 공유하고 싶어한다. 하지만 남편은 아내의 이야기를 들으면서 어떤 해결책을 내놓음으로써 문제를 해결해주어야 한다고 생각한다. 그 결과 부부는 서로를 못마땅해하게 된다. 아내는 남편이 자기 말을 제대로 들어주지 않아 짜증이 나고, 남편은 남편대로 자신의 멋진 해결책이 무시당했다고 생각한다.

"왜 자기는 가만히 앉아서 내 얘기를 차분히 들어주지 못하지?"

아내가 문 쪽으로 걸어가며 꽥 소리를 지른다.

"내 의견이 필요 없다면 그런 얘기는 뭐하러 했어!"

남편도 지지 않고 아내의 뒤통수에 대고 냅다 고함을 지른다. 아내는 더 이상 얘기를 해봐야 화만 난다면서 문을 쾅 닫고 밖으로 나가버린다. 부부는 서로 못마땅하다.

> 아내는 공감해달라고 요구하는데,
> 남편은 아내가 해결책을 원한다고 생각한다.

남편은 자신이 이런 멋진 해결책을 제공했으니 얼마나 자상하고 친절한 남편인가 하고 생각한다. 아내는 남편과는 통 대화가 되지 않는다고 생각한다. 자기 얘기를 제대로 들어주지 않는 둔감하고, 무심하고, 짐승 같은 존재라며 괘씸하게 생각한다. 자기의 느낌을 무시하는 남편이 야속하기만 하다.

논쟁을 슬기롭게 피하는 법

새라는 오늘 하루 직장에서 아주 힘들게 보냈다. 상사는 행정상의 실수를 저질렀다며 계속 질책했다. 게다가 손지갑을 잃어버렸고 손톱은 갈라져서 손끝마저 아프다. 그녀는 하늘이 두 쪽 나는 기분이었고 어서 빨리 집에 가서 남편 앤디와 다정한 대화를 나누며 위로받고 싶었다.

그녀는 앤디에게 전화하여 언제 퇴근할지 알아본다. 맛있는 저녁식사를 준비해놓고 저녁을 먹으면서 남편과 진솔한 대화를 나눌 생각이다. 남편은 애정과 공감으로 그녀의 얘기를 들어줄 것이다. 그녀는 자기의 입장을 이해해주는 사람에게 마음속에 있는 얘기를 모두 털어놓으면 기분이 한결 좋아지리라 기대한다. 그녀는 남편이 자기 얘기를 다 들어주고, 자신을 사랑하고 이해한다고 말하면서 결국 문제가 잘 해결될 것이라고 격려해주기를 바란다.

하지만 앤디 역시 힘든 하루를 보냈다. 그는 여러 가지 중요한 문제를 아직 해결하지 못한 상태로 퇴근한다. 그래서 내일 아침 출근 전까지 그 문제들을 해결해야 한다. 그는 차를 몰고 집으로 돌아가면서 아무래도 잔업을 해야겠다고 생각한다. 새라의 전화 목소리에서 힘든 하루를 보냈다는 것을 알지만, 지금 해결하지 못한 문제를 말끔히 해결하려면 아무래도 시간이 더 필요하다. 아내를 위로하는 문제는 뒤로 미루어야만 할 것 같다.

그는 집에 도착하자 새라에게 짧게 "나 왔어" 하고 말하고는 소파에 앉아 텔레비전 뉴스를 보기 시작한다. 그녀는 저녁식사 준비가 얼마나 되었는지를 살피면서 15분 안에 식사할 수 있을 것이라고 말한다.

그는 이렇게 생각한다.

'좋았어. 밥 먹기 전에 15분 동안 조용히 쉴 수 있겠군.'

새라는 이렇게 생각한다.

'잘 됐어! 식사하기 전 15분 동안 차분히 얘기를 하는 거야.'

새라 자기, 오늘 하루는 어땠어?

앤디 좋았어.

새라 나는 아주 안 풀리는 날이었어. 이런 날이 이틀 정도 계속된다면 돌아버릴 거야!

앤디 (여전히 뉴스에 시선을 둔 채) 이틀 계속된다면 어쩐다고?

새라 돌아버릴 거라고! 상사가 온종일 나를 못살게 굴었단 말이야. 오늘 아침, 출근을 했더니 내가 한 일이 신통치 않다고 투덜대면서 새 광고 캠페인을 왜 아직까지 끝내지 않았느냐고 묻는 거야. 그러더니 주말까지 그 일을 다 해놓으라지 뭐야. 다음주 월요일에 발주처 사람을 불러서 보고를 해야 한다면서 말이야. 그래서 내 입장을 말했지. 상사가 급히 해놓으라고 지시한 사인펠드 프로젝트 때문에 그 건은 아직 손도 대지 못했고, 또 두 프로젝트를 동시에 진행하는 것은 어렵다고 말이야. 그랬더니 상사가 화를 내면서 금요일 퇴근할 때까지 캠페인을 무조건 올리라는 거야. 이게 말이나 되는 얘기냐고? 도대체 내 말을 들어주려고 하질 않는 거야…. (화를 내며)…그랬더니 상사가 안면을 싹 바꾸더니 아무튼 금요일 저녁 여섯 시에 그 캠페인 건을 가지고 자기와 의논하면서 최종 수정안을 검토하자는 거야. 정말 생각 같아서는 확 사표을 던지고 싶더라고. 난 이런 말도 안 되는 일을 더 이상 감당할 수 없어!

앤디 새라, 그건 간단한 문제야. 우선 당신의 입장을 명확히 했어야지. 두 프로젝트를 동시에 진행하는 것이 불가능하니 두 개 중 어떤 것을 먼저 해야 하느냐고 물어보았어야지. 내일 아침 출근하면 주말 시한은 불가능하니, 시간을 더 달라고 하든가 아니면 사람을 더 채용해달라고 말해. 상사한테 말이야.

새라 (감정이 격해지면서) 도대체 자기라는 사람은 어떻게 된 사람이야? 일방적으로 지시만 내리고 내 말을 무시하는 상사에 대해서 말하고 있는데, 자기마저 상사 노릇 하려고 그래? 왜 내 말을 좀 끝까지 들어주지 못하는 거야? 난 자기가 잘난 척하는 게 너무 꼴 보기 싫어.

앤디 그러는 당신이야말로 어떻게 된 거야? 내 의견이 필요 없다면 애초에 그 얘기를 꺼내지 말았어야지. 내 얘기가 듣기 싫다면 당신이 알아서 해결하면 되잖아! 나도 골치 아픈 문제가 한두 가지가 아니야. 하지만 난 묵묵히 해결하고 있잖아!

새라 (눈물을 글썽이며) 그럼, 가서 그 잘난 문제나 해결하란 말이야! 난 내 말을 차분히 들어줄 사람을 찾아볼 테니까. 저녁식사는 자기 혼자 실컷 해! 난 지금 나가면 언제 들어올지 모르니까.

이 세상의 많은 부부들이 이런 상황을 겪었을 것이다. 그 결과 새라는 의기소침해졌고 남편으로부터 이해받지 못한다고 생각하면서 가슴 아파했다. 앤디도 기분이 나쁘고 당황스럽기는 마찬가지였다. 새라가 그의 최고 기술인 문제해결 능력을 비난했기 때문이다.

앤디는 어떻게 했어야 이 상황을 호전시킬 수 있었을까? 자, 위의 상황을 다시 그려보면서 앤디가 그런 비참한 결말을 피할 수 있는 방안을 알아보자.

새라 자기, 오늘 하루 어땠어?

앤디 좋았어. 내일 아침까지 해결해야 할 문제가 있기는 하지만 하룻밤 자고 나면 좋은 수가 생길 거야.

새라 난 아주 안 풀리는 날이었어. 이런 날이 이틀 정도 계속된다면 돌아버릴 것 같아!

앤디 돌아버릴 것 같다고? 그러면 안 되지. 정말 힘들었나보네! 그 얘기, 나한테 다 해봐. 대신 나한테 오늘 직장에서 풀지 못한 문제를 생각할 시간을 15분만 주겠어? 그런 다음 저녁을 먹으면서 당신의 문제를 한번 들어보자구.

새라 좋아. 저녁 준비가 다 되면 부를게. 자기야, 우리 지금 와인 한잔 할까?

앤디 여보, 고마워……. 그러고 보니 한잔 생각나는데.

앤디가 시간을 요청했고 새라가 허락했으므로 그는 이제 조용히 앉아서 자신의 문제를 생각할 수 있다. 새라 또한 저녁을 먹으면서 남편과 오늘의 문제를 이야기할 수 있게 되어 기쁘다. 그녀는 남편에게 고민을 털어놓으면 한결 마음이 편안해질 것이라고 기대한다. 다음은 저녁을 먹으면서 오간 대화이다.

새라 상사가 온종일 나를 못살게 굴지 뭐야. 내가 오늘 아침 출근을 하니까 내가 하는 일이 신통치 않다고 투덜대면서 새 광고 캠페인을 왜 아직 끝내지 않았느냐고 묻는 거야. 그러더니 주말까지 그 일을 다 해놓으라고 하더군. 다음주 월요일에 발주처 사람을 불러서 보고를 해야 한다면서 말이야. 상사가 급히 해놓으라고 지시한 사인펠드 프로젝트 때문에 미루어진 건데… .

앤디 (근심 가득한 얼굴로) 여보……, 그건 정말 황당한데……. 상사가, 당신이 얼마나 열심히 일하는지 몰라? 스트레스도 이만저만이 아닌 것 같고…….

새라 그럼, 스트레스야 말도 못하지. 아무튼 두 프로젝트를 동시에 진행하기는 어렵다고 했더니, 상사가 화를 내면서 금요일 퇴근할 때까지 캠페인을 자기 책상 위에 가져다 놓으라는 거야. 이게 말이나 되는 얘기야?

앤디 (조언하려는 마음을 억누르고 더욱 근심하는 표정을 지으며) 상사가 정말로 당신을 못살게 굴어?

새라 도대체 내 말을 들어주지 않으려고 해. 그러더니 안면을 싹 바꾸더니 아무튼 금요일 저녁 여섯 시에 그 캠페인 건에 대해서 자기와 의논하면서 최종 수정을 하자는 거야. 정말 생각 같아서는 확 사표를 던지고 싶더라고.

앤디 (그녀의 어깨에 팔을 두르며) 여보, 정말 오늘은 안 풀리는 날이었군. 누구나 다 그렇게 일진이 안 좋은 날이 있어. 그래, 어떻게 할 생각이야?

새라 오늘밤 곰곰이 생각해볼 거야. 내일 아침에 일어나서도 좋은 생각이 떠오르지 않으면 그때는 당신에게 도움을 요청할 생각이야. 오늘밤에는 너무 피곤하고 머리가 아파서 더 이상 말하고 싶지 않아. 자기, 내 말을 들어줘서 정말 고마워. 이렇게 털어놓고 나니 문제가 절반은 해결된 것 같아.

앤디는 해결책을 제시하지 않고 또한 논쟁을 슬기롭게 회피함으로써 맛 좋은 와인을 한잔 얻어 마셨을 뿐만 아니라 소파에서 혼자 자는 신세도 면하게 되었다. 새라는 앤디에게 생각할 시간을 줌으로써 부부간의 불필요한 언쟁을 피했을 뿐만 아니라 그녀 자신과 그녀의 생활에 대하여 만족을 느꼈다.

이성과 비즈니스를 해야 할 때

남자와 여자는 아주 다른 방식으로 비즈니스를 한다. 만약 양측이 이 차이점을 숙지하지 못하면 그 비즈니스 관계는 파탄에 이르게 될 것이다. 여자들은 비즈니스 얘기를 하기 전에 상대방 남자와 다정한 대화를 나누려고 한다. 그가 어떤 사람인지 혹은 그가 믿을 만한 사람인지 알기 위해 개인사에 관해 여러 가지 화제를 얘기하는 것이다. 남자들은 종종 이런 접근방법을 오해한다. 최악의 경우, 여자가 섹스를 원하는 것이 아닐까 하고 망상을 갖게 된다. 또는 여자가 어떤 문제에 대해 조언을 구하고 있다고 생각한다. 그래서 남자들은 해결책을 제시하면서 그녀의 행동방법, 연구조사, 대화 등에 조언하려 든다.

여자는 당연히 이런 태도에 분개한다. 그녀는 상대방 남자가 말을 듣지 않는 남자, 혹은 비즈니스를 해도 그녀에게 주목하지 않을 남자라고 생각한다. 따라서 그녀는 그와의 거래를 망설이게 되고, 남자는 남자대로 사업관계가 잘 진척되지 않아 당황하고 걱정한다. 남자는 여자와 비즈니스 거래를 할 때 우선 개인적인 친밀함을 다져놓으면 사업이 훨씬 잘 풀린다는 사실을 이해해야 한다. 반면 여자는 남자의 특징을 이해해야 한다. 남자는 개인적인 정보를 말하는 것을 꺼리면서 본론에 곧바로 들어가는 것을 훨씬 더 좋아한다. 서로의 다른 측면을 잘 이해하면 한결 더 타협하기 쉬워지고 장기적으로 안정된 비즈니스 관계를 유지할 수 있다.

이성과의 언쟁을 피하는 법

만약 여자가 남자와 이야기를 하다가 당혹감을 느끼거나 스트레스를 받는다면 가장 좋은 해결방법은 남자에게 직접 말하는 것이다.

"나는 당신과 여러 가지 이야기를 나누고 싶습니다. 해결책을 바라는 것이 아니에요. 단지 내 얘기를 끝까지 들어주었으면 좋겠어요."

남자는 이런 직접적인 방식을 반길 것이다. 왜냐하면 그는 자신이 어떻게 행동해야 한다는 것을 정확히 알게 되기 때문이다.

여자가 얘기를 하는 동안, 남자는 그녀가 해결책을 원하는지 아니면 그냥 얘기하기만을 바라는지 잘 알 수 없을 때가 있다. 이럴 때는 여자에게 직접 물어보는 것이 좋다.

"내가 남자로서 혹은 여자로서 들어주기를 바랍니까?"

만약 여자로서 들어주기를 바란다면 그때는 그냥 듣고 있기만 하면 된다. 남자로서 들어주기를 바란다면 해결방안을 제시해도 좋다. 어느 쪽을 취하든 서로가 무엇을 기대해야 할지 알기 때문에 문제가 없다.

> 여자는 상대방이 자기 얘기를 끝까지 들어주기를 바랄 뿐이지 해결방안을 요구하는 것이 아니다.

결론적으로, 조언의 문제는 남녀가 서로 다르게 받아들인다는 사실을 알 수 있다. 남자는 조언해주는 것을 사랑과 배려의 표시라고 생각하는 반면, 여자는 남자가 자기 말을 잘 들어주지 않는다고 해석한다. 여기서 얻을 수 있는 교훈은 간단하면서도 매우 의미심장하다. 남자로서는 무엇보다도 공감하면서 여자의 말을 들어주는 것이 중요하다. 만약 여자가 남자에게 바라는 것이 무엇인지 명확하지 않을 때는 여자에게 직접 물어보는 것이 좋다. 여자도 자신의 마음속에 있는 말을 털어놓을 때 남자에게 무엇을 기대하는지 분명하게 밝혀야 한다.

왜 남자는 리모컨으로 텔레비전 채널을 마구 돌릴까?

지난 수천 년 동안 남자는 하루가 끝날 무렵 사냥에서 돌아와 모닥불을 들여다보며 저녁시간을 보냈다. 남자는 아무 말도 하지 않은 채 친구들 곁에 멍한 자세로 앉아 있다. 다른 남자들도 그에게 말을 하라거나 어떤 행위에 동참하라고 요구하지 않는다. 남자들이 모닥불을 멀거니 바라보는 것은 스트레스를 해소하기 위한 방법이고 내일의 활동을 위해 에너지를 재충전하는 방법이다.

리모컨
명사. 여성형, 텔레비전 채널을 이 채널에서 저 채널로 바꾸는 장치. 남성형, 2.5분마다 55개의 채널을 스캐닝하는 도구.

현대인도 하루 일과가 끝나면 모닥불을 바라보는 습관이 있다. 당지 이제는 그 모닥불이 신문, 책, 리모컨으로 바뀌었을 뿐이다. 우리는 남아프리카에 위치한 보츠와나의 칼라하리 사막 북쪽에 있는 저 먼 오카방고 삼각주를 방문한 적이 있었다. 그 마을 오두막의 기둥 위에는 태양광 전지가 세워져 있었고 거기서 동력을 제공받는 인공위성 접시가 있었다. 우리가 그 오두막 안으로 들어가보니 얇은 천으로 허리춤을 겨우 가린 한 무리의 칼라하리 부시맨들이 손에 리모컨을 들고서 쉴새없이 텔레비전 채널을 바꾸고 있었다.

천국의 모든 남자들은 리모컨을 세 개씩 갖고 있다.
또한 천국의 화장실 변기 시트는 늘 올려져 있다.

남자들이 이처럼 텔레비전 채널을 획획 바꾸는 것을 여자는 싫어하고 혐오한다. 그래서 여자들 사이에는 이런 농담이 널리 유포되어 있다.

"남편이 죽으면 손에 리모컨을 쥐어준 채 묻어줘야지."

하루 일과가 끝나면 여자들은 텔레비전 쇼, 특히 인간적이고 정서적인 장면이 많이 나오는 프로를 보면서 긴장을 푼다. 그녀들의 두뇌는 배우들의 대사와 몸짓언어를 잘 읽어내며 인간관계의 결과를 예측하기를 좋아한다. 그녀들은 광고를 보는 것도 마다하지 않는다.

그러나 남자들의 경우 텔레비전을 보는 과정은 여자들과는 전혀 다르다. 그들은 주로 두 가지의 충동을 충족시키기 위해 텔레비전을 본다.

첫째, 남자는 해결 지향적이고 문제 지향적인 두뇌를 갖고 있기 때문에 가능하면 빨리 본론을 알고 싶어한다. 그는 채널을 획획 돌려서 분석함으로써 필요한 해결책을 재빨리 찾아내려 한다.

둘째, 남자는 남의 문제를 관찰함으로써 자신의 문제를 잊어버린다. 이 때문에 여자에 비해 남자가 여섯 배나 많이 저녁 뉴스를 시청한다. 남자의 두뇌는 한 번에 한 가지밖에 하지 못하기 때문에, 다른 사람들의 문제를 응시하지만 그에 대해서 책임을 느끼지 않는 방법으로 자신의 근심 걱정을 잊어버린다. 따라서 텔레비전 채널 돌리기는 인터넷 서핑하기, 차량을 정비하기, 정원에 물 주기, 헬스장에서 운동하기, 섹스하기 등과 같이 스트레스 해소의 한 방법이 된다. 남자는 어떤 한 가지 일에 집중할 수 있으면 자신의 문제는 곧 잊어버린다. 그런 식으로 자신을 잊음으로써 자기에 대해 좋은 느낌을 갖게 된다.

> 남자는 텔레비전의 프로 그 자체에는 관심이 없다.
> 오히려 다른 채널에서 무엇이 방영되는지에 더 관심이 많다.

만약 여자가 어떤 문제를 걱정하고 있다면 그녀는 다른 어떤 일을 하더라도 그 문제를 잊지 못한다. 그녀는 다중 트랙의 두뇌회로 때문에 여전히 그 문제를 마음속에 담아두고 있는 것이다. 여자가 그 스트레스를 덜어내려면 타인과 대화를 나누어야 한다.

이런 남녀 간의 근본적인 차이는 종종 문제를 낳는다. 여자는 남자가 신문을 읽고 있거나 텔레비전 채널을 획획 돌릴 때 그에게 말을 걸려고 한다. 하지만 남자가 여자의 말에 반응을 보이지 않기 때문에 그녀는 자주 남자의 반응을 확인한다.

"내가 좀 전에 뭐라고 했어?"

여자는 이렇게 물어본다. 그러면 놀랍게도 남자는 뭐라고 말했다고 대답을 해온다. 그의 두뇌는 그 순간 신문을 읽는 일에만 집중하고 있었기 때문에 그녀의 말을 건성으로 들은 것이다.

종종 여자들은 남자에게 무슨 애기를 하려고 하면 남자의 마음이 십 리 밖에 달아나 있어서 애기를 못하겠다고 비난한다. 그런 비난에 남자들은 당황한다. 남자들은 자신이 그녀 앞에 존재하고 있으면 그것만으로도 충분하다고 생각한다.

그러나 여자는 남자가 정신적으로 자기 앞에 존재함으로써 자기 말을 정성껏 들어주기를 바란다. 여자들은 남자의 무관심에 분개하면서 그것이 자기를 무시하는 태도라고 해석한다. 남자들은 해결방안을 제시했다가 퇴짜를 맞으면 시무룩해한다. 그리고는 여자가 자신의 휴식 시간을 빼앗아갔다고 분개한다. 여자가 남자에게 자기 말을 잘 들으라고 강요하면 할수록 남자는 저항한다. 그의 저항강도에 따라 여자의 분노도 격렬해진다.

여자는 벽난로의 불빛을 들여다보는 남자의 버릇이 스트레스 해소책이라는 것을 이해해야 한다. 그런 태도를 모욕이라고 생각해서는 안된다. 남자는 말할 때 한번에 한 가지씩만 말한다. 여자는 다중 트랙의 두뇌구조 덕분에 다양한 범위의 것들, 과거, 현재, 미래의 일을 동시다발적으로 말할 수 있지만 남자는 그것이 안 된다.

> 남자의 침묵은 여자를 사랑하지 않는다는 뜻이 아니다.
> 그것은 조용한 시간을 갖고 싶다는 뜻이다.

남자는 대화가 여자의 스트레스 해소법이라는 것을 이해해야 한다. 쓸데없이 문제해결 방안을 제시하여 그녀의 대화 분위기를 그르치면 안 된다. 느긋이 들어주면서 그녀의 스트레스를 해소해주려고 애써야 한다.

리모컨 문제를 해결하려면 여자는 남자에게 솔직히 말하는 것이 좋다. 그렇게 채널을 획획 돌리니까 머리가 어지러우며 지금 보고 있는 프로그램에 집중할 수가 없다고. 이 방법이 통하지 않는다면 그가 모르는 곳에다 리모컨을 감추는 것도 한 방법이다. 이도 저도 통하지 않는다면, 자기만의 텔레비전을 한 대 더 사거나 리모컨을 하나 더 마련해 보는 것은 어떨까.

왜 남자는 길을 묻지 않을까?

지난 십만 년 동안 남자들은 두뇌의 공간부분을 활용하여 희생물을 추적하고 목표물을 맞추어왔다. 이 기간에 남자들은 뛰어난 방향감각을 개발했고 느낌만으로도 왔던 길을 되짚어갈 수 있는 능력을 발달시켰다. 그래서 그들은 먼 거리까지 사냥을 나가도 아무 어려움 없이 집까지 찾아올 수 있었다. 바로 이 때문에 남자들은 세 명에 한 명 꼴로 창문 없는 어두운 방에 처음 들어가도 90도 각도 내에서 북쪽을 찾아낼 수 있다. 반면에 이런 능력을 갖춘 여자는 다섯 명에 한 명도 채 되지 않는다. 아쉽게도 북쪽을 찾아내는 능력은 의식적으로 획득되지 않는다. 선천적으로 그렇게 할 줄 알거나 못하거나 둘 중 하나일 뿐이다.

남자들의 탁월한 방향감각에 대한 설명으로는 이런 것이 있다. 남자들은 아랫도리에 철분이 많이 집중되어 있어서 자동자석처럼 북쪽에 이끌린다는 것이다. 바로 이런 능력을 갖고 있기 때문에 남자들은 스포츠 경기 중에 화장실에 갔다가 재빨리 자리로 돌아올 수 있고, 여러 층으로 된 주차 빌딩 안에서 자기 차의 위치를 간단히 파악할 수 있으며, 딱 한 번 갔던 곳도 별 어려움 없이 다시 찾아갈 수 있다.

둥지를 수호하는 여성들은 지평선 너머로 홀로 모험을 나가본 적이 없다. 그래서 여성들은 지형지물을 이용해 위치를 파악한다. 여성에게 방향감각은 꼭 필요한 능력이 아니었고 필수 임무도 아니었다. 여성은 나무, 호수, 언덕 같은 지형지물을 기준으로 하여 귀가하는 길을 익힌다. 따라서 남자는 여자에게 방향을 가르쳐줄 때 지형지물을 이용하는 것이 가장 좋다. 만약 커다란 참나무가 있는 길로 들어서서 호수 맞은편 국립은행 옆의 분홍색 빌딩으로 오라고 하면 그녀는 길을 잘 찾아올 것이다. 그러나 고속도로 23번에서 서쪽 램프의 세 번째 출구를 빠져나와 북쪽으로 5킬로미터를 달리라고 가르쳐주면 그녀는 아마도 찾아오지 못할 것이다.

| 남자는 길을 잃지 않는다. 단지 대체된 목적지를 발견할 뿐이다.

남자가 길을 잃어버렸다고 시인하는 것은 그의 첫 번째 능력인 방향감각이 형편없음을 인정하는 것과 같다. 남자는 그런 무능함을 여자에게 시인하느니 차라리 화형대에서 불타 죽는 쪽을 선택할 것이다. 당신이 여자이고 조수석에 앉아 있는데 운전석에 앉은 남자가 같은 주유소를 세 번이나 지나치고 있다고 하자. 그런 경우 남자를 비난하거나 조언해줄 생각을 해서는 안 된다. 그러다가는 당신은 자칫 남은 길을 걸어서 가야 할지도 모른다.

지도나 안내도를 사서 그에게 주라. 만약 그가 컴퓨터를 좋아한다면 주요도시의 길을 완벽하게 안내해주는 CD-롬도 나와 있으므로 그것을 활용하자. 이 자료를 출력하여 여행 때마다 이용할 수도 있다. 또한 손에 들고 다니는 인공위성 위치파악 장치를 그의 생일이나 크리스마스 선물로 사줄 수도 있다. 이 장치는 그리 비싸지도 않다. 이 장치를 이용하면 그는 절대로 길을 잃지 않을 것이고 당신을 영원히 사랑하게 될 것이다.

왜 단 하나의 난자를 수정시키는 데 400만 개의 정자가 필요할까?
왜냐하면 그 어떤 정자도 길을 물어보지 않기 때문이다.

만약 길을 잃어버렸다면 아주 재빠르게 화장실이 급하다고 그에게 말해보라. 그러면 그는 할 수 없이 주유소 같은 데다 차를 세워야 할 것이다. 당신이 화장실에 가 있는 동안, 그는 뭔가 사는 척하면서 길을 물어볼 수도 있다.

왜 남자는 변기 시트를 계속 올려놓을까?

1900년대 초반까지만 해도 화장실 toilets(당시 이름은 변소)은 집 바깥에 자그마한 박스로 만들어져 있었다. 여자가 화장실에 갈 때는 보안상 다른 여자를 데리고 갔다. 남자는 물론 혼자 갔고 필요할 때는 자신을 방어할 수 있었다. 이 당시 남자들은 화장실에서 소변을 보지 않았다. 나무나 돌무더기 같은 데다 일을 보았다. 그리고 현대 남자들은 그 버릇을 조상으로부터 그대로 물려받았다. 바로 이 때문에 남자들은 탁 트인 들판에서 소변을 보는 법이 없다. 담벼락이나 나무둥걸 같은 곳을 이용한다.

다른 동물들과 마찬가지로, 남자의 소변을 보는 행위에는 자기의 영토를 규정짓겠다는 의미가 숨어있다. 19세기 말에 토마스 크래퍼라는 사람이 수세식 화장실을 발명하면서, 집 밖에 있던 남루한 화장실이 실내로 들어오게 되었다. 하지만 떼지어 화장실을 가던 여자들의 버릇은 아직도 남아 있다. 그리고 남자는 여전히 혼자서 간다.

"어이, 프랭크, 나 지금 화장실 가는 길이야. 자네도 함께 가겠나?"

이렇게 말하는 남자는 거의 없다. 만약 그렇게 한다면 모든 사람이 그를 이상한 놈이라고 생각할 것이다.

오늘날 공공 화장실은 남녀로 나뉘어져 있고 남자 화장실에는 벽에 설치한 입식 소변기가 있다. 여자는 늘 앉아서 일을 보지만 남자는 용변시간 중 10 내지 20퍼센트만 앉아서 일을 본다. 현대의 가정은 남녀 모두에게 공평하게 디자인되었을 텐데 유독 가정용 변기는 여자의 필요성만 반영하고 있어서 남자에게 불리하다. 가정용 변기를 사용할 경우 남자는 변기 시트를 위로 젖히고 일을 본다. 그 시트에 물방울이 튀면 나중에 사용하는 여자가 불편해하기 때문이다. 거기까지는 좋았는데, 그 시트를 다시 내려놓지 않으면 여자들에게 냉대를 받는다. 많은 남자들은 그런 비난을 못마땅하게 생각한다.

"그럼 왜 여자는 남자를 위해 변기 시트를 올려놓지 못하는 거지?"

하지만 이런 남자들의 불만에도 불구하고 사정은 점점 여자에게 유리한 쪽으로 흘러가고 있다. 가령 스웨덴 같은 나라에서는 공중 화장실에서 남자가 소변을 볼 때, 쪼그려 앉아서 일을 보는 것이 하나의 규정으로 자리잡았다. 그것이 정치적으로 균형감각 있는 행위라는 것이다.

하느님이 천지를 창조하신 후 아직도 아담과 이브에게 분담시켜야 할 일이 두 가지 남아 있었다. 하느님의 설명에 의하면, 하나는 서서 소변을 보게 할 수 있는 기능을 누구에게 줄 것인가 하는 것이었다. 아담은 서서 일을 볼 수 있다는 데 흥분하여 그 기능을 자기에게 달라고 조르고 또 졸랐다. 이브는 우아하게 미소를 짓고 나서 하느님께 아담이 그토록 원한다면 그에게 주라고 말했다. 그래서 하느님은 아담에게 주었다. 아담은 아주 기분이 좋아져서 그 자리를 벗어나 나무에다 소변을 보기도 하고 모래 위에 무늬를 그려놓기도 했다. 하느님은 그것이 보기에 좋다고 말씀하셨다. 하느님은 이어 이브에게 고개를 돌렸다.
"자, 이제 다른 것이 하나 있느니라."
하느님이 말했다.
"이제 네가 그것을 갖도록 하여라."
"고맙습니다"
이브가 말했다.
"그런데 그것의 이름은 무엇인가요?"
하느님은 미소를 지으며 말했다.
"멀티플 오르가슴(여러 번 오르가슴을 느끼는 것 : 옮긴이)이라는 것이니라."

몇 년 전 스웨덴에서는 페미니스트 단체가 공공 화장실의 입식 소변기를 철폐하라고 주장하고 나섰다. 남자들이 서서 일을 보는 것이 남성성을 과시하는 행위이므로 자연히 여성성을 모독하게 된다는 것이었다. 당시 그들의 주장은 그다지 지지를 얻지 못했다. 다른 곳, 가령 미국의 홍보대행사 건물 같은 데서는 남녀 공용 화장실을 선호하여 입식 소변기가 서서히 사라져가고 있다. 남녀평등 때문이 아니라 비용절감과 공간 극대화를 겨냥했기 때문이다. 2000년 네덜란드 회사가 사상 최초로 여성용 입식 소변기를 선보였으나 현재까지 세계 시장에서 이렇다 할 반향을 이끌어내지 못하고 있다.

우리의 책을 읽은 남성 독자 한 사람이 변기 시트 문제를 놓고 아내와 티격태격 싸워온 경과를 이렇게 적어 보내왔다.

> 여자들은 의지를 갖고 있다는 사실을 감안해야 합니다. 입식 소변기 칸에 사람들이 다 차 있어서 어쩔 수 없이 좌변기 칸 안으로 들어가서 일을 볼 경우, 남자는 변기 안으로 소변이 흘러들어가게 하기 위해 대단히 조심을 합니다. 하지만 페니스는 제멋대로여서 두루마리 화장지, 왼쪽 바짓가랑이, 구두 등에 발사를 하게 되고 맙니다. 다시 한번 말씀드리거니와 존 토마스John Thomas(페니스를 완곡하게 가리킨 말 : 옮긴이)는 믿지 못할 존재입니다.
>
> 28년의 결혼생활 끝에 아내는 이제 저를 훈련시켰습니다. 저는 더 이상 서서 일을 보지 못합니다. 앉아서 일을 보아야 합니다. 아내는 그 정도의 대가는 충분히 지불할 수 있지 않느냐고 말합니다. 만약 그렇게 하지 않는다면 어떤 불상사가 일어날지 예측할 수 없다는 것이지요. 만약 아내가 밤중에 화장실에 일을 보러 가서 오줌이 묻어 있는 변기 시트 위에 앉거나, 아니면 시트가 내려져 있지 않아서 변기 안으로 엉덩이가 쑥 빠지게 될 경우 그녀는 아마도 잠자는 저를 죽일지도 모릅니다.

또한 아침이 되어 페니스가 발기하는 문제도 있다. 그럴 경우 남자는 정확하게 조준하기가 더욱 어렵다. 그래서 때로는 화장실의 벽마저 적셔놓고 마는 것이다. 설사 쪼그려 앉아서 일을 본다고 하더라도 남자만이 이해할 수 있는 해부학적 고민이 한 가지 더 있다 다음 편지를 보내온 남성 독자는 변기에 앉아서 머리를 바닥 깊숙이 숙여서 물샐틈없이 완벽한 용변자세, 이른바 '날아가는 수퍼맨'의 자세를 취한다는 것이다. 하지만 그렇게 했는데도 물방울이 튀는 경우가 있으니 어쩌란 말인가.

> 여자들은 남자들이 100퍼센트 책임을 질 수 없는 상황임을 이해해야 합니다. 화장실 위생이나 청결에 신경 쓰는 여자들의 마음은 이해합니다. 하지만 어떻게 하다 보면 우리가 통제할 수 없는 방향으로 사태가 전개되는 것입니다. 그것은 우리의 잘못이 아니라 어머니인 자연의 문제입니다. 만약 자연이 아버지였다면, 이런 문제는 아마도 일어나지 않았을 것입니다…

사실 남자는 변기 시트가 세워져 있든 내려져 있든 별로 신경 쓰지 않는다. 그것을 반드시 내려놓아야 한다고 목에 힘주면서 말하는 여자는 너무 까다롭지 않는가 생각하는 것이다. 공손하게 내려놓아 달라고 말할 수도 있고, 때로는 여자가 손수 내려놓을 수도 있지 않은가.

이제 남자들에게 앉아서 소변을 보라고 요구하는 것은 그리 실례되는 일이 아니다. 만약 남자가 거절한다면 무슬림 세계의 수백만 남자들이 매일 앉아서 일을 본다는 사실을 조용히, 그러나 확고하게 상기시킬 필요가 있다. 그들은 좌변기가 남성성을 훼손한다고 생각하지 않는다. 예언자 마호메트는 딱 한 번 서서 일을 본 적이 있다고 한다. 그가 정원에 있을 때였는데 그 상황에서는 도저히 쪼그려 앉기가 불가능했기 때문이었다. 만약 남자의 협조를 얻어내지 못한다면 가정의 규칙을 새롭게 짜면 된다.

앞으로 화장실 청소는 남자가 맡는다.
매일 화장실 바닥을 깨끗이 걸레질하여 튄 물방울이 없게 하라.

이렇게 규정하면 남자도 좀 더 적극적으로 좌식용변을 수용할지도 모른다.

경제적 여유가 된다면 가장 이상적인 해결방식은 남성용 화장실, 여성용 화장실을 따로따로 마련하는 것이다. 또는 현재의 집을 개조하여 화장실을 하나 더 마련할 수도 있다. 이렇게 하면 서로에게 스트레스를 주지 않고서도 위생과 청결을 유지할 수 있다.

왜 남자는 쇼핑하기를 그렇게 싫어할까?

남자가 위대함은 양복 두 벌, 셔츠 세 장, 넥타이 세 개, 구두 두 켤레를 단 8분 만에 살 수 있다는 데 있다. 더 놀라운 것은 이 옷들로 적어도 9년은 버틸 수 있다는 점이다. 남자는 12월 24일 오후 네시 30분에

온 가족의 크리스마스 선물을 40분 이내에 살 수 있다. 그것도 혼자서 말이다.

> 남자는 구두 한 켤레, 양복 한 벌, 셔츠 두 개로 몇 년을 버틸 수 있다.
> 같은 헤어스타일로 몇 년, 아니 몇십 년을 버틸 수 있다.
> 그리고 더 좋은 것은 덕분에 지갑 수명이 아주 길어진다는 것이다.

대부분의 남자들은 쇼핑이라고 하면 의사에게 전립선 검사를 받는 것만큼이나 싫어한다. 영국 심리학자 데이비드 루이스 박사는 이런 연구 결과를 내놓았다. 남자가 크리스마스 쇼핑할 때의 스트레스 강도는 폭도를 진압해야 하는 경찰관이 느끼는 스트레스와 거의 비슷하다는 것이다. 그러나 대부분의 여성들은 스트레스 해소법으로 쇼핑을 선호한다.

진화적 과정에서 형성된 남녀의 차이와 두뇌회로의 차이를 잘 아는 사람은 왜 그런지 그 이유를 명확하게 알고 있다. 남자는 전에 사냥꾼으로 활동했기 때문에 일명 '터널 시야'를 갖고 있다. 남자는 A라는 지점에서 B라는 지점까지 직선으로 움직이는 데 익숙하다. 쇼핑을 잘하려면 사람들과 가게들 사이를 지그재그 형태로 움직여야 하는데, 그로서는 여간 불편하지 않다. 남자는 방향을 바꿀 때마다 의식적으로 더 많은 결단을 내려야 한다. 넓은 각도의 시야를 가진 여자들은 혼잡한 쇼핑 센터를 요리조리 뚫고 지나가는 것이 그리 어렵지 않다.

남자들은 사냥감을 재빨리 죽여서 집으로 돌아오는 일에 익숙하다.

오늘날 남자들이 하는 쇼핑은 사냥감을 죽여서 집으로 가지고 오던 옛날의 그것과 흡사하다. 여자들은 옛날 옛적에 여자 조상들이 음식물을 채집하던 것과 비슷한 방식으로 쇼핑을 한다. 다른 여성들과 무리를 지어서 맛 좋은 풀이 자라고 있는 곳에 가 온종일 느긋하게 채집하는 것이다. 풀을 어느 정도까지 따야 한다는 목표도 없고 시간제한도 그리 엄격하지 않다. 여자들은 온종일 여기저기 이동하면서 식물들을 만져보고, 냄새도 맡고, 맛도 보고, 비틀어보면서 채집을 한다. 그런 과정에서 별로 없어서 빈손으로 집에 돌아온다고 해도 그녀들은 불만이 없으며 재미있는 하루를 보냈다고 생각한다.

남자들은 그런 행동을 도저히 이해하지 못한다. 뚜렷한 목적, 목표, 시간제한 없이 떼지어 밖으로 나갔다가 아무런 결과 없이 빈손으로 집에 돌아온다는 것은 시간낭비일 뿐만 아니라 사냥에 나가 실패한 것이나 다름없다고 생각한다. 바로 이 때문에 퇴근길에 우유, 빵, 달걀을 사오라고 부탁받은 남자는 엉뚱하게도 청어와 마시멜로를 사들고 온다. 그는 아내가 부탁한 것은 잊어버리고 대신 값싸게 파는 물건들을 사가지고 오는 것이다. 나름 확실한 사냥감을 건졌다고 생각하면서….

여자는 날씨, 계절, 유행, 자신의 색깔, 행선지, 그날의 기분, 만날 사람, 하는 일에 따라서 옷을 바꾸어 입고 나간다. 남자는 안락의자 팔걸이에 걸어두었던 옷을 휑하니 걸치며 집 밖으로 나선다.

연구조사에 의하면 남자들은 음식과 의상 쇼핑을 싫어할 뿐만 아니라 그런 쇼핑을 자주 하면 건강에도 해롭다. 남자들에게는 그것이 커다란 스트레스이기 때문이다. 하지만 남자들에게 쇼핑 체험을 적극적인 것으로 받아들이게 하는 몇 가지 방법이 있다.

남자와 함께 식료품을 쇼핑하는 법

반드시 남자에게 쇼핑 카트를 밀게 하라. 남자는 무엇인가 통제하기를 좋아하고 운전하기를 좋아한다. 코너 돌기, 각도 잡기, 스피드 등 자신의 공간지능을 활용하기를 좋아한다. 남자는 일반 쇼핑 카트보다는 바퀴가 한쪽으로만 굴러가는 쇼핑 카트를 운전하는 것을 더욱 좋아한다. 그들의 공간지능에 더 큰 도전이 더해지기 때문이다. 많은 남자들은 동심으로 돌아가 머릿속에서 위잉잉잉 소리를 내면서 신나게 그 카트를 운전한다. 또한 남자에게 카트 안에 어떻게 물건을 적재해야 할지 의견을 구해보라. 그는 또다시 자신의 공간지능을 활용하여 그럴듯한 대답을 내놓을 것이다.

여자는 지그재그로 매장 안을 움직이면서 미리 써 온 쇼핑 리스트를 보면서 쇼핑하는 것을 좋아한다. 남자는 직선으로 움직이면서 기억에 의존하여 쇼핑하고 좋아 보이는 물건을 모두 검토한다. 그 결과 남자는 늘 같은 물건만 집으로 가져온다. 예를 들어 미혼남의 찬장을 들여다보면 스물여섯 통의 삶은 콩과 아홉 병의 토마토 소스가 들어 있을 뿐 그 외의 물건은 거의 없을 것이다.

통로를 지그재그로 걸어가는 동안 남자에게 분명한 목표를 주라. 브랜드, 맛, 크기, 사이즈 등을 일러주고 가장 싼 물건을 찾아보도록 격려해주라. 만약 남자가 그런 물건을 찾아왔으면 잘했다고 칭찬해주라. 늘 남자에게 무엇을 먹고 싶으냐고 묻고, 격려하듯 팔을 툭툭 쳐주고, 초콜릿 같은 특별한 선물을 사주라. 여기까지 읽은 여성 독자는 구역질을 느끼면서 "음식 쇼핑 한번에 그렇게까지 해줘야 해?"하고 반문할지 모른다. 하지만 쇼핑은 남자의 두뇌회로에 들어 있지 않다는 것을 다시 한번 상기하자. 그를 쇼핑의 장으로 이끌어내려면 인센티브가 필요하다.

남자와 함께 옷을 쇼핑하는 법

많은 여자들은 남자가 혼자서 쇼핑하면 보기 흉한 옷만 사들고 온다고 생각한다. 이 판단은 거의 사실에 가깝다. 지난 십만 년 동안 여자는 남자를 매혹할 목적으로 옷을 입어왔지만 남자는 적을 위협하여 물리칠 목적으로 옷을 입어왔다. 남자들은 얼굴과 몸에다 페인팅을 하고, 콧구멍에 뼈를 매달고, 머리에 죽은 물소머리를 얹고, 페니스 끝에다 돌을 매달았다. 과학자들이 이성애적인 남자가 형편없는 의상 유전자를 지니고 있다고 판단하는 것도 그리 놀라운 일이 아니다.

> 우리는 늘 손을 잡고 다닌다.
> 내가 손을 놓아버리면 그녀는 쇼핑에 나선다. _앨런 피즈

식료품을 쇼핑할 때의 요령은 옷을 쇼핑할 때도 그대로 적용된다. 남자에게 사이즈, 색깔, 옷감, 가격대 등을 일러준 후에 그를 사냥터에 내보내라. 남자의 두뇌는 단 한 가지 일에만 집중하게 되어 있다.

남자의 쇼핑 방법을 이해하는 핵심은 닭의 연구에서 잘 드러난다. 닭에게 남성 호르몬을 주입하고 색색의 씨앗을 주면 그 닭은 전과는 현저히 다른 방식으로 모이를 쪼아먹는다. 즉 빨간 씨앗을 다 쪼아먹은 다음에 노란 씨앗을 쪼아먹는다. 반면에 남성 호르몬을 주입하지 않은 닭들은 색깔에 구애받지 않고 순서 없이 음식들을 쪼아먹는다.

남자에게 한 번에 한 가지씩 할 일을 주라. 한꺼번에 많이 사면 돈을 절약할 수 있다는 사실을 이해시키려 하지 말라.

"파란 드레스가 잘 어울릴까, 노란 드레스가 잘 어울릴까?" 물어보지 말라. 남자는 자신이 결코 정답을 내놓지 못하리라는 것을 잘 알기 때문에 심한 불안감에 빠진다. 대부분의 남자는 두 켤레의 구두를 가지고 있을 뿐이다. 남자의 두뇌는 무늬와 디자인의 배합에 익숙하지 못하다. 남자는 여덟 명 중 한 명꼴로 적록 색맹이다. 만약 여자가 남자에게 쇼핑을 부탁하거나 옷걸이에서 옷 좀 꺼내달라고 요청할 때는 원하는 옷의 정확한 사이즈를 말해주어야 한다.

남자는 옷을 사가지고 집에 갈 때에도 아주 조심하지 않으면 안 된다. 만약 한 사이즈 큰 것을 사가지고 오면 여자는 자기를 뚱보로 아느냐고 비난할 것이다. 한 사이즈 작은 것을 사오면 여자는 자기 체중이 늘어난 것 같다며 걱정할 것이다. 여자는 옷가게에서 옷을 입고서 남자에게 잘 어울리느냐고 물어볼 때 그 어울리는 정도를 1에서 10까지 숫자로 표시하라고 요구해야지, 비교하는 질문을 해서는 안 된다. 가령 여자가 "초록색 옷이 노란색 옷보다 더 예뻐?"하고 물어보면 남자는 순간적으로 당황하면서 대답을 잘하지 못한다. 또한 남편이 탈의실 옆에 앉아서 기다리는 상황이 되면 반드시 그에게 먹을 것을 주어야 한다.

이런 전략을 적절히 구사한다 해도 대부분의 남자들이 쇼핑에 집중할 수 있는 시간을 고작 30분 정도밖에 안 된다. 반드시 쇼핑센터에 남편을 대동할 생각이라면 커다란 철물점 옆에 있는 쇼핑센터를 선택하는 것도 한 방법이다. 그는 철물점에서 물건을 구경하느라 시간 가는 줄 모를 것이기 때문이다. 최악의 경우에는 전기톱을 사가지고 와서 집안의 석회 천장마다 구멍을 뚫을 지도 모르지만 그 정도는 각오해야 한다.

왜 남자는 혐오스러운 습관을 가지고 있을까?

전 세계의 여자들은 남자들이란 그들만의 혐오스러운 습관을 가지고 있다고 비난한다. 하지만 연구조사 자료는 그런 주장을 뒷받침하지 못하고 있다. 남자들은 여자의 나쁜 습관을 잘 받아주며 여자에 비해 세부적인 사항에 대해 거의 신경 쓰지 않는다. 그래서 여자의 나쁜 버릇이 부각되는 일은 아주 드물다.

> 남자의 장점은 신체의 은밀한 부분을 조정하기 위해 방을 잠시 떠나지 않아도 된다는 것이다.

여자들이 혐오스럽다고 생각하는 남자들의 버릇 가운데 대표적인 것은 코 후비기, 트림하기, 몸에서 냄새 피우기, 오래된 내의 입고 다니기, 사타구니 긁기 등이다. 하지만 가장 혐오스러운 버릇은 방귀뀌기이다.

방귀는 건강한 신체와 건전한 식생활의 표시인데도 여자들은 가장 혐오스럽게 생각한다. 남자들은 약 열 살 무렵부터 방귀를 재미있는 오락으로 생각하기 시작한다. 방귀로 남의 목소리 흉내내기, 방귀

방귀
명사. 여성형, 소화 중에 발생하는 불편한 부산물. 남성형, 즐거움·자기표현 및 남성적 유대의식을 제공하는 수단.

가 나오는 순간에 엉덩이에 라이터 불을 갖다 대어 파란 불꽃을 일으키기 등 방귀는 남성적 능력의 표현수단으로 인정받아왔다. 남자들은 이런 행위를 소아마비 치료제를 발견한 것보다 더 탁월한 업적으로 생각한다. 트림 또한 이에 못지않은 남성성의 상징이라 생각한다.

세상에서 가장 유명한 방구쟁이는 프랑스인 조제프 포쥘이다. 그는 1892년 '르 페토만Le Petomane(방귀맨)'이라는 쇼 타이틀을 내걸고 파리의 물랭루즈에서 탁월한 연기를 펼쳤다. 그의 주연기는 방귀를 이용하여 유명한 사람의 목소리를 흉내내는 것이었다. 그는 엉덩이에 꽂은 관을 통해 담배를 피울 수 있었고 그 관 끝에 플루트를 연결해 프랑스 국가를 연주할 수도 있었다. 그의 연기를 본 관객들 중 여자가 남자보다 훨씬 더 즐거워했다고 하며, 어떤 여성은 웃다가 기절하여 병원에 실려 가기도 했다.

남자는 96.3퍼센트가 방귀를 뀐다는 사실을 인정하는 반면, 여자는 2.1퍼센트만이 인정한다. 남자는 하루 평균 12회 정도 1.5에서 2.5리터의 가스를 발사하는데 이는 조그마한 풍선을 가득 채울 수 있는 양

이다. 여자는 하루 7회, 1내지 1.5리터의 가스를 발사한다. 과도한 방귀의 원인은 말을 너무 많이 하는 것, 식사를 하면서 말을 하는 것 등이다. 말을 하면 공기가 체내에 들어오게 되는데 대부분은 트림 등으로 인해 배출이 되지만 그 나머지는 소장으로 흘러 들어가 다른 음식물 가스와 뒤섞여 느닷없이 폭발하는 것이다. 1956년 런던에 거주했던 버나드 클레멘스라는 남자는 2분42초 동안 연속하여 방귀를 뀐 기록을 남겼다.

가스의 성분은 50내지 60퍼센트의 질소, 30내지 40퍼센트의 인산화탄소, 나머지 5내지 10퍼센트는 메탄(지하 갱을 폭발시키는 물질)과 수소가스(폭탄으로 사용하면 도시를 파괴할 수 있다.)이다. 가스를 일으키는 가장 큰 원인 중 하나는 달걀인데, 그래서 '썩은 달걀 방귀' 라는 말이 나왔다.

방귀를 잘 유도하는 식품은 꽃양배추, 양파, 마늘, 양배추, 브로콜리, 겨, 빵, 콩, 맥주, 백포도주, 과일, 야채 등이다. 일반적으로 채식주의자가 방귀를 더 많이 뀌지만 냄새는 덜 지독하다. 가스를 줄여주는 제품으로는 목탄 덩어리, '가스-제거' 제품, 페퍼민트와 생강제품 등이 있다. 목탄을 집어넣은 쿠션도 있다. 이 쿠션 위에 앉아서 방귀를 뀌면 냄새의 약 90퍼센트가 흡수된다. 가축과 양들도 대기중의 약 35퍼센트에 해당하는 가스를 발사하여 지구 온난화와 오존층 파괴를 가져오고 있다. 지구 환경을 가장 위협하는 것은 테러리즘이 아니라 암소의 방귀이다.

가장 좋은 방법은 방귀를 유도하지 않는 건강식품을 내놓는 것이다.

또한 식사 후에 커피보다는 박하로 만든 차를 내놓는 것이 좋다. 탄수화물과 단백질이 같이 들어 있는 음식을 피하는 것도 좋은 방법이다.

> 남자는 잠자기 2시간 전에는
> 가스를 유발하는 음식을 피하는 것이 좋다.

또한 남자에게 식사 중에 물을 마시지 않도록 권장하라. 식사 전에 물을 마시는 것은 상관없지만 식사 중에 물을 마시면 소화액이 희석되므로 식사 후에 방귀를 뀔 가능성이 높아진다. 또한 음식물을 꼭꼭 씹어서 천천히 먹고 식사 도중에 텔레비전을 보지 않도록 하라. 만약 남자가 식사를 빨리 하고 그 후에 계속 방귀를 뀐다면 좀 더 적극적인 전략을 사용할 필요가 있다. 한 독자가 우리에게 다음과 같은 사례를 알려왔다.

나이절은 아내 샤론과 함께 외출하면 백화점 같은 공공장소에서 방귀 뀌는 것을 아주 재미있어해한다고 했다. 그는 가스를 발사한 후에 그러지 않은 것처럼 시치미를 떼기 때문에 사람들은 누가 범인인지 알 수 없었다. 옆에 있던 사람들이 부부를 쳐다보면 샤론을 범인으로 생각하기 일쑤였다. 왜냐하면 그녀는 얼굴이 빨개져서 어쩔 줄 몰라하기 때문이다. 나이절은 아내가 그렇게 당황하는 모습을 즐겼다. 그러다가 부부싸움으로 번지는 경우도 있었다. 그는 집에 있을 때는 침대에서 방귀를 뀌고는 그것을 '진정한 사랑의 테스트'라고 의뭉을 떨기도 했다.
샤론은 침실과 주방을 '방귀 청정 지역'으로 선포함으로써 남편의 장난에 대응했다. 또한 함께 외출하여 공공장소에 가게 되면 적어도 발사 2분 전에 미리 알려달라고 요구했다. 만약 이 요구를 들어주지 않으면 즉시 핸드백에서 두루마리 화장지를 꺼낸 다음 큰 소리로 "지금 이게 필요하시죠?"라고 말하겠다고 남편에게 경고했다. 두루마리 화장지는 남편의 나쁜 버릇을 예방하는 데 커다란 성공을 거두었다.

애완동물도 때로는 도움이 될 수 있다. 방귀소리가 나고 냄새가 퍼지면 개나 고양이를 돌아다보며 큰 소리로 야단치면서 넘어갈 수도 있다. 그러나 남자를 다루는 가장 효율적인 무기는 올바르게 행동하면 섹스에 응해주겠다고 약속하는 것이다. 침대에서 방귀를 뀌는 것은 섹스하는 분위기에 찬물을 끼얹는 것이라고 남편에게 분명히 말하라. 남자 또한 식이요법 등을 통해 방귀를 덜 뀌게 되면, 그로 인해 더욱 적극적인 성생활을 누리게 될 것이다.

왜 남자는 야비한 농담을 즐길까?

남자가 유머를 즐기는 주된 이유는 대체로 세 가지 정도이다. 첫째, 훌륭한 개인기(유머)를 선보임으로써 다른 남자들에게 인정을 받는다. 둘째, 유머를 구사하면 비극적인 사건이나 결과를 감당하기가 수월해진다. 셋째, 화제가 되는 문제의 중요성을 인식하게 된다. 바로 이 때문에 대부분의 유머에는 파국적인 결말로 끝나는 펀치라인(의표를 찌르는 구절)이 있다.

웃음은 인류의 과거와 관련이 있다. 인류의 조상은 다른 인간들에게 위험이 가까이 다가왔다는 경고의 표시로써 웃음을 사용했다. 이런 경고는 원숭이 가족들에게서 발견된다. 가령 사자의 공격을 가까스로 피한 침팬지는 나무 위로 올라가 머리를 앞뒤로 흔들면서 인간의 웃음 소리와 비슷한 후-후-후-하-하-하 소리를 낸다. 이 소리는 다른 침팬지들에게 위험이 가까이에 있다는 사실을 알려준다.

웃음은 외침소리의 연장인데 외침소리는 놀라거나 겁먹었을 때 자연스럽게 나온다. 이런 소리는 갓난아이에게서 자주 발견된다. 가령 갓난아이를 장난삼아 살짝 놀래켜보면 아이는 먼저 놀라면서 소리를 지른다. 하지만 잠시 뒤 생명을 위협하는 상황이 아니라는 것을 알고서 웃음을 터트린다. 좀전에는 겁을 먹었지만 이제 그럴 필요가 없다는 뜻으로 웃는 것이다.

두뇌 스캐닝에 의하면 남자는 좌뇌보다 우뇌를 자극하는 물건에 더 많이 웃지만, 여자는 정반대이다. 미국 로체스터 대학의 연구 팀은 남자의 유머 감각이 어디서 오는지 알아냈다고 주장했다. 그들의 주장에 의하면, 남자의 웃음 중추는 오른쪽 눈 바로 위 오른쪽 전두엽에 있다. 남자는 논리적이고, 단계적이며, 예측불허의 결말을 맺는 농담을 좋아한다. 다음은 남자의 두뇌를 자극하는, 잘 알려진 농담의 사례이다.

1. PMT(월경 전 긴장증후군)를 앓고 있는 여성과 테러리스트의 차이점은? 테러리스트와는 협상이 가능하다.

2. 왜 남자들은 자기 페니스가 꼴리는 대로 행동하는가? 왜냐하면 생판 모르는 사람에게 중요한 결정을 맡기는 게 싫기 때문에.

남녀의 중요한 차이점으로는 남자들이 비극적인 사건, 끔찍한 사건, 남성 성기와 관련된 농담에 너무 집착한다는 것이다. 여성의 성기는 생식이라는 성스러운 기능을 담당하기 때문에 아주 깊숙이 감추어져 있고, 그것을 펼쳐놓으면 그 길이가 무려 4킬로미터나 된다. 그래서 여자들은 여성 성기에 대한 농담을 하지 않으며 욕설과 웃음의 원천으로 삼지도 않는다.

페니스는 겉으로 노출되어 있어서 취약하고 위험한 상태에 놓여 있다(이것은 신이 여성이라는 간접적 증거이기도 하다). 그래서 남성적 오락과 즐거움의 끊임없는 원천이 된다. 여성의 유머는 주로 사람, 인간관계, 남성을 대상으로 한다. 가령 이런 것들이다.

1. 방금 섹스를 끝낸 남자에게 무슨 말을 해야 할까? 생각나는 대로 아무렇게나 말해도 상관없다. 어차피 잠들어 있을 테니까.
2. 완벽한 남자 애인의 정의는? 새벽 두 시까지 섹스를 해주다가 종국에는 초콜릿이 되는 사람.
3. 왜 남자들은 오르가슴을 가장하지 않을까? 왜냐하면 일부러 얼굴을 찡그리는 남자는 없으니까.

남자의 두뇌는 많은 농담을 기억하고 저장하는 놀라운 능력을 갖고 있다. 어떤 남자들은 초등학교 4학년 때 들었던 농담을 아직도 기억하지만, 초등학교 4학년 아들의 가장 친한 친구 이름은 기억하지 못한다. 남자들은 차를 타고 가다가 옆 차에 탄 나이든 여자들(가령 수녀라든가)에게 추파를 보내기, 변기 시트에 끈끈이 풀을 발라두기, 방귀 시합하기, 술 취한 신랑의 옷을 모두 벗기고 가로등에 묶어두기 등을 재미있는 일이라고 생각한다. 하지만 여자들은 이런 일을 눈곱만큼도 재미있다고 생각하지 않는다.

농담은 남자들에게 대단히 중요한 의사소통의 수단이다. 그래서 지구상에 대규모 참사가 벌어지면, 지구의 이메일 네트워크나 팩스 망은 참사관련 농담으로 넘쳐날 것이다. 다이애나 황태자비의 교통사고나 9.11 테러 참사, 오사마 빈 라덴 추격작전 등이 벌어졌을 때 남자들의 두뇌는 즉시 농담 태세를 갖추고 있었다.

또한 남자와 여자는 중요한 정서적 문제를 다루는 데 차이가 있다. 여자는 재앙이나 비극을 당하면 남들에게 자신의 감정을 솔직히 표현하지만, 남자는 자신의 감정을 억제한다. 남자들은 나약함의 표시로 간주되는 감정을 드러내지 않은 채 농담을 함으로써 그 비극적인 사건을 간접적으로 발언한다.

농담과 유머의 효능

웃음과 눈물은 두뇌를 자극하여 혈액 속에 엔돌핀을 분비시킨다. 엔돌핀은 몰핀과 헤로인 비슷한 성분을 가진 화학물질이다. 신체를 안정시키는 효과를 갖고 있는 동시에 몸의 면역체계를 강화시킨다. 바로 이 때문에 행복한 사람은 병에 잘 걸리지 않고, 우울한 사람은 온몸에 아프지 않은 데가 없는 것이다.

심리적, 생리적 관점에서 볼 때 웃음과 눈물은 긴밀히 연계되어 있다. 우스운 얘기를 들어서 당신이 자지러지게 웃었던 기억을 되살려보라. 그 직후 기분이 어떠했는가? 심하게 웃을 때의 짜릿하고 황홀한 느낌은 엔돌핀이 혈류 속으로 분비되기 때문에 일어나는 현상이다. 마약을 먹은 것과 비슷한 상태이다.

인생을 웃으면서 바라볼 여유가 없는 사람은 그런 황홀함을 다른 데서 보충하기 위해 종종 마약, 알코올, 섹스에 의존한다. 알코올은 마음을 억제하는 작용을 완화시켜 웃음을 유도하고 엔돌핀의 분비를 촉진시킨다. 그래서 인생에 대한 균형감각을 지닌 사람들은 술을 마시면 점점 더 즐거워지면서 많이 웃지만, 불행한 사람들은 더 비참해지면서 더욱 폭력적으로 변한다.

한바탕 크게 웃고 나면 종종 눈물이 나온다. "너무 웃어서 눈물이 다 났네!" 하고 사람들은 말한다. 눈물은 엔세팔린의 분비를 동반하는데, 이것은 신체의 아픔을 완화시키는 진통제 역할을 한다. 고통스러운 사건을 겪으면 눈물이 나오는데, 이때 엔돌핀과 엔세팔린이 자기 마취의 역할을 함으로써 고통을 억제한다.

농담의 기본적인 인식은 누군가에게 어떤 끔찍하고 고통스러운 사건이 발생할 수 있다는 것이다. 하지만 그런 사건이 실제로는 발생하지 않았기 때문에 우리는 웃음을 터트리면서 자기 마취용 엔돌핀을 분비한다. 만약 그런 사건이 실제로 발생하면 우리는 곧바로 울음 모드로 전환되고 체내에서는 엔세팔린이 분비될 것이다. 바로 이 때문에 웃음의 연장이 곧 눈물이 된다. 사랑하는 사람이 죽는 등 충격적인 사건을 접하면 사람들은 눈물을 흘린다. 그러나 그 사건을 마음속에서 거부하는 사람은 먼저 웃음을 터트린다. 나중에 그 죽음을 실감하게 되면 그제야 웃음이 진한 눈물로 바뀌는 것이다.

웃음은 신체를 마취시키고, 면역체계를 강화시키며, 질병으로부터 보호해주고, 기억을 도와주고, 많은 것을 효율적으로 가르치며, 수명을 연장해준다. 유머는 병을 낫게 한다. 전 세계적인 조사연구는 웃음의 긍정적인 효과를 입증하고 있다. 웃음은 체내의 자연적인 진통제를 분비시키고 면역체계를 강화한다. 시원하게 웃고 나면 맥박이 안정되고, 호흡은 깊어지며, 동맥은 확장되고, 근육은 이완된다.

바로 이것이 정서적 고통에 대응하는 남성만의 방식이다. 어떤 정서적 사건에 대하여 말하기가 어려우면 어려울수록 남자는 더욱더 그 사건을 농담으로 처리하면서 웃음을 터트린다. 비록 여자들에게는 그것이 무정하고 둔감한 행동처럼 보이겠지만 말이다.

남자들은 다른 남자에게 자신의 성생활에 대하여 이야기하지 않는다. 그런 문제를 굳이 얘기해야 한다면 농담의 형태를 선택한다. 그러나 여자들은 친한 친구와 스스럼없이 자신의 성생활에 대해 미주알고주알 이야기하며 그 과정에서 농담을 거의 하지 않는다.

농담을 들어도 화내지 말라

아일랜드 사람이 있는 한 아일랜드 농담이 존재한다. 아시아 농담, 오스트레일리아 농담, 페미니스트 농담도 마찬가지이다. 그리고 비극이 있는 한 그에 관련된 농담이 생겨나게 마련이다.

화를 내는 것은 당신의 선택이다. 그 누구도 당신을 화나게 할 수는 없다. 당신이 화내기로 선택했기 때문에 화를 내는 것이다. 그렇게 버럭 화를 내면 오히려 모양만 우스워진다. 화를 내는 것은 농담의 형식으로 건네진 문제에 대응할 능력이 없다는 뜻이다. 우리는 영국에 살고 있는 오스트레일리아 출신 저술가이다. 영국 사람들은 늘 우리에게 오스트레일리아와 관련된 농담을 한다.

"오스트레일리아와 요구르트의 차이점은 무엇인가? 적어도 요구르트에는 약간의 문화가 있다!"

"왜 오스트레일리아 사람들은 그렇게 균형감각이 좋은가? 양 어깨에 무거운 나무토막을 얹어놓기 때문이다."

"제정신인 오스트레일리아 사람을 어떻게 알아볼 수 있나? 그들은 늘 입 양쪽에 침을 질질 흘리고 있다."

우리는 이런 농담을 들어도 화를 내지 않는다. 만약 그게 훌륭한 농담이라면 우리는 영국인 못지않게 웃음을 터뜨린다. 그리고 나중에 그 농담을 약간 변형하여 미국인에게 써먹는다. 화를 내는 것은 수치심, 당혹감, 불쾌함 같은 부정적인 느낌이며 선택사항이다. 이런 선택은 남들에게 다음과 같은 사실을 드러낼 뿐이다. 당신은 자존심이 강하지 못하고, 당신의 정서를 잘 통제하지 못하며, 의외의 상황에 놀라지 않고 대처할 능력이 부족하다.

누군가가 당신에게 당신 나라 사람들은 어리석다고 말할 경우 당신은 화를 낼 수도 있고 내지 않을 수도 있다. 하지만 잘 생각해보라. 누가 그렇게 말한다고 해서 당신 나라 사람들이 갑자기 어리석어지는 것은 아니지 않는가. 백 보를 양보하여 그들이 실제로 어리석다고 하더라도, 농담하는 사람에게 화를 내보았자 그들의 어리석음이 현명함으로 바뀌지는 않는다. 길에 차가 많다는 이유로 화를 낼 수도 있다. 하지만 아무리 화를 내봐야 도로사정이 좋아지지 않는다. 왜 도로사정이 혼잡한지 침착하고 냉정하게 분석한다면 어떤 해결책을 마련할 수 있다. 어느 경우든 분노를 터트리는 것은 현명한 선택이 아니다.

어떤 사람이 엉뚱한 장소, 엉뚱한 시간에 계속 엉뚱한 농담을 한다면, 그에게 그 농담이 싫으니 그만두라고 말할 수 있다. 그렇게 경고했는데도 계속 농담을 한다면 방 밖으로 나가버리거나 다른 조치를 취하도록 하라. 그런데 사람들이 많이 모이는 파티에서는 이렇게 하기도 어렵다. 특히 당신이 파티의 주최자라면 더욱 그렇다. 그런 농담을 하지 말라고 경고를 받은 남자는 사람들 보는 데서 모욕을 당했다고 생각하여, 더욱 엉뚱한 농담을 해올지도 모른다.

"그런 야비한 농담 말고 다른 농담은 알고 계신 거 없나요? 어쩌면 모든 농담이 야비한 것인지도 모르지만."

이렇게 그 남자에게 말을 걸면서 대화의 방향을 바꾸어보는 것도 한 방법이다. 그러면 대화가 농담의 본질로 향하게 될 지도 모른다. 혹시 아는가. 남녀가 농담에 서로 다르게 반응하는지 말해줌으로써 당신의 손님들을 즐겁게 해줄 수 있을지.

차라리 그의 어머니를 비난하라

어떤 여자들은 남자를 철들지 않은 장난꾸러기 소년으로 생각한다. 그녀들은 남자들이 옷을 아무 데나 벗어던지고, 집안일을 거들어주지 않고, 물건을 제대로 찾을 줄 모르며, 길은 죽어도 물어보지 않으려하고, 여자가 시중 들어주기만을 바라고, 잘못은 결코 시인하지 않는다고 말한다. 여자의 두뇌회로는 남자아이를 양육하고 보호하는 쪽으로 설정되어 있다. 그녀들은 아들의 옷을 집어들고, 아들이 좋아하는 음식을 해 먹이며, 아들의 옷을 다림질해주고, 인생의 온갖 시련으로부터 그를 보호해준다.

그 결과 많은 남자들은 어른이 되어서도 집안일은 거의 할 줄 모르며 여성들과 지속적인 관계를 맺는 일에도 매우 서투르다. 그래서 그들은 어머니처럼 자기를 양육하고 보호해줄 수 있는 여자에게 매력을 느낀다. 그렇게 해서 남녀관계가 시작되는 초창기부터 대부분의 여자들이 난데없는 어머니 역할을 떠맡아 그것을 충실히 대행하게 되는 것이다. 하지만 그것이 평생 지속되는 역할이 될지도 모른다는 사실을 깨달으면서부터는 남녀관계에 빨간불이 켜지기 시작한다.

여자들은 다음과 같은 사실을 이해할 필요가 있다. 만약 남자에게 어머니 역할을 계속 대행해주면, 그는 아내를 어머니로 착각하여 소리를 지르고, 신경질을 부리며, 집안일을 전혀 도와주지 않게 된다. 이런 남자와는 성생활에도 무리가 따른다. 누가 자기 어머니를 성적으로 매력 있다고 생각하겠는가.

남자를 다시 훈련시키기

상대가 아이이든 어른이든 당신이 원하는 대로 남자를 훈련시키는 요령은 동일하다. 당신이 칭찬하고 싶은 행동은 보상해주고, 그렇지 못한 행동은 무시하는 것이다. 예를 들어 남편이 옷이나 수건을 빨래 바구니에 넣어두지 않고 아무 데나 흘리면 꼭 빨래 바구니에 넣어달라고 부드럽게 말하라. 만약 계속 아무 데나 흘리면 그것을 절대로 치워주지 말라. 집안 청소에 방해가 된다면 비닐 백에 넣어 보관함이나 침대 밑, 혹은 다용도실에 두겠다고 말하라. 이런 식으로 하면 그는 적어도 그 물건이 어디에 있는지 알게 된다. 중요한 것은 당신의 의도를 미리 알리되, 냉소적이거나 비판적이거나 혹은 공격적인 어조로 말해서는 안 된다는 것이다. 그렇게 하면 오히려 역효과를 낳는다.

이렇게 했는데도 남자가 깨끗한 내의, 셔츠, 수건을 찾는다면 그것은 그의 문제이지 당신의 문제가 아니다. 마찬가지로 남자가 도구나 그 밖의 하다 만 일감을 아무 데나 내팽개친다면, 그것을 보관함이나 서랍에 넣어두라. 작업장이나 그가 찾기 편한 곳에 두지 말라. 그렇게 하면 당신이 싫어하는 그의 행동을 강화시킬 뿐이다.

　남자를 진정으로 다시 훈련시키고 싶다면 그의 물건을 대신 집어들 생각은 아예 하지도 말라. 그가 자기 물건을 잘 치우면 미소를 지어주거나 고맙다는 말로 보상하라. 어떤 여자들은 자기 옷을 집어드는 그런 기본적인 일에 칭찬을 해야 하느냐고 반문한다. 하지만 남자들은 둥지 수호자가 아니고 또한 집안의 청결함은 남자의 주특기가 아니라는 점을 명심해야 한다. 만약 이런 일에 어렸을 때부터 훈련이 되어 있지 않다면 당신이 훈련시켜야 한다. 반면에 당신이 계속 남편(혹은 아들)의 옷을 대신 집어든다면, 당신이 그의 어머니를 대행하는 것밖에 안 된다(물론 이런 역할을 좋아하는 여성도 있다는 사실을 부정하는 것은 아니다).

　남자의 두뇌회로를 잘 이해하면 남자와 함께 있는 것이 재미있다는 사실을 알게 된다. 전 세계의 남자들은 다 똑같다. 피부, 문화, 신념의 차이는 별 문제가 되지 않는다. 트리에스테(이탈리아 동북부의 항구도시)에 살든 팀북투(아프리카 서부 말리의 중부도시)에 살든 남자들의 두뇌가 작동하는 방식은 동일하다.

　정말 중요한 점은 당신과 함께할 남자를 잘 관리하는 것이다. 그들과 언쟁하고, 화를 내고, 그들 때문에 좌절하는 것이 당신의 일과가 되어서는 안 된다. 위에서 설명한 대로 실천해나가면 남녀 모두 행복하게 살 수 있다. 그리하여 다음번에 여자를 미치게 만드는 남자의 일곱 가지 행동을 물으면 여자들이 세 가지 이상을 말하기가 어렵게 될지도 모른다. 물론 이것은 아직까지 하나의 기대에 불과하지만….

남자의 7대 불가사의 해결하기

Why Men Lie &
Why Women Cry

남자들은 지난번에 갔던 낚시터 이야기를 하고
여자들은 다른 것들을 이야기하고 있다.

Why Men Lie &
Why Women Cry

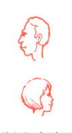

남자의 7대 불가사의 해결하기

우리는 《말을 듣지 않는 남자, 지도를 읽지 못하는 여자》로 커다란 성공을 거두면서 남녀차이에 대하여 더 많은 정보를 달라고 요청하는 여성 독자들의 편지와 이메일을 수없이 받았다. 여자들이 자주 물어보는 일곱 가지 질문은 다음과 같았다.

1. 왜 남자는 친구의 사생활을 잘 모를까?
2. 왜 남자는 책임과 약속을 회피할까?
3. 왜 남자는 모든 일에서 자기가 옳다고 생각할까?
4. 왜 성인남자는 소년용 장난감에 관심이 많을까?
5. 왜 남자는 한 번에 한 가지밖에 하지 못할까?

6. 왜 남자들은 그토록 스포츠에 탐닉할까?
7. 남자들은 화장실에서 무슨 얘기를 할까?

여자들의 문제점은 자기 관점에서만 남자를 분석하려 든다는 것이다. 그 결과 남자의 행동은 이해할 수 없는 것이 되고 만다. 진실을 말하자면, 남자들은 결코 비논리적이지 않다. 단지 여자와 다르게 행동할 뿐이다.

왜 남자는 친구의 사생활을 잘 모를까?

줄리언은 랄프를 1년 동안 만나지 못했는데 최근에 골프를 같이 치기로 했다. 그날 밤 줄리언이 집에 돌아오자 아내 한나는 낮에 어떤 일이 있었는지 대단히 궁금해했다.

한나   자기, 오늘 어땠어?
줄리언   좋았어.
한나   랄프는 어땠어?
줄리언   좋았어.
한나   그 사람 아내가 지난주에 병원에서 퇴원했다는데 지금은 어떻대?
줄리언   몰라. 아무 말도 안 하던데.
한나   아무 말도 안 했다고? 안 물어봤어?

줄리언 응, 안 물어봤어. 만약 무슨 문제가 있다면 내게 먼저 얘기했겠지.

한나 참, 그 집 딸은 새신랑이랑 잘 지낸대?

줄리언 아… 아무 말도 하지 않던데….

한나 그 사람 어머니는 여전히 화학요법 치료를 받고 있고?

줄리언 어… 잘 모르겠는데….

줄리언은 그날 골프 코스를 돌면서 몇 타를 쳤는지, 벙커에서 어떻게 애를 먹었는지, 홀인원을 칠 뻔하다가 어떻게 놓쳤는지는, 수녀와 따분한 파티를 주제로 한 농담을 어떻게 써먹었는지 등을 자세히 기억했다. 하지만 랄프의 아내, 아이들, 가족에 대해서는 들은 것이 거의 없었다. 랄프가 새 건물을 지으려는데 현지 시의회와 마찰을 빚고 있다는 얘기, 랄프가 새로 사려고 하는 차의 제작연도와 모델, 랄프가 사업건을 마무리하기 위해 최근 다녀온 해외여행은 잘 알고 있었다. 하지만 현재 방콕에서 살고 있는 랄프의 막내딸, 파킨슨씨병으로 진단받은 랄프의 형, 지역사회에서 올해의 시민으로 선정된 랄프의 아내에 대해서는 아는 것이 전혀 없었다. 그 대신 줄리언은 랄프로부터 멋진 새로운 농담을 많이 들었다.

> 남자는 친구가 해준 멋진 농담은 잘 기억하면서도
> 그 친구가 최근에 아내와 헤어졌다는 사실은 까맣게 모른다.

남자가 퇴근 후 동료 남자직원과 한 시간 동안 술을 마셨다고 하자.

이때 두 사람은 서로의 개인적인 얘기는 거의 하지 않는다. 아내들은 한 시간 이상 같이 있었으면서 개인적인 얘기를 꺼내지 않았다는 데 놀라움을 금치 못한다. 왜 그런 일이 벌어지는가 하면, 남자들은 그런 시간을 모닥불을 바라보는 휴식시간으로 이용하기 때문이다. 그들은 서로 말을 하지 않고서 몇 시간씩 낚시, 골프, 카드놀이, 축구관전 등을 할 수 있다. 말을 할 때에는 주로 사실관계에 대해서만 얘기한다. 결과, 해결책, 질문에 대한 답변, 사물과 과정에 대한 정보교환 등을 하는 것이다. 하지만 사람들과 그들의 감정에 대해서는 거의 이야기하지 않는다. 남자들은 결론 지향적인 두뇌구조를 갖고 있기 때문에 상대방의 감정이나 정서는 별로 의식하지 않는다.

리즈대학의 연구 팀은 남자들이 퇴근 후 술집에 들리는 이유를 조사해보았다.

남자는 왜 '술'을 마시러 갈까?

- 술을 마시기 위해 - 9.5퍼센트
- 여자를 만나기 위해 - 5.5퍼센트
- 스트레스를 해소하기 위해 - 85퍼센트

남자들은 두뇌의 긴장을 풀고 자기의 몸 바깥에 있는 어떤 사물에 대해 이야기함으로써 스트레스를 푼다. 바로 이 때문에 남자들은 술을 마시러 갈 때 조용한 장소를 선택한다. 그들은 말하기 싫으면 얼마든지 말하지 않아도 되는 것이다.

> 한 남자가 동료들과 함께 있으면서 말을 하지 않는다면
> 그건 그들 사이에 싸움이 벌어졌다는 뜻이 아니다.
> 그는 멍하니 불빛 쳐다보기를 하고 있을 뿐이다.

 남자들은 다른 남자가 말을 하기를 기대하지 않으며 반드시 대화해야 한다고 고집하지도 않는다. 한 남자가 손에 술잔을 들고서 모닥불 쳐다보기를 하고 있으면 다른 남자들은 직감적으로 그가 휴식을 원한다는 것을 알고서 그대로 내버려둔다. 그들은 그에게 말을 강요하지 않는다.

 "오늘 하루에 대해 말해주게…. 누구를 만났고 어떤 사람들이었나?"

 이렇게 말하는 남자는 아무도 없다. 남자들은 대화할 때면 일, 스포츠, 차, 공간 관련사물 등에 대해 이야기한다. 그들은 서로 차례를 지키며 말한다. 그들의 두뇌는 말하거나 듣거나 둘 중 하나밖에 하지 못하기 때문이다. 여자들과 달리 남자는 그 두 가지를 동시에 하지 못한다.

 남자는 여자가 친구나 친지의 개인생활에 대해 미주알고주알 알고 싶어 하는 것을 잘 이해하지 못한다. 남자들은 친구가 자신에게 알려줄 정보가 있다면 먼저 말했을 거라고 생각한다. 물론 이렇게 말한다고 해서 남자들이 친구에게 무관심하다는 뜻은 아니다. 단지 결론적인 사실과 결과만을 알고 싶어 한다. 남자가 자신의 개인적인 문제를 다른 남자에게 털어놓는 경우는, 혼자의 힘으로는 문제를 해결하지 못해 최후의 방편으로 조언을 구할 때뿐이다.

 만약 가족이나 남자들이 친하게 지내는 친구의 건강, 인간관계, 현재

사는 곳 등을 알고 싶다면 그 남자에게 묻지 말고 그의 아내 혹은 여자친구에게 물어보라. 남자들이 다른 남자를 만나는 이유는 결과와 해결책을 의논하고 스트레스를 해소하기 위해서다. 그래서 개인적인 문제는 화제에 오르지 못한다.

왜 남자는 책임과 약속을 회피할까?

조디는 제프와 샐리가 잘 어울릴 것 같다고 생각하여 블라인드 데이트(제3자가 주선하여 남녀가 서로를 모르는 상태에서 이루어지는 데이트)를 주선해주었다. 그들은 멋진 밤을 보냈고 전화번호를 교환했으며 나중에 다시 만나기로 했다. 그 다음날 샐리는 조디에게 전화를 걸어 좋은 남자를 소개해주어 고맙다고 하면서 제프가 마음에 들며 사귀고 싶다고 말했다. 그날 밤 제프 또한 조디에게 전화를 걸어 샐리가 괜찮은 여자 같다고 말했다.

책임 commitment
동사. 여성형: 결혼하여 아이를 키우려는 욕망. 남성형: 아내나 여자친구와 외출했을 때 다른 여자와 잡담하지 않는 것.

제프가 전화를 끊자 조디는 즉시 샐리에게 전화를 걸어 제프의 말을 전해주었다. 샐리는 그것을 신호로 삼아 제프를 더 자세히 알고 싶고 지속적인 관계를 맺고 싶다고 생각했다. 그래서 그 다음 주말 그녀는 그에게 데이트 신청을 했다. 해변에 함께 놀러가서 근사한 곳에서 저녁식사도 하자고 했다. 제프는 기쁜 마음으로 그 제안을 받아들였다. 그들은 3주 동안 계속 주말을 함께 보냈고, 주중에도 한두 번 만나 함께 영화를 보았다. 샐리는 이제 두 사람이 지속적인 관계로 들어섰다고 판단했다. 그녀는 제프 이외에 다른 남자와는 데이트하지 않았다. 물론 두 사람 사이가 배타적 독점관계라는 얘기는 없었지만.

그렇게 한 달이 흘러갔다. 하지만 제프는 샐리와의 관계가 독점적이라고는 생각하지 않았다. 무엇보다도 그런 이야기가 나오지 않았기 때문이다. 남자의 두뇌는 이런 식으로 사고한다. 남자의 두뇌는 여자들처럼 남녀관계의 개념을 이해하지 않는 것이다.

그러던 중 제프의 가장 친한 친구의 생일이 돌아와 여자를 데리고 생일 파티에 참석해야 할 일이 생겼다. 제프는 메리를 그 파티에 데려 가기로 마음먹었다. 메리는 대단히 재미있는 여자로 어떤 파티에 가도 사람들의 시선을 한몸에 받는 스타였다. 게다가 그는 메리를 만나지 못한 지도 벌써 몇 달이나 되었다. 파티에서 두 사람은 재미있는 시간을 보냈는데, 제프는 우연찮게 파티에서 조디와 맞닥뜨리게 되었다. 그는 즉시 조디에게 다가갔고 그녀를 메리에게 소개시켰다. 조디는 두 사람을 쌀쌀맞게 대했다. 제프는 그녀가 메리를 싫어하기 때문에 그런다고 생각했다. 그는 순간 당황했다. 왜냐하면 메리는 아주 재미있는 사람이고 누구나 다 그녀를 좋아하기 때문이다. 하지만 제프는 그 후 조디의 태도를 별로 신경 쓰지 않았다.

한편, 조디는 제프가 샐리를 파티에 데려오지 않은 것을 보고 충격을 받았다. 뿐만 아니라 그는 쉴새없이 떠벌리는 메리라는 왕수다쟁이를 데리고 나타났다. 조디는 샐리가 다른 사람에게 이 소식을 접하는 것보다 자기가 직접 얘기해주는 것이 좋겠다고 생각했다. 하지만 썩 내키는 일이 아니었다. 당연히 그 일은 우울하게 진행되었다. 샐리는 파티 얘기를 전해 듣고서 울음을 터트렸다. 제프와의 관계가 잘되어가고 있다고 생각했기 때문이었다. 샐리는 제프에게 전화를 걸어 그날 밤에 만나자고 했다. 제프는 뭔가 잘못되었다는 것을 어렴풋이 느꼈지만 구체적으로 무엇인지는 알지 못했다.

제프는 기대에 찬 흥분되는 마음으로 샐리를 다시 만나러갔다. 그녀가 자신이 좋아하는 음식을 준비해놓았을지도 모른다고 생각했다. 그러나 그가 샐리 집의 문을 열자 그녀는 화를 내며 버럭 소리쳤다.

"당신, 나한테 어떻게 이럴 수가 있어?"

그녀는 징징거리는 목소리로 말했다.

"…그것도 우리 친구들이 다 보는 앞에서! 그 여자를 대체 얼마나 오랫동안 만난 거야? 그 여자를 사랑해? 그 여자와 잤어? 대답해봐!"

제프는 자기 귀를 믿을 수가 없었다. 그는 너무 놀라 입이 딱 벌어졌다. 그는 그 후 세 시간 동안 샐리를 달래느라고 정신이 없었다. 사실 그는 샐리가 무엇을 문제 삼고 있는지 정확하게 이해하지 못했다. 그는 두 사람의 관계가 독점적인 관계라고 생각하지 않았고 그것을 샐리에게 설명하느라 애를 먹었다. 그는 샐리가 자기뿐만 아니라 다른 남자들도 만나고 있을 것이라고 생각했다. 그들이 서로의 느낌과 감정을 솔직하게 얘기한 것은 그때가 처음이었던 것이다. 그리하여 두 사람은 각자 전혀 다른 방향으로 달리고 있음을 알게 되었다.

샐리는 제프로부터 책임 있는 자세를 요구했지만 제프는 아직 그럴 준비가 되어 있지 않았다. 그는 자유롭게 행동하고 싶어했다. 두 사람은 앞으로 애인이 아닌 친구로 남기로 합의했다. 엄밀하게 말하면 샐리가 그렇게 결정했다. 제프는 속으로 샐리가 PMT(월경 전 긴장증후군)에 걸려 있을지도 모른다고 생각하면서 주말이면 사정이 좀 나아질 것이라고 짐작했다.

여자들은 남자가 스포츠에는 거의 종교적인 열광으로 몰두하면서 남녀관계에 대해서는 그 정도의 에너지를 투자하지 않으려는 것을 잘 이해하지 못한다. 남자는 사랑하는 여인 앞에서는 정서와 느낌을 자제하지만, 자기가 응원하는 스포츠 팀 앞에서는 눈에 띨 정도로 열정적인 애정을 표시한다. 특히 그 팀이 지고 있을 때에는 더욱 열광적으로 돌변한다. 남자는 어떻게 자기가 잘 알지도 못하고, 그를 개인적으로 알아주는 것도 아닌 스포츠 선수들에게 그토록 열광할 수 있을까? 스포츠에는 그렇게 몰두하면서도 가까이 있는 여자에게는 어떻게 그리도 소홀히 할 수 있을까?

지상에서 인류가 존재해온 지난 수십만 년 동안 남자들은 여러 가지 이유로 일부다처제를 숭상해왔다. 많은 남자들이 사냥이나 전투를 하다가 목숨을 잃었기 때문에 늘 남자들의 수가 모자랐던 것이다. 그래서 생존한 남자들이 과부들을 두 번째, 세 번째 아내로 삼는 것은 너무나 당연했다. 이렇게 하여 남자들은 자신의 유전자를 널리 퍼뜨릴 기회를 얻을 수 있었다.

종의 보존이라는 측면에서 볼 때 한 남자가 열 명 내지 스무 명의 여자를 아내로 거느리는 것은 말이 되지만, 한 여자가 열 명 내지 스무 명의 남자를 거느리는 것은 용납되지 않는다. 여자는 기껏해야 한번에 한 명의 아이밖에 생산하지 못하기 때문이다. 단 하나의 배우자와 짝짓기하는 동물은 여우와 거위 등 전체 종의 3퍼센트에 불과하다. 종의 암수는 덩치나 색깔이 비슷하기 때문에 암수를 명확히 구분하기가 어렵다. 인간을 포함하여 동물 수컷의 두뇌는 일부일처제를 받아들이도록 되어 있지 않다. 바로 이 때문에 남자는 한 여자를 책임지는 것을 가능한 한 피하려 하고, 많은 남자들이 일부일처제에 만족하지 못한다.

하지만 우리 인간에게는 동물과 다른 점이 있다. 두뇌의 전두엽이라는 부분이 발달되어 있어서 자신의 행위를 의식적으로 억제할 수 있다. 따라서 부정한 남편이 "나는 내가 왜 이러는지 몰라"하고 핑계를 대는 것은 그야말로 핑계에 지나지 않는다. 남자들은 언제나 선택할 수 있다. 여자들은 자녀가 자립할 때까지 책임 있는 자세를 취해야 한다는 의식이 두뇌회로 속에 깊숙이 설치되어 있다.

> 책임을 잘 지는 남자를 원한다면
> 정신병원을 뒤지는 게 나을 것이다. _ 메이 웨스트

여자들은 다음과 같이 생각한다.

"남녀가 오랫동안 데이트를 하면서 그 동안 다른 여자나 남자를 만나지 않았다면 지속적인 관계에 들어간 것이다."

바로 이렇게 생각하기 때문에 샐리는 제프를 몰아붙였다. 하지만 대

부분의 남자들과 마찬가지로 제프는 그런 개념을 이해하기 힘들어한다. 샐리는 제프에게 "그렇다면 당신은 도대체 무슨 생각으로 데이트에 나왔던 거야?"라고 몰아붙였다. 과연 그는 무슨 생각을 했을까? 그의 대답은 이렇다.

"……."

그는 아무 생각도 하지 않았다.

대부분의 남자들이 생각하는 것

남자들 사이에 널리 퍼져 있는 보편적인 농담의 주제로는 이런 것이 있다. 어떤 남자가 어떤 여자와 동거하거나 결혼생활을 시작하면 그 불쌍한 남자의 인생은 영원히 끝났다는 것이다. 그들은 웃으면서 이렇게 말한다.

"일단 그렇게 책임을 지게 되면, 그녀는 자네를 하인 부리듯 할걸세. 자네 집의 절반은 날아가버린 것이고, 자네의 자유로운 성생활은 90퍼센트 이상 제약을 받게 되지!"

또한 독신인 친구들은 이런 경고를 해준다.

"이제 재채기를 하려고 해도 그녀의 승낙을 받아야 할 거야. 그녀가 자네의 손목에다 수갑을 채워놨으니 말이야."

예비신랑을 상대로 신랑 친구들이 자주 써먹는 농담 중 하나는 신랑 구두의 밑바닥에다 "도와주세요."라는 문구를 써넣어야 한다는 것이다. 대부분의 남자들은 여자가 자신의 자유를 빼앗아가서 자신이 허약해지고 무기력해질 것으로 생각하기 때문에 지속적인 관계를 피하려 한다. 친구들의 이런 농담에 자극을 받은 남자는 여자와 책임 있는 약속을 하지 않으려 하고, 어떤 때는 여자가 원하는 것과 정반대 방향으로 행동하기도 한다.

많은 남자들은 책임지겠다고 말해버리면 자유를 몽땅 잃어버리는 것처럼 말하는데, 그들이 말하는 자유가 구체적으로 무엇인지 알아내기는 쉽지 않다. 그들에게 자유를 구체적으로 말해보라고 말해보라고 요구하면 이런 것들을 제시한다. 어디든 마음대로 오고 갈 수 있는 자유, 마음이 내키지 않을 때는 입을 다물 수 있는 자유, 자신의 행동을 정당화하거나 변명하지 않아도 되는 자유, 가능한 한 많은 여자와 사귈 수 있는 자유….

동시에 그들은 여자의 사랑, 배려, 수많은 섹스를 원한다. 간단히 말해서 꿩 먹고 알 먹겠다는 마음가짐이다. 하지만 오늘날 이렇게 할 수 있는 남자가 얼마나 될까? 오히려 꿩도 잃고 알도 잃지 않으면 다행일 것이다. 남자 마음대로 생활할 수 있었던 것은 고대 아라비아의 하렘에서나 존재했다. 아주 원시적인 문화권에는 아직 그런 흔적이 남아 있는지 모르겠다. 하지만 오늘날 대부분의 남자들은 그런 생활을 누릴 가능성이 거의 없다고 보아야 한다.

완전한 자유를 누리며 살 수 있는 유일한 방법은 규칙이 전혀 없는 사막 한 가운데의 섬에서 혼자 사는 것뿐이다. 지속적인 관계는 운전면허 취득과 비슷하다. 만약 훌륭한 자동차 운전자가 되고 싶다면 도로규칙을 배워서 그대로 운전해야 한다. 이것이 싫다면 평생 걸어다니면서 사는 수밖에 없다. 지속적인 관계란 간단히 말해서 규칙과의 협상이다. 만약 당신에게 사랑, 우정, 섹스를 제공해줄 수 있는 사람이기를 바란다며, 당신도 그에 상응하는 규칙을 내놓아야 한다. 케이크의 형태도 온전히 유지하면서 맛있게 먹으려고 하는 것은 불가능한 꿈이다. 여자들이 바라는 규칙은 사랑, 헌신, 충성심이다. 그녀들은 남자의 자유를 빼앗아갈 마음이 눈곱만큼도 없다.

남자가 무책임하게 나올 때의 해결책

지속적인 관계에 돌입하겠다는 생각은 제프의 머릿속에서 단 한 번도 떠오르지 않았다. 남자가 책임 있는 태도로 나오지 않을 때, 여자는 그에게 두 사람의 관계가 지속적인 관계라는 사실을 명확히 말해줄 필요가 있다. 가령 농담하는 어조로 이제 두 사람이 지속적인 관계에 들어갔으니 그에게 맛있는 커피를 만들어 주고 싶다고 말하는 것이다. 또한 좀 더 과감하게 이제 독점적인 관계이니 그와 멋진 섹스를 하고 그 다음날 아침에 함께 잠에서 깨어나고 싶다고 말하는 것이다. 여자는 남자가 자기의 마음을 짐작해주기를 소극적으로 바랄 것이 아니라 적극적이면서도 직접적으로 자기의 마음을 표현할 필요가 있다. 제프처럼 남자들은 두 사람의 관계를 아직 제대로 이해하지 못할 수 있기 때문이다.

사실 남자들은 독심술사가 아니다. 그들 대부분이 여자의 마음상태가 어떤지에 대해 참으로 둔감하다. 남자들이 동물을 사냥하고 적들과 싸우면서 진화해왔다는 것을 기억하라. 그들은 사냥감을 죽이거나 사로잡는 데 관심이 있을 뿐 그것을 이해하거나 정서적인 필요를 이해하는 일에는 관심이 없다.

따라서 남자와 분명하게 지속적 관계에 들어갔다고 의논하지도 않고서 이미 그런 관계에 들어섰다고 혼자 추측하지 말라. 남자들은 여자의 마음을 잘 읽지 못한다. 그러니 남자에게 그의 느낌이 어떻게, 지금의 관계가 지속되기를 원하느냐고 분명하게 물어보는 것이 좋다. 남자는 직접적이고 노골적이므로 그 관계가 독점적지 아닌지를 여자에게 분명히 알려줄 것이다. 남자들은 분명하게 말하는 것을 존경의 표시라고 생각한다. 확실한 책임과 약속을 원한다면, 막연히 기다릴 것이 아니라 그에게 물어보는 것이 좋다.

하지만 어떤 문제에 대하여 상대방에게 다짐 받을 수 있는 횟수에는 제한이 있다. 가령 지속적인 파트너십이 맺어졌다 하더라도 여자가 다음과 같은 식으로 말한다면 그것은 파트너십에 대한 모독이 될 것이다.

"이제 우리 두 사람은 영구적인 관계에 들어섰으니, 당신이 아이들을 학교까지 좀 데려다줘."

왜 남자는 모든 일에서 자기가 옳다고 생각할까?

현대 남자의 이런 특징을 이해하려면 그들의 소년시절을 한번 살펴보아야 한다. 소년들은 강인해야 하고, 절대 울지 않아야 하고, 모든 일을 잘해야 한다는 기대를 받으며 성장한다. 그들의 역할 모델은 수퍼맨, 배트맨, 스파이더맨, 조로, 타잔, 제임스 본드, 로키, 오페라의 유령 등이다.

그들은 모두 고독한 남자로서, 문제가 생기면 고민하거나 물러서지 않고 문제에 적극적으로 개입하여 해결한다. 그들은 자기에게 주어진 문제에 실패하는 법이 없다. 그들에게는 그보다 덩치가 적고 덜 남성적인 동료가 항상 같이 있지만 여자동료는 거의 없다. 만약 여자조수가 등장하게 되면 도와준다기보다 골칫거리를 안겨줄 뿐이다. 가령 배트맨은 늘 배트걸을 구해주어야 하고, 슈퍼맨은 정기적으로 로이스 레인을 죽음으로부터 구해주어야 하며, 타잔은 제인을 구해주기 위해 정글을 바쁘게 돌아다닌다. 오페라의 유령은 문제를 일으키는 다이애너만 없었더라면 거리를 훨씬 더 빨리 달렸을 것이다.

이들 슈퍼 히어로에게는 가끔 말이나 개가 파트너가 된다. 왜냐하면 동물은 충성심이 강하고 믿을 만하여 영웅에게 일을 그르쳤다고 따지지 않기 때문이다. 소설이나 영화에 나오는 전형적인 남자 주인공들이 그렇듯이, 소년의 영웅은 일을 그르치는 법이 없고 허약함이나 감상적인 느낌을 드러내는 법이 없다. 따라서 미세스 배트맨이나 레이디 조로는 없다. 론 레인저는 군중을 좋아하는 남자가 아니었다. 만화는 강인한 남자를 그릴 때, 우람한 근육이 마치 호두를 잔뜩 넣은 것처럼 보이도록 그린다. 그런 남자의 목소리는 언제나 낮고 굵다. 그리고 여주인공은 그 신체구조로서는 도저히 가능하지 않은 거대한 유방을 가진 바비 인형으로 등장한다.

> "나는 라이트Right(정상)와 결혼을 했어요.
> 나는 그의 이름이 올웨이즈Always(항상)인지는 몰랐어요."

소년이 커서 어른이 될 무렵이면 남자는 뭔가를 해내야 하고 문제를 해결해야 한다는 고정관념이 그의 머릿속에 깊숙이 뿌리내린다. 그리하여 뭔가 해내지 못하는 남자는 실패자로 간주된다. 바로 이 때문에 여자가 남자의 언행에 대하여 질문을 제기하면 그는 방어적인 자세로 나오는 것이다. 가령 여자가 이렇게 말했다고 해보자.

"그만 차를 세우고 방향을 물어봐."

그러면 남자는 여자의 말을 이렇게 해석한다.

'나를 형편없는 남자로 본다 이거지? 다른 능력 있는 남자에게 물어봐라 이거지?'

다음의 대화에서도 사정은 비슷하다.

"정비사를 불러서 차를 고쳐달라고 해야겠어." 〔여자의 말〕

'내가 차도 하나 못 고친다는 얘기야? 그래서 능력 있는 다른 남자에게 알아보아야겠다는 거야?' 〔남자의 해석〕

남자는 여자에게 생일 선물로 요리책을 선뜻 사준다. 그러나 여자가 생일선물로 자기계발 책을 사주면 그는 벌컥 화를 낸다. 여자가 자기를 신통치 못하게 여겨 자기계발을 더 해야 할 남자로 생각한다고 해석하는 것이다. 부부관계 세미나나 카운슬러를 찾아가는 것도 남자 자신이 잘못되었음을 시인하는 것과 동일하게 해석한다. 여자가 그런 세미나나 카운슬링이 필요하다고 말만 해도 남자는 곧바로 방어적이거나 공격적인 자세로 돌입하는 것이다. 남자들이 "미안하다"고 말하는 것은 너무나 어려운 일이다. 그렇게 말하는 것은 곧 자기가 잘못되었다고 시인하는 것이기 때문이다.

재키는 직장을 그만두고 전업주부가 되어 아이를 낳고 싶었다. 하지만 댄은 아직 자신들이 재정적으로 자립하지 못했다고 생각했다. 이 문제는 부부 사이에 커다란 쟁점이 되었고, 그들은 툭하면 이 문제로 싸웠다. 곧 부부는 긴장관계에 돌입하게 되었다. 어느 날 재키는 댄에게 재정 컨설턴트를 찾아가 자신들의 경제문제를 상의했다고 말했다. 댄은 그의 귀를 믿을 수가 없었다. 우리 부부의 문제를 다른 사람에게 해결해달라고 요청하다니! 댄은 아내가 자기를 계산도 할 줄 모르는 남자로 본다고 생각했다. 그들의 논쟁은 가열되었고 석 달 뒤 그들은 헤어졌다.

재키는 재정 컨설턴트의 도움을 요청함으로써 댄을 도와주고 그의 스트레스를 풀어줄 수 있다고 생각했다. 장래 아이가 태어났을 때를 대비하여 재정적으로 준비하는 데 그녀가 일부 부담을 떠안는 것을 자랑스럽게 생각했다. 하지만 댄은 전혀 다른 시각으로 보았다. 그의 해석은 이러했다.

'그녀는 내가 금전관계를 제대로 처리하지 못하고 있다고 생각하는군. 그래서 나의 무능력을 질책하기 위하여 컨설턴트를 찾아간 거야.'

"나를 못 믿겠다는 거야?"

여자로부터 도전받을 때 남자들이 제일 흔하게 내지르는 말은 이것이다.
"나를 못 믿겠다는 거야?"
만약 당신이 여자이고 남자로부터 이런 말을 들었다면 그의 남성성을 모욕한 것이 틀림없다. 만약 남자가 길을 잃어서 지도를 들여다보려고 하는데 여자가 이렇게 말했다고 하자.
"내가 지도를 볼게."
이 말을 들은 남자는 여자가 자기의 무능력을 지적하고 있다고 생각한다. 그러면 남자는 당연히 이렇게 반응한다.
"내가 거기까지 가는 길을 모른다고 생각하는 거야?"
밤에 이웃집 개가 자꾸 짖어서 신경이 날카로워진 남편이 옆집에 가서 알아봐야겠다고 말할 때, 여자가 괜히 문제를 일으킬지 모르니까 그만두라고 하면 남자는 이렇게 대답할 것이다.
"내가 이런 문제도 하나 제대로 처리하지 못할 것 같아서 그래?"
부부가 파티에 가서 어떤 여자를 가리키며 "저 여자는 남자를 잡아먹는 여자이니까 가까이 가지 마"하고 말하면, 그는 대뜸 이렇게 소리칠 것이다.

"나를 믿지 못하겠다는 거야?"

이 세 가지 경우에서 여자의 대답은 한결같다.

"난 그저 당신을 도우려고 했을 뿐이야!"

그녀는 그렇게 말하면서 남자에 대한 사랑과 애정을 표시한다. 하지만 남자는 그런 말을 한다는 것은 자신을 믿지 못하고 무능력하다고 생각하는 지표라고 여긴다.

> 남자는 여자의 조언을 이렇게 생각한다.
> '이 여자가 나를 엉뚱한 사람이라고 생각하는군.'

남자는 여자에게 언제나 자기를 통제하려 든다고 비난한다. 남자가 이런 주장을 너무나 강력하게 하기 때문에 여자는 '정말 내가 남자를 통제하려 드는 타입인가 봐' 하고 생각하게 된다.

남자가 스스로 무능력하다고 생각할 수도 있는 접근방법은 피해야 한다. 남자가 잘못되었다고 지적하기보다는 여자 자신이 어떤 느낌을 갖고 있는지 말해주는 것이 좋다. 예를 들면 이렇다.

"당신은 가는 길도 잘 모르고 그래서 늘 모임에 늦잖아!"

이렇게 말하기보다는 다음과 같이 말하는 게 좋다.

"자기, 자기 운전 솜씨는 최고야. 그런데 이곳의 도로표지는 너무 복잡하네? 이쯤에서 차를 세우고 이곳 사람에게 어떤 지점이 빠져나가야 할 램프인지 물어보는 게 어떨까?"

이렇게 말한다면 그를 비난하지 않고서도 당신의 메시지를 전달할 수 있다. 반면에 남자가 제대로 하고 있으면 칭찬해주는 것이 좋다. 목적지에 무사히 도착하면 이렇게 말하라.

"자기, 정말 고마워. 여기까지 오느라 정말 수고했어."

더 좋은 방법은 그에게 인공위성 위치파악 장치를 사주는 것이다. 이 장치를 가지고 있으면 그는 언제나 정답을 얻을 수 있다.

왜 성인남자는 장난감에 관심이 많을까?

우리는 친구 테리의 생일 선물로 최소형 텔레비전 크기의 자동 스테이플러(서류 묶는 기계)를 사주었다. 내부가 훤히 들여다보이는 플라스틱 케이스여서 안의 바퀴와 다이얼의 움직임이 선명하게 보였다. 마치 우주 왕복선에서 나온 물건 같았다. 동력원으로는 AA배터리 세 개가 들어가는데 매주 한 번씩 갈아 주어야 한다. 이 기계의 외양이 아무리 근사하다 해도 결국에는 다른 스테이플러와 마찬가지로 서류를 묶어주는 일밖에 하지 못한다.

하지만 우리가 이 신기한 기계를 선물했을 때 테리는 너무나 좋아했다. 그에게 그것은 스테이플러 이상이었던 것이다. 계속 빙빙 돌아가는 바퀴와 다이얼, 번쩍번쩍하는 불빛, 신기한 모터 소리 등 여러 가지 기계장치를 갖춘 완벽한 장난감이었다. 테리는 우리에게 이렇게 고백했다. 아침 일찍 일어나 아래층에 있는 화장실에 가다가 이 장치 옆을 지나갈 때면 반드시 서너 번 종이를 찍어본다고. 스테이플러 속의 기계장치가 돌아가는 것을 보기 위해서였다. 남자친구들도 그의 집에 놀러오면 반드시 이 기계 앞에 서서 종이를 스테이플러로 찍어보고 좋아서 어쩔 줄 몰라했다.

반면 여자들은 이 기계에 눈길 한번 주지 않았다. 기껏해야 서류를 묶어주는 것이 전부인 스테이플러에 남자들이 그토록 호들갑을 떠는 것을 이해하지 못한다. 게다가 가격은 왜 그리 비싼지. 하지만 남자들이 이 기계를 그토록 좋아하는 것은 여자들이 고가의 브라질산 테디 베어를 열심히 사들이는 것과 비슷하다. 여자들에게 그 인형을 왜 그리 좋아하는가 물어보면 "그냥 좋다"고 대답하는 것처럼 남자들도 그런 기계가 그저 좋은 것이다.

이런 물건에 대하여 남녀가 왜 이토록 다르게 반응하는지 그 이유는

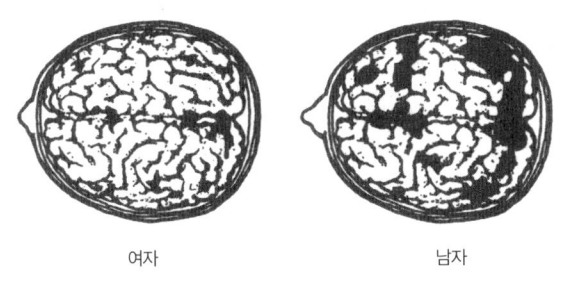

여자   남자

차를 몰고, 공을 차고 후진 주차를 하고, 기계장치를 조작할 때
사용하는 두뇌영역. 런던, 정신의학 연구소, 2001.

쉽게 설명할 수 있다. 다음의 그림은 사람이 공간능력을 발휘할 때 두뇌의 해당영역에서 불이 켜지는 것을 보여주는 스캐닝 그림이다. 활발하게 활동 중인 두뇌영역은 검은색으로 표시되어 있다. 검은 부분은 속도, 각도, 거리를 측정하는 두뇌중추이다. 다시 말해서 사냥두뇌이다.

남자 두뇌의 공간지능 영역 때문에 성인남자와 소년들은 단추, 모터, 움직이는 부품, 소리 나는 장치, 번쩍거리는 불빛, 배터리 등을 장착한 기계를 매우 좋아한다. 남자들은 비디오 게임, 컴퓨터 소프트웨어, 휴대용 GPS(전 세계 위치파악)장치, 진짜 개와 똑같은 로봇 개, 전기장치로 올라가는 커튼, 고속 보트, 복잡한 계기판이 달린 자동차, 고속 절단기, 야간 조준장치가 달린 총, 핵무기, 우주비행선을 좋아한다. 만약 세탁기에 리모컨이 달려나온다면 남자들은 빨래도 자기가 하겠다고 나설지 모른다.

'스스로 해보기' 프로젝트

스스로 해보기Do-It-Yourself 프로젝트는 남자 두뇌의 공간지능 영역을 자극한다. 남자들은 모형 돛단배, 모형 열차, 모형 비행기, 메카노(어린이용 조립식 장난감)세트, 컴퓨터 테이블, 책꽂이 등 조립 설명서가 있는 물건들의 조립을 엄청나게 좋아한다. 소년들은 장난감 가게를 즐겨 드나든다. 성인남자는 DIY 가게, 철물점, 자동차 센터 등에서 복잡한 물건을 조립하는 것을 지켜보거나 직접 조립해본다. 이런 일들은 그들의 공간지능을 충족시켜주는 것이다. 소년들은 자신의 턱에 수염이 나자마자 자동차의 엔진을 해체하여 다시 조립해보는 것이 꿈이다.

그러나 남자들의 이런 공간지능은 집안일에는 별 도움이 되지 않는다. 남자들은 주의력 지속시간이 9분밖에 되지 않고 집안 이쪽 끝에서 저쪽 끝까지 온갖 물건들로 어질러 놓기 때문에 여자들은 여간 골치 아픈 것이 아니다. 남자들은 집안의 고장 난 물건을 수리하는 일을 자꾸만 미루지만, 사람을 불러다 고쳐야겠다고 아내가 말하면 화를 벌컥 내면서 남편의 실력을 못 믿느냐고 말한다.

가령 집안이 화장실 변기가 고장 났다면 아내는 "배관공을 불러서 고치자"고 말한다. 하지만 남편이 볼 때 그런 제안은 그의 공간능력에 대한 도전이나 진배없다. 그는 "내가 충분히 고칠 수 있다"고 말한다. 게다가 배관공은 그런 간단한 일에도 엄청난 수리비를 요구하기 때문에 부르지 않으려 한다. 그리하여 남편은 토요일 오후 늦게(축구중계를 다 보고 나서) 행동에 나서게 된다. 그는 배관공의 도움을 거부했기 때문에 자신이 직접 고쳐보겠다며 수도전의 메인 밸브를 잠그고 고장난 변기를 해체한다. 원인은 낡은 워셔(고리쇠) 때문이다.

그는 워셔를 구해오기 위해 DIY 가게로 간다. 가게에서 약 45분 동안 머물면서 가지고 싶은 도구들을 이리저리 만져보고 전기 샌더(표면을 부드럽게 갈아주는 기계)를 한두 개 시험 가동해보고, 수동착암기를 주물럭거린 뒤 마침내 필요한 워셔와 사이즈가 비슷해 보이는 문건을 찾아낸다. 남편은 그것을 사서 집으로 돌아갔으나 워셔가 딱 맞지 않아 고심한다. 그렇다고 낡은 워셔를 다시 낄 수도 없다. 고장난 워셔를 어디다 두었는지 찾을 수도 없다. 이제 DIY 가게는 문을 닫았을 테고 수도꼭지를 고칠 때까지는 수도전의 메인 밸브를 틀 수 없다. 그래서 주말 동안 아무도 샤워를 하지 못하고 변기도 사용할 수 없게 된다.

많은 남자들은 자신이 고장 난 물건을 고치지 못하겠다고 시인하기보다는 차라리 자신의 오른쪽 다리를 잘라내는 것이 더 쉽다고 생각한다. 여자들은 남자의 이런 태도를 이해할 수 없지만, 남자로서는 그것이 곧 자신의 제1의 능력인 공간지능이 시원찮다고 시인하는 것이므로 강하게 부정한다. 그것을 시인한다는 것은 곧 자신의 존재이유를 부정하는 게 되기 때문이다. 만약 차에서 이상한 소리가 나면 남자는 늘 보닛을 열고서 그 안을 들여다본다. 자신이 무엇을 살펴보려고 하는지 전혀 모르지만 그런 시늉을 내보는 것이다. 혹시 아르마딜로(남미산 빈치목의 야행성 포유동물)가 카뷰레터 위에 앉아 있는 것이 아닐까 하는 황당한 생각을 하면서.

아내는 배관공, 보수 센터 서비스 맨, 재정전문가, 컴퓨터 기술자, 아르마딜로를 잡는 사람, 기타 공간지능과 관련된 서비스 맨을 부를 때는 반드시 남편에게 미리 허락을 받아야 한다. 허락 없이 그런 사람을 불렀다가는 남편의 실력을 무시한다는 비난을 받기 일쑤니까 말이다. 아내는 남편에게 필요한 사항을 말하고, 그의 의견을 구한 뒤 데드라인을 제시해야 한다. 그렇게 하면 남편도 상황의 긴박함을 알아차리고 자신이 직접 배관공을 부르게 된다. 이 경우 남편은 자기가 문제를 해결하지는 못했지만 배관공을 부른 사람이 자기이므로 스스로 문제를 해결했다고 생각한다.

> 소년과 성인남자의 차이점은
> 장난감에 지불하는 가격이 다르다는 것뿐이다.

많은 신규회사가 여자에 의해 창립되고 있다. 그러나 특히, 다시 말해 소년들의 장난감의 99퍼센트는 남자들이 신청하고 있다. 여기에는 하나의 교훈이 깃들어있다. 남자에게 선물을 할 때는 공간관련 장난감을 주라는 것이다. 그에게 꽃이나 안부 카드 따위는 주지 말라. 남자는 그런 것에 아무런 감동도 느끼지 못한다.

왜 남자는 한 번에 한 가지밖에 못할까?

우리는 《말을 듣지 않는 남자, 지도를 읽지 못하는 여자》에서 왜 남자의 두뇌가 한 가지 일에만 집중하는지를 심층적으로 다룬 바 있다. 우리는 그것을 '단일 트랙'이라고 부른다. 이부분에 대하여 우리는 많은 독자 편지를 받았기 때문에 여기서 그것을 간단히 요약해보려 한다.

대부분의 여자들은 왜 남자가 한 번에 하나씩 일을 하는지 잘 이해하지 못한다. 여자는 남의 말을 듣고 자기 말을 하면서도 글을 읽을 수가 있다. 왜 남자는 그렇게 하지 못할까? 왜 남자는 전화를 받으려 할 때 텔레비전의 소리를 낮출까? 전 세계 여자들은 한 목소리로 이렇게 합창한다.

"왜 남자는 신문을 읽거나 텔레비전을 볼 때 내가 하는 말을 제대로 듣지 못하는 거야?"

그 이유는 남자의 두뇌가 구획화, 전문화되어 있기 때문이다. 아주 간단히 설명해보자면 그의 두뇌는 무수하게 작은 방으로 이루어져 있는데 각 방의 기능은 다른 방들과는 무관하다. 그의 좌뇌와 우뇌를 연결하는 뇌량은 여성에 비해 10퍼센트 정도 얇고, 좌뇌와 우뇌를 연결하는 기능이 30퍼센트 정도 떨어진다. 바로 이런 이유 때문에 그는 "한 번에 하나씩"의 접근방법을 취하게 된다.

이 단일 트랙 접근방법은 여성들에게 답답하게 보이겠지만 이것 덕분에 남자들은 한가지 주제에 대하여 전문가나 권위자가 될 가능성이 높아진다. 전 세계 기술전문가의 96퍼센트가 남자이다. 왜 그럴까. 남자들은 오로지 한 가지 기능에만 뛰어나 그것만 집중적으로 연마하기 때문이다.

여성은 이런 '한 번에 하나씩' 심리를 이해하는 것이 남자를 이해하는 데 대단히 중요하다는 사실을 인식해야 한다. 바로 그것 때문에 남자는 지도를 읽거나 후진주차를 할 때 라디오의 볼륨을 낮춘다. 그가 순환도로를 타고가면서 운전을 하고 있는데 누군가가 옆에서 말을 걸면 그는 빠져나가는 램프를 놓쳐버린다. 그가 날카로운 도구를 가지고 일하고 있는데 전화벨이 울리면 부상을 당할 위험이 있다. 책을 읽고 있는 남자의 두뇌를 MRI로 스캐닝해보면 그가 거의 귀머거리 상태임을 알 수 있다. 따라서 남자가 거품면도를 하고 있을 때는 말을 걸지 않는 것이 좋다. 말을 걸면 그는 얼굴을 벨지 모른다.

> 이동전화로 통화를 하면서 운전하는 남자는
> 여자에 비해 교통사고를 일으킬 가능성이 두 배나 높다.

이에 비해 여자의 두뇌는 다중 트랙의 구조를 갖고 있다. 대부분의 여자들은 서로 관련 없는 일들을 동시에 할 수 있다. 이런 여자의 두뇌를 스캐닝해보면 두뇌가 결코 혼란상태에 빠져들지 않는다. 여자의 두뇌는 잠잘 때도 활발하게 운동한다. 바로 이 때문에 전 세계 개인 비서의 96퍼센트가 여자이다.

어떻게 보면 여자들은 유전적으로 낙지와 사촌관계가 아닐까 하는 느낌이 든다. 여자는 통화를 하면서 새로운 요리책을 들추고 텔레비전까지 볼 수 있다. 여자는 차를 몰면서 화장을 하고 라디오를 듣고 헨즈프리로 통화를 한다. 만약 남자가 요리책을 읽어가며 요리를 하고 있는데 당신이 옆에서 말을 걸었다면 그날 밤은 차라리 외식을 하는 것이 더 나으리라.

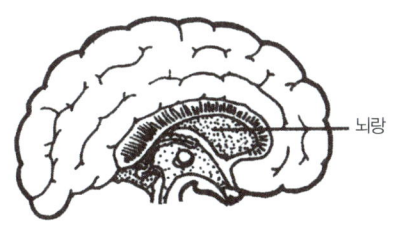

뇌량(좌우의 대뇌반구 사이를 연결하고 있는 신경섬유의 큰 집단)
남자의 두뇌를 구획화되어 있고 여자에 비해 좌뇌와 우뇌의 연결기능이
30퍼센트 정도 떨어진다.

남자에게서 멋지고 성공적인 결과를 바란다면 한번에 한 가지 일만 시켜보라. 비즈니스 관계라면 한번에 한 가지 의제만을 가지고 이야기하고 상대방 남자가 결론(혹은 해결책)에 만족해하는 것을 본 후 다음 의제로 넘어가는 것이 좋다.

그리고 가장 중요한 사항으로, 침실에서 사랑을 나누는 동안에는 남자에게 질문을 던지지 말라.

왜 남자는 스포츠에 열광할까?

수천 년 동안 남자는 다른 남자들과 무리를 이루어 사냥을 나갔고, 여자는 집에 남아 식량을 채집하거나 아이를 키웠다. 남자는 자신의 공간지능을 이용하여 달리거나, 추격하거나, 미행하여 동물을 잡았다. 그러나 18세기 말에 이르러 영농기술이 크게 발전하면서 이런 사냥능력은 거의 쓸모없어졌다. 서기 1800년과 1900년 사이에 남자들은 사냥행위를 대체하기 위한 각종 공놀이(현대 구기종목의 원조)를 발명했다. 어린아이 시절 여자아이는 육아 예행연습으로 인형을 가지고 놀았고, 남자아이는 사냥 예행연습으로 공을 차며 놀았다. 어른이 되면 여자는 인형 대신 실제로 아이를 키우지만, 남자들은 여전히 공차기를 하며 논다. 결국 지난 십만 년 동안 남녀는 달라진 것이 거의 없는 셈이다. 남자는 여전히 사냥을 하고 여자는 아이들을 키우니까.

자기가 좋아하는 스포츠 팀의 열렬한 팬이 됨으로써 남자들은 다시 한번 사냥꾼 무리의 일원이 된다. 그는 운동장에 나온 자신이 영웅을 모면 그 자신이 영웅이 되어 공을 차고 득점하는 장면을 상상한다. 남자들은 스포츠 경기에 정서적으로 너무나 몰두하기 때문에 자신이 실제 그 경기를 치르는 것처럼 생각한다. 그들의 두뇌는 공의 속도, 각도, 방향을 측정하면서 결정타를 날릴 때마다 기뻐서 환호성을 지른다.

남자는 스포츠 덕분에 사냥꾼 무리의 일원이 된다.

남자들은 심판의 호루라기가 불만스러우면 심판에게 욕설을 퍼붓는다. (심판이 그들의 말을 듣지 못해도 상관없다.)

"그게 파울이라고? 바보 같은 놈! 해태 눈알이군. 안경을 써야겠어!"

그들은 게임의 스코어를 훤히 꿰고 있으며, 몇 년 전에 벌어진 게임의 득점 장면도 생생하게 기억한다. 어떤 선수가 아슬아슬하게 득점에 실패하여 승부를 뒤집지 못한 장면을 회상할 때면 눈물을 글썽거리기까지 한다. 예를 들어, 잉글랜드 팀이 1966년 월드컵에서 독일을 상대로 승리했을 때 영국남자치고 그 경기에서 뛰었던 잉글랜드 선수들의 이름, 아슬아슬하게 득점을 놓친 장면, 팀의 전술적 오류를 줄줄이 꿰지 못하는 이는 단 한 명도 없었다. 선수들의 이름과 그들의 플레이를 일일이 다 기억한다는 것은 정말 대단한 일이다. 하지만 남자들은 조카, 조카딸, 이웃집 사람 등의 이름이나 어머니날의 정확한 날짜는 제대로 기억하지 못한다.

> 남자는 스포츠 경기를 구경할 때 정서적인 충만감을 느끼지만
> 정서적인 인간관계에 빠져드는 법은 없다.

차를 운전하는 일은 거의 전적으로 공간지능과 관련되어있다. 속도, 각도, 코너돌기, 기어변속, 평행 및 후진주차 등은 남자의 주특기가 유감없이 발휘되는 분야이다. 남자들은 운전을 너무나 좋아하기 때문에 자동차 경주 중계를 몇 시간씩이나 지루한 줄 모르고 쳐다본다. 복싱경기를 지켜보는 남자들은 선수가 복부를 맞고 쓰러지면 그들도 따라서 허리를 숙이면서 자신이 맞은 것과 같은 고통을 느낀다.

남자들은 스포츠 경기의 관람을 너무 좋아하는 나머지 엉뚱한 도전이나 내기를 구경하거나 참여하기도 한다. 가령 끝까지 포기하지 않고 술을 마시는 내기, 배가 남산만한 남자들이 서로 배를 박치기하는 배치기 시합, 얼음 위에서 자전거 타기 시합, 기이하게 생긴 비행기 모형을 등에 매달고 다리 위에서 강으로 뛰어내리기 시합 등이 그것이다. 그러나 여자들은 이런 유형의 스포츠에 전혀 관심이 없다.

혼란스런 남자들을 위한 해결책

이 세상은 남자들에게 아주 혼란스러운 곳이 되었다. 그들의 주되 두뇌 기능은 대체로 쓸모없게 되어버렸고 여자들은 사방에서 그들을 공격하고 있다. 남자들은 더 이상 어떻게 행동해야 할지, 또한 어떤 역할

모델을 따라가야 할지 막막해한다. 이런 상황에서 스포츠는 남자들이 어떤 팀의 일원이 될 수 있는 구체적인 방법이다. 그가 스포츠팬이 된다고 해서 그를 비난하거나 개조하려는 사람은 없다. 응원하는 팀이 승리를 거두면 마치 자신이 승리하는 것 같은 기분이 되는데, 정작 자신의 일에서는 그런 성취감을 맛보지 못한다. 바로 이 때문에 지루하고 따분한 직장에 근무하는 남자일수록 열성 스포츠팬이 된다. 반면 자신의 일을 즐기고 자신의 일에 보람을 느끼는 사람일수록 스포츠에 관심이 없다. 이런 이유로 남자들은 실용적인 주방식탁보다는 골프채를 사들이는 것을 더 보람 있게 생각한다. 그들은 프랑스에서 가족과 함께 휴가를 보내는 것보다 휴가철에 관람할 수 있는 축구 입장권을 더 좋아한다.

만약 당신의 배우자가 스포츠나 취미활동에 몰두한다면 당신에게는 두 가지 선택사항이 있음을 잊지 말라.

첫째, 그의 스포츠나 취미활동에 동참하라. 그의 관심사항을 잘 살피고 그것에 대해 잘 알아두라. 그와 함께 그런 행사에 참가하라. 그러면 많은 스포츠 광들이 당신이 경기장에 함께 나와 스포츠를 즐기는 모습을 보고 놀라게 될 것이다. 스포츠 경기가 당신의 흥미를 끌지 못한다 할지라고 경기장에 나온 많은 사람들이 당신의 이해심을 평가해 줄 것이고 많은 새 친구를 사귀게 될 것이다.

둘째, 그가 스포츠에 몰두하는 시간을 이용하여 당신의 친구나 친척과 함께 보내는 시간, 쇼핑하는 시간, 당신 자신의 취미를 계발하는 시간으로 활용하라. 중요한 스포츠 행사가 있으면 그것이 남편의 중요한 행사임을 인정해주도록 하라. 그런 취미를 중요하다고 인정해주는 당신의 마음을 남편에게 알리라. 남편의 스포츠나 취미를 상대로 경쟁하거나 싸우지 말라. 차라리 그 시간을 이용하여 당신에게 유익한 일을 해보라.

남자들은 화장실에서 무슨 얘기를 할까?

먼저 남자들이 자주 묻는 다음과 같은 질문에 대답해보겠다.
"여자들은 화장실에 함께 가서 무슨 얘기를 합니까?"
여자들은 모든 사람, 모든 사물에 대하여 이야기한다. 오늘 가본 장소를 예전에 가본 다른 장소들과 비교한다. 그리고 자기가 입은 옷과 남들이 입고 있는 옷에 대하여 이야기 한다.
"그 여자, 자줏빛 드레스를 입고 있는 거 봤니? 나는 죽어도 그런 옷은 안 입을 거야!"
마음에 드는 남자 이야기, 싫어하는 남자 이야기, 그들이나 친구들이 갖고 있는 개인적인 문제들도 이야기한다. 화장 고치는 얘기를 하면서, 화장기술과 각종 화장품을 거론하며 때로는 전혀 모르는 여자와도 화장품을 교환하여 사용한다. 화가 나 있는 여자가 있으면 단체로 그 여자를 위로한다. 그러면서 화나게 만든 남자에 대해 일제히 분개한다.
여자들은 변기 위에 걸터앉은 채로 옆 칸의 다른 여자에게 말을 건다. 또한 옆 칸의 전혀 모르는 여자에게 화장지가 떨어졌으니 밑으로 좀 건네달라고 말하기도 한다. 두 여자가 대화를 계속하기 위해 같은 칸에 들어가는 경우도 흔하다. 영국 버밍엄의 한 나이트클럽에는 여성용 화장실 칸을 아주 크게 만들어서 한 칸에 변기를 두 개씩 들여 놓았다. 여자들의 화장실에서 진지한 얘기를 차분히 나누도록 하기 위해서이다.

> 여자 화장실은 교제용 휴게실이면서 카운슬링 센터이다.
> 여자들은 이곳에서 새롭고 흥미로운 사람들을 만난다.

자, 이제 본론으로 다시 돌아가보자, 남자들은 화장실에서 무슨 얘기를 할까? 결론만 간단히 얘기하자면 아무 얘기도 하지 않는다. 그들은 아예 입을 벌리지 않는다. 설혹 가장 친한 친구와 함께 화장실에 갔다 하더라도 꼭 해야 할 말만 한다. 남자가 화장실에서 낯선 사람에게 말을 거는 법은 거의 없다, 그 어떤 상황에서도 서로 말을 걸지 않는다. 변기 위에 걸터앉아서 옆 칸의 남자에게 말을 거는 법도 없고 다른 남자와 시선을 맞추는 법도 없다.

화장실 칸 안에 들어갔을 때 남자들은 가능하면 칸막이가 천장에서 바다까지 잇닿아 있기를 바란다. 하지만 여자들은 바닥과 윗부분이 터져 있어서 그 위로 혹은 그 아래로 물건을 건네 줄수 있기를 바란다. 여자 화장실 칸 안에서는 방귀소리가 거의 들리지 낳는다. 방귀소리가 났다 하더라도 범인은 증인이 현장에서 떠날 때까지 숨죽이고 몸을 낮추고 있을 것이다. 반면에 남자 화장실에서는 7월4일(미국 독립기념일)의

폭죽처럼 요란한 방귀소리가 울려퍼지고, 가장 큰 소리를 낸 남자는 의기양양하게 화장실을 나선다.

다음 남성 독자가 보내온 편지는 남자 화장실의 정숙 문화를 잘 보여준다.

저는 고속도로를 타고 북부로 가다가 도로변 휴게실에 차를 세우고 화장실에 들어갔습니다. 첫 번째 칸에는 사람이 있어서 두 번째 칸으로 들어갔습니다. 제가 변기에 걸터앉자마자 첫 번째 칸에서 사람 목소리가 들려왔습니다.
"하이, 안녕하세요?"
다른 남자들과 마찬가지로 저는 화장실 안에서 옆 칸의 남자와 대화해본 적이 단 한 번도 없습니다. 그래서 어떻게 해야 할지 난감했습니다. 하지만 다소 어색한 목소리로 간신히 대꾸했습니다.
"나쁘지는 않습니다."
옆 칸의 남자는 이어 이렇게 말했습니다.
"그래… 지금 뭘 하고 있지?"
저는 '이거 참 이상한 일이 벌어지고 있는데' 하는 생각이 들었지만 그래도 대답은 안 할 수가 없어서 바보 같은 목소리로 대답했습니다.
"당신과 마찬가지입니다…. 북부로 가고 있는 중입니다."
그러자 옆 칸의 남자가 신경질적인 목소리로 말하는 것이 들려왔습니다.
"이봐, 내가 나중에 다시 전화할게. 옆 칸에 내 질문에 꼬박꼬박 대답하는 바보 같은 녀석이 앉아 있어!"

남자들은 소변기를 사용할 때도 영토 소유의식을 보여준다. 소변기 다섯 개가 벽에 세워져 있다고 하자. 그러면 화장실에 가장 먼저 들어오는 남자는 입구에서 가장 멀리 떨어진 변기를 차지한다. 두 번째로 들어오는 남자는 첫 번째 남자와 제일 멀리 떨어진 변기를 차지한다. 세 번째 남자는 두 남자의 중간에 있는 변기 앞에 선다. 네 번째 남자는 두 낯선 남자 사이에 끼이기보다는 차라리 화장실 칸을 사용한다. 그리고 좌변기 앞에 선 남자는 늘 앞만 볼 뿐 결코 옆을 쳐다보지 않는다. 이럴 때 남자의 모토는 이런 것이다.

"눈을 맞추느니 차라리 죽음을!"

> 남자들은 공중 화장실에서 다른 남자들 사이에 끼여 일을 보는 것은 엘리베이터 안에서 자신의 페니스를 노출하는 것과 비슷하다고 생각한다.

왜 여자의 잔소리는 끝이 없을까

Why Men Lie &
Why Women Cry

- **잔소리하다** nan : 동사. 괴롭히다, 두드리다, 귀를 잡아당기다, 욕설하다, 상대방의 목에 차가운 숨을 내뿜다. 걱정시키다, 못살게 굴다, 주눅들게 하다, 도발하다, 괴로움을 주다, 화나게 하다, 비난하다, 고문하다

Why Men Lie &
Why Women Cry

왜 여자의 잔소리는 끝이 없을까

잔소리란 대개 남자가 여자를 묘사할 때 쓰는 말이다. 대부분의 여자들은 자신이 잔소리를 한다는 사실을 부정한다. 집안일, 약 먹는 일, 고장 난 물건을 고치는 일 등을 남자에게 상기시켰을 뿐 잔소리는 하지 않았다며 말이다. 어떤 잔소리는 사실 건설적이다. 여자가 남자에게 맥주를 너무 많이 마시지 말라, 패스트푸드를 너무 많이 먹지 말라, 도저히 참지 못하겠다면 운동을 하고 정기적으로 콜레스테롤 수치를 검사하라 등을 경고하지 않았다면 오늘날 남자는 어떻게 되었을까? 잔소리는 때때로 남자들의 목숨도 구한다.

그러나 남자가 잔소리를 하면 사회에서 아주 차가운 대접을 받는다. 남자들은 잔소리꾼이 아니다. 남자들은 자신감 넘치는 리더이며 자신의 지혜를 남들에게 전한다. 다시 말해 여자들이 삶의 방향을 잃어버렸을 때 점잖게 나아갈 길을 제시해주는 사람이다. 물론 남자들도 비판하고, 험담하며, 신음하고, 불평한다. 하지만 어디까지나 여자들의 이익을 위해서 그렇게 하는 것이다. 남자들은 아내나 애인에게 반복하여 이렇게 말하곤 한다.

"출발하기 전에 지도를 읽으라고 했잖아! 몇 번이나 말해야 알아듣겠어?"

"내 친구들이 놀러올 때 외모에 좀 더 신경 쓰면 안 되나?"

이런 끈질긴 요구는 자신의 아내나 애인을 잘 챙기고 있다는 사실을 말해준다.

여자들도 자신의 잔소리가 실은 배려의 표현이라고 생각한다. 하지만 남자들은 여자의 잔소리를 그런 식으로 이해하지 않는다. 남자가 젖은 수건을 침대에 휙 내던지거나, 양말을 벗어서 아무 데나 두거나, 쓰레기를 밖에 내가지 않으면 여자는 그를 나무란다. 여자는 자신이 짜증나는 어조로 나무라고 있다는 것을 안다. 하지만 남자로 하여금 여자의 말을 받아들이게 하려면 같은 말을 자꾸만 반복하는 수밖에 없다. 그렇게 하다 보면 언젠가 남자가 깨닫겠지 하는 희망을 갖고 있는 것이다. 여자는 자신의 불평을 사실에 입각한 것으로 여기기 때문에 상대방이 짜증을 낸다는 것을 알면서도 그런 불평을 계속하며, 그것을 당연하게 여긴다. 여자의 여자친구들은 그것을 잔소리라고 생각하지 않는다. 오히려 남자들이 게으르고, 대책 없고, 파트너에 대해서 눈곱만큼도 배려할 줄 모르는 둔감한 존재라고 생각한다.

션 모틀리가 작곡한 코미디 노래 '남자의 노래 The Man Song'는 발표되자마자 인터넷에서 수천 번 방송될 정도로 큰 반향을 일으켰다. 여자들이 이 노래를 좋아하는 이유는 잔소리도 때때로 도움이 된다는 가사 때문이다. 다시 말해서 남자들은 누가 상사인지를 안다는 것이다.

하지만 여자들이 명령을 되풀이하여 내릴 때마다 남자들의 두뇌는 오로지 잔소리라고 여길 뿐이다. 물방울이 계속 떨어지는 수도꼭지처럼, 잔소리는 남자들의 영혼을 갉아먹고 서서히 화를 돋운다. 전 세계 남자들이 가장 싫어하는 것 중 으뜸으로 꼽는 것은 잔소리이다. 불행하게도 미국에서만 잔소리 때문에 남편이 아내를 죽인 사건이 연간 2000건 이상 발생한다. 홍콩에서도 아내의 잔소리에 화가 난 남편이 아내를 살해하기도 했다. 법원 판사는 남편의 살해동기를 알고 나서 형기를 낮추어 주었다.

여자의 잔소리와 남자의 신음

여자는 잔소리하고 남자는 지시한다. '공처가 제레미'라는 별명을 지닌 한 남성 독자는 《말을 듣지 않는 남자, 지도를 읽지 못하는 여자》를 읽고 우리에게 다음과 같은 이메일을 보내왔다.

> 저에겐 당신의 도움이 필요합니다. 저는 잔소리의 여왕과 결혼했는데 단 1분도 아내의 잔소리, 불평불만, 바가지에서 벗어나지 못하고 있습

니다. 아내는 제가 집에 돌아올 때부터 잔소리를 시작해 침대 위에 누울 때까지 그치지를 않습니다. 우리 두 사람 사이에 의사소통이라고는 아내가 일방적으로 그날, 그 주, 그 달 혹은 결혼 이래 제가 하지 않은 일을 길게 늘어놓는 것뿐입니다.

아내의 잔소리 정도는 너무나 심각합니다. 저는 그런 일을 피하기 위하여 일부러 직장 상사에게 야간근무를 신청할 정도랍니다. 이런 일을 상상이나 할 수 있습니까? 퇴근하여 집에 가느니 차라리 직장에 남아 있는 것이 더 좋습니다. 아내의 잔소리를 들어야만 하는 스트레스 때문에 너무 괴롭습니다. 퇴근길에 차 안에서 그 생각만 해도 머리가 지끈지끈 아플 정도입니다. 정말 이래서야 되겠습니까?

저희 아버지께서는 여자들은 하나같이 바가지를 긁는다고 말씀하시더군요. 결혼 전까지는 아버지의 말씀을 믿지 않았습니다. 친구들의 얘기를 들어봐도 마누라들은 하나같이 바가지꾼이라더군요. 여자가 타고난 잔소리꾼이라는 것이 사실인지요? 제발 도와주십시오.

레스토랑에서 식사하고 있던 여자들이 남편에 대하여 이야기하고 있다. 그들의 대화는 이렇다.

노랑머리 여자 글쎄, 우리 남편은 만족하는 법이 없다니까. 늘 불평만 쏟아 놓지. 그가 잠자리를 원할 때 내가 들어주지 않으면 온종일 끙끙거리기 때문에 꼴 보기 싫어서 그냥 해준다니까. 그러니 즐거울 리가 있겠니. 전혀 흥이 안 나지. 아무튼 남편 말을 들어주지 않으면 계속 징징거리니까 듣기 싫어서 그냥 하자는 대로 해.

갈색머리 여자 우리 남편도 똑같아, 얘. 늘 내가 무슨 일만 하면 꼬투리를 잡거든. 부부 동반해서 남편 친구들 모임에 갈 때 좀 잘 차려입고 나서면 자기보다 다른 남자들한테 더 신경을 쓴다고 투덜거리는 거야. 자기보다 자기 친구들을 더 멋지다고 생각하는 게 아니냐고 생떼를 쓰지. 그런데 내가 조금만 대충 차려입으면 또 그때는 자기에게 너무 무관심하다고 투덜거리는 거야. 이래도 투덜, 저래도 투덜, 도대체 종잡을 수 없는 인간이라니까.

세 번째 여자 그런데 왜 남자들은 여자들한테 늘 잔소리를 한다고 그러지?

여자들은 일제히 웃음을 터트린다.

잔소리 핍박의 역사

역사적으로 볼 때 여자들은 언제나 잔소리꾼으로 지목되곤 했다. '잔소리하다nag'라는 동사는 '갉다, 오물오물 씹다, 콕콕 찌르다' 등의 뜻을 가진 스칸디나비아어에서 유래했다. 대부분의 사전에서 잔소리는 남성명사가 아닌 여성명사이다.

19세기까지만 해도 영국, 미국, 유럽에서는 법률적으로 남편이 아내의 잔소리 혹은 바가지를 행정관에게 호소할 수 있었다. 남편의 호소가 정당하다고 판명되면 그의 아내는 '물고문 의자형'에 처해졌다. 물고

문 의자ducking stool는 마녀, 창녀, 바가지 긁는 여자 등을 처벌하기 위해 미국과 영국에서 사용했던 형틀이다. 죄를 저지른 여자를 의자에 묶은 다음 자유롭게 움직이는 막대기에 매달아서, 가까운 강이나 호수의 물 속에다 일정 시간 동안 담그는 기구였다. 물 속에 담그는 횟수는 잔소리의 정도에 따라 달라졌다. (6장 도비라 그림 참조 : 옮긴이)

만약 물고문 의자로도 효과가 없을 때는 그보다 더한 형벌도 준비되어 있었다. 어떤 여자는 다른 여자들에게 경종을 울린다는 차원에서 '브랭크brank'라는 철가면을 쓰고서 마을을 돌아야 했다. 철가면 입부분에는 말을 하지 못하게 쇠막대기가 가로질러져 있었다. 잔소리꾼으로 판명되어 마지막으로 물고문 의자에 앉아야 했던 여자는 잉글랜드, 레오민스터 출신의 제니 파이프스였고, 때는 1809년이었다.

"당신이 잔소리하는 심정을 알아?"

잔소리꾼들은 상대에게 죄책감을 심어주어 긍정적인 행동을 하도록 이끈다. 남자가 행동해주기를 바라는 것이다. 남자가 내심 여자의 말에서 모순을 느끼더라도 그 잔소리를 피하기 위해서 행동에 나서줄 것으로 기대하는 것이다. 여자들은 자기가 잔소리를 한다는 것을 알지만 좋아서 그러는 것은 아니다. 그녀들은 목적을 달성하기 위한 수단으로 끊임없이 잔소리를 내뱉는다.

어떤 여자들은 잔소리를 예술의 경지로 끌어올리기도 했다. 우리는 많은 사람들을 관찰하면서 다음과 같이 다섯 가지 잔소리 유형을 발견했다.

단일형 잔소리 "당신, 쓰레기 좀 내다놓는 게 어때?" 무응답. "쓰레기 내놓는다고 했잖아." 5분이 흐른 뒤. "쓰레기 어떻게 된 거야? 아직도 그대로 있잖아."

복합형 잔소리 "마당의 잔디를 깎지 않아서 엉망이야. 침실 문고리가 덜렁덜렁 떨어지기 직전이라구. 건너방 창문은 뭐가 끼였는지 잘 안 열리던데. 텔레비전 안테나는 언제 고쳐줄 거야…" 등등.

자비형 잔소리 "약은 챙겨 먹었어? 이제 피자 좀 그만 먹어. 당신 체중과 콜레스트롤 수치를 좀 생각해."

제3자형 잔소리 "모라가 그러는데 셰인이 바비큐 장비를 꺼내서 깨끗이 청소했대. 내일 사람들을 초대한다는 거야. 당신처럼 해서는 여름이 곧 지나가버리겠어."

예고형 잔소리 "자기, 오늘밤에는 술 조심, 알지? 지난번처럼 어이없는 실수를 또 해서는 안돼."

이런 유형을 제시하면 여자들은 웃음을 터트린다. 그녀들은 이런 유형에서 자신들의 모습과 자신들만의 언어를 즉시 발견한다. 하지만 그것 이외에는 대안이 없다.

잔소리를 통제하기 불가능한 상태로 접어들면 상대방과의 관계는 더욱 나빠진다. 남자는 아예 여자를 무시하는 태도를 보일 것이고, 그러면 그녀는 짜증과 분노로 더욱 감정이 격렬해진다. 그녀는 자기 혼자뿐이라는 외로움을 느끼면서 적개심과 비참함에 휩싸이게 될 것이다. 잔소리를 적절한 수준에서 통제하지 못하면 남녀관계는 파면의 길로 치달을 수밖에 없다.

잔소리 피해자의 심정

남자의 입장에서 보면, 잔소리는 자기가 하지 않은 일 혹은 자신의 단점을 꼬집는, 지루하고도 부정적인 언사일 뿐이다. 여자의 잔소리가 터져나오는 시간은 주로 남자가 회사에서 집에 돌아와 편안하게 쉬고 싶어 하는 때이다.

아내가 잔소리의 강도를 높일수록 남편은 높은 방어벽 뒤로 숨어버리고, 아내는 아내대로 그런 행동을 비겁한 도피라고 비난하며 화를 낸다. 남편이 내세우는 방어벽은 주로 신문, 컴퓨터, 회사에서 가져온 일, 우울한 얼굴, 텔레비전 리모컨 등이다. 상대방의 숨죽인 분노, 모호한 메시지, 자기연민과 자책 등을 받아주어야 하는 입장은 누구나 꺼려한다. 누구나 잔소리꾼은 피하고 싶어 하기 때문에 그녀는 더욱 외로워지고 분노하는 존재가 되어간다. 그녀가 함정에 빠진 듯한 느낌, 아무도 자신의 마음을 알아주지 않고 또한 세상으로부터 격리된 느낌을 받게 되면, 남편의 입장은 더욱 곤란해진다.

잔소리는 부부관계와 남녀관계를 파괴하는 결과를 초래하기도 한다.

잔소리를 듣는 사람은 계속 자기 자신을 방어하려 들기 때문에 원활한 의사소통은 애당초 성립할 수 없다.

왜 여자가 잔소리꾼으로 더 어울릴까?

대부분의 여자들은 지구상이 그 어떤 남자보다 더 말을 잘하고 더 잔소리를 잘할 수 있는 두뇌구조를 갖고 있다. 다음 그림은 남자 50명과 여자 50명의 두뇌를 스캐닝하여 표본으로 만든 것이다. 두뇌의 검은 부분은 말과 언어의 기능을 담당하는 부분으로서, 남녀가 실제로 대화할 때의 두뇌 상황(그래픽 이미지)이다.

이 그림의 검은 부분에 보이듯이 여자가 남자보다 언어 능력이 훨씬 뛰어나다. 바로 이 때문에 여자의 관점에서 보면 남자는 과묵하고, 남자의 관점에서 보면 여자는 수다스러운 것이다.

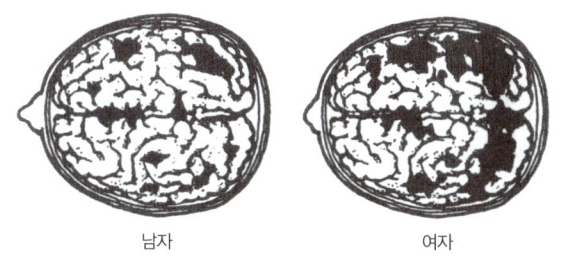

남자   여자

말과 언어의 기능을 담당하는 두뇌의 부분
런던 정신의학 연구소, 2001.

여자의 두뇌는 다중 트랙(여러 갈래의 길)이 가능한 두뇌회로를 갖고 있다. 여자는 공중에 네다섯 개의 공을 던져놓고 동시에 주무를 수가 있다. 여자는 컴퓨터 프로그램을 사용하면서 통화를 할 수 있고, 또한 자기 뒤에서 벌어지는 대화를 엿들을 수 있으며 동시에 커피를 마실 수 있다. 어떤 대화를 나누면서 그것과 관련 없는 다양한 화제를 동시에 말할 수 있고, 화제나 강조점을 바꾸기 위해 다섯 가지의 음색을 구사한다. 남자는 그 다섯 가지 음조 중 겨우 세 가지만 알아들을 뿐이다. 그 결과 남자는 여자의 말을 듣다가 그만 줄거리를 놓치기 일쑤이다. 다중 트랙은 단 한 문장 내에서도 빈번하게 발생한다.

빌 수가 크리스마스 때 올 수 있대?

데비 수는 카펫 주문량이 많아야 올 수 있는데 요즘 불경기라 주문이 잘 안 들어오나 봐. 그리고 피오나는 앤드류가 전문가를 만나봐야 하기 때문에 못 온대. 네이든은 얼마 전 직장을 잃어서 일자리를 알아봐야 하니까 못 올지도 모르고, 조디는 휴가 내기가 어려운가봐. 상사가 어찌나 깐깐하게 구는지 숨도 제대로 못 쉰다는 거야. 그래서 수가 일찍 도착하면 엠마 혼수 사는 데 같이 가자고 하더라고. 수하고 렌은 손님방에서 재우면 되고, 레이한테도 일찍 도착할 수 없겠느냐고 물어봐야 하고….

빌 그래서 수가 온다는 거야, 안 온다는 거야?

데비 글쎄? 다이애나의 상사인 에이드리언이 휴가를 내줄지 몰라. 그 사람의 차가 진흙탕에 빠지는 바람에 그 애가….

빌은 간단한 질문을 했을 뿐이고 "예", "아니오" 식의 명확한 답변이 나오기를 기대한다. 하지만 그의 아홉 가지 화젯거리에 열한 명의 사람이 등장하는 다중 트랙의 대답을 들었다. 그는 좌절감을 느끼면서 마당으로 나가 화초에 물을 주기 시작한다.

남자의 두뇌에는 단일 트랙의 회로가 설치되어 있다. 남자들은 한번에 한 가지밖에 하지 못한다. 남자는 지도를 펴들면 라디오를 끈다. 남자는 아내와 함께 교외로 드라이브를 나갔다가 아내가 말을 하면 빠져나가는 출구를 놓쳐버린다. 그러면 남편은 아내를 탓한다. 남자는 전화벨이 울리면 식구 모두에게 조용히 하라고 말한 다음 전화를 받는다. 어떤 남자는 길을 걸으면서 동시에 껌 씹는 것을 대단히 어렵게 여긴다.

> 남자의 두뇌는 단일 트랙 구조로 되어 있다.
> 그들은 섹스를 하는 도중에 왜 쓰레기를 내다버리지 않았느냐는
> 질문을 받게 되면 대답을 하지 못한다.

남자들로서 가장 난감한 문제는 잔소리 과정에서 여자의 다중 트랙 능력이 발휘될 때이다. 그것은 도저히 감당할 수 없을 정도이기 때문에 남자는 귀를 막아버린다. 이렇게 되면 악순환이 시작된다. 잔소리꾼은 상대방에게 자기 말을 전달하기 위하여 더 큰 목소리로 고함을 질러댄다. 그에 맞장구치기라도 하듯 잔소리를 듣는 상대는 더 높게 방어벽을 쌓는다. 심지어 자신과 소리꾼 사이에 저만치 떨어진 물리적 공간을 확

남자들은 선별적으로 남의 말을 듣는다.

보하기도 한다. 하지만 완전퇴각은 불가능하다. 두 사람 사이에 긴장이 증폭되다가 마침내 남자도 반격에 나서면서 치열한 싸움이 벌어진다. 때때로 맹렬한 폭력이 수반되기도 한다.

왜 잔소리는 효과가 없을까?

　잔소리가 통하지 않는 주된 이유는 그 안에 자신의 말이 통하지 않을 것이라는 예감이 내재되어 있기 때문이다. 잔소리꾼은 상대방이 자기 말에 자극을 받아 행동을 개시하기를 바라지만, 때때로 잔소리에 실패하거나 아니면 부정직 반응을 불러온다는 사실을 잘 알고 있다.
　그녀들의 주된 실수는 문제에 접근하는 방식에 있다.
　"나는 이것을 나의 권리라고 생각해."
　그녀들은 이렇게 말하는 대신에 다음과 같이 징징댄다.
　"…당신은 쓰레기를 내다버리지 않았잖아. 당신은 자꾸 옷을 아무데나 벗어놓잖아."
　그녀들은 상대방을 야금야금 괴롭히는 방식으로 문제를 늘어놓는다. 상대방에게 죄책감을 안겨주는 삐딱하면서도 간접적인 방식으로 요구한다. 그 "요구"는 간접화법 속에 눈치채지 못하도록 혼란스럽게 섞여 있기 때문에 남자의 두뇌는 그것을 잘 해독하지 못한다. 남자의 입장에서는 모기에게 계속 물리는 듯한 느낌이 드는 것이다. 그의 온몸에는 모기 자국이 가득하지만 정작 그 모기를 때려잡지는 못한다. 그리고 여자는 계속 이런 식으로 물고 늘어지는 것이다.

"내가 언제 집에서 당신에게 많은 일을 해달라고 그랬어? 쓰레기를 내다버리는 일이 그리 힘든 일이야? 의사가 나한테 무거운 것 들면 안 된다고 말했던 거 알지? 나는 주중에 온종일 집안을 깨끗하게 청소하느라 손가락뼈가 다 아플 정도인데, 당신은 소파에 편안히 앉아서 텔레비전이나 보겠다는 거야? 그렇게 몸을 아껴서 뭐하려고 그래? 이런 때 전기난로 좀 손봐주면 얼마나 좋아. 이번 주부터 아주 추워질 거라는데…."

이러한 잔소리는 무의미하고 자기패배적이며, 남편과 아내 모두 패자로 만든다. 만약 그것을 알면서도 잔소리를 계속한다면 아주 나쁜 습관이 되어 스트레스, 불화, 분노, 적개심 등을 일으키고, 상상할 수 없는 폭력이 오가는 비극적인 결말을 초래할 수 있다.

최악의 잔소리는 어떤 상황에서 터져 나올까?

직장에서는 잔소리하는 상황을 거의 찾아볼 수 없다.(단, 잔소리꾼과 잔소리 피해자가 서로 내연의 관계일 때는 예외지만.) 여비서가 상사의 부적절한 행동에 대해서 잔소리를 한다면 두 사람 사이에 은밀한 관계가 존재한다는 뚜렷한 증거이기도 하다.

잔소리는 두 사람 사이의 세력균형에 관한 문제이다. 여비서는 윗사람이 어떤 일을 처리하지 않는 것을 보면 그에게 부드럽게 그 사실을 일러주거나 아니면 자기가 직접 해버린다. 윗사람의 일을 대행하는 것이 그녀의 임무인 셈이다. 하지만 그녀가 자신이 그 회사에서 꼭 필요한 존재라고 생각한다면, 윗사람에게 일을 더 잘하라고 잔소리를 늘어놓게 된다. 때로는 자기가 일을 더 한다고 느낄 수도 있다. 이 단계에 오면 잔소리의 강도는 더욱 높아진다. 하지만 그녀는 윗사람으로부터 일을 빼앗을 정도의 파워는 없다. 그렇다고 해도 무의식적으로 이렇게 생각할 수는 있다.

"잔소리를 퍼부어서 그를 지치게 하고, 그를 내 수준으로 끌어내리고, 또한 그가 얼마나 부족한 존재인가를 깨닫게 해줘야지."

직장에서 성취도가 높고 만족감을 느끼는 커리어우먼은 집에서 잔소리를 하는 법이 거의 없다. 커리어우먼은 잔소리를 할 시간이나 에너지가 없다. 늘 칭찬, 격려, 요청을 받는 직장생활의 커다란 그림을 머릿속에 갖고 있기 때문이다. 만약 남편이 집안일을 해주기로 하고서 게으름을 피운다면 파출부에게 대신 하게 하거나, 집안일을 무시하거나, 집안일을 적극적으로 해줄 다른 파트너를 찾을 것이다. 그녀는 권력을 가진 자의 입장에서 생활하고 있기 때문이다.

엄청난 섹시한 매력을 지닌 여자도 잔소리를 하지 않는다. 그녀들도 힘을 가지고 있다. 물론 커리어우먼과는 다른 종류의 힘이지만, 그녀들은 자신의 성적 파워를 이용하여 남자를 자기 마음대로 부린다. 그녀들은 바닥에 떨어진 옷 따위에는 신경조차 쓰지 않는다. 오히려 자기 옷을 벗어 바닥에 내던진다. 그것도 아주 육감적으로. 그러나 섹스 심볼과의 관계가 습관적이 되면 그녀 또한 왕잔소리꾼이 된다.

> 섹스 심볼은 바닥에 떨어진 옷 따위에는 신경조차 쓰지 않는다.
> 오히려 자기 옷을 벗어 바닥에 내던진다.

열정적으로 사랑하는 여자도 잔소리를 하지 않는다. 그녀는 파트너를 너무나 낭만적으로 바라보기 때문에, 또는 집안 구석구석에서 그 파트너와 격렬한 사랑을 나눌 생각으로 바쁘기 때문에 바닥에 옷이 떨어졌는지, 식탁 위에 식기가 그대로 남아 있는지 따위에는 신경조차 쓰지 않는다. 낭만적 관계의 초입에 서 있는 그녀의 파트너도 그녀의 비위를 맞추는 일이라면 뭐든지 다 하려고 든다. 상황이 이렇기 때문에 아무도 잔소리를 하지 않는다.

잔소리는 친밀한 관계에 있는 사람들, 즉 아내, 남편, 어머니, 아들, 딸, 동거 파트너 사이에서 발생한다. 바로 그 때문에 전형적인 잔소리꾼은 아내이거나 어머니인 경우가 많다. 그녀들은 가사에 손발이 묶여 있는 상황을 되돌아보고 자신의 삶을 지루해한다. 직접적이고 노골적인 방식으로는 자신의 삶을 바꾸는 것이 불가능하다고 판단한 후 곧 체념한다.

이에 비해 커리어우먼은 물질적, 정신적 위력을 강하게 발산한다. 섹시한 여자는 섹스의 위력을 마구 내뿜는다. 주기적으로 바가지를 긁는 여자는 무력감에 빠지고, 좌절하고, 자기가 함정에 갇혔다고 생각한다. 그녀는 점점 더 은밀한 분노로 마음이 들끓으면서 집안을 배회하게 된다. "인생은 이런 게 아닌데…"하고 느끼지만 자기 역할을 노골적으로 거부하지도 못한다. 그렇게 하기에는 너무나 온순하여 죄책감에 사로

잡히는 때가 많은 것이다. 그녀는 어떻게 생각의 실마리를 풀어나가야 할지 답답하다.

지난 여러 세기에 걸친 가정교육, 여성잡지, 영화 및 텔레비전 광고는 진정한 여성의 역할은 현모양처라고 세뇌시켰다. 그녀는 마음속으로는 이보다 나은 생활을 동경하지만 지금껏 세뇌된 대로 별로 신봉하지도 않는 현모양처를 실천하려고 애쓴다. 그러면서도 그녀는 자신의 묘비명에 이런 문구가 새겨지는 것을 원치 않는다.

여기에 누운 여인은 평생 자신의 주방을 청결하게 유지했노라.

하지만 그녀는 어떻게 하면 구속에서 벗어나 더 나은 삶을 살아갈 수 있는지 구체적 방법을 알지 못한다. 그녀는 해방을 꿈꾸는 자신의 느낌이 보편적이고, 정상적이며, 건강하다는 사실조차 깨닫지 못한다.

우리의 연구조사 결과에 의하면, 한 주에 30시간 이상 일하는 전문직 여성이나 단조로운 가사와 반복적인 어머니 역할을 즐거운 마음으로 받아들이는 여자는 거의 잔소리를 하지 않는다는 사실이 밝혀졌다.

잔소리는 인정해달라는 요청이다

잔소리는 지금보다 더 많은 것을 원한다는 표시이다. 지금껏 해온 일을 가족들로부터 평가받고 싶고, 더 나은 것을 하고 싶다는 소망의 표현이다.

"저희 엄마는 뭔가를 해줄 때마다 생색을 내요. 가령 설거지를 하거나 진공 청소기로 카펫을 청소할 때면 식구들의 이목을 집중시키기 위해 무슨 말인가를 한다니까요. 저는 엄마가 제발 그러지 않으면 좋겠어요. 그렇게 작은 일을 할 때마다 잔소리를 한다면 듣는 사람이 피곤해서 어떻게 살겠어요?"

끊임없는 잔소리의 피해자인 십대 소년의 말이다.

여자가 작은 일을 계속하는 것은 생활 자체가 작은 일의 집합이기 때문이다. 아침부터 저녁까지 하는 일이 모두 사소하고, 예측 가능하고, 평범한 일이라면 그 사람은 자신감과 활력을 갖기가 어렵다. 진공 청소기로 카펫을 청소하는 일은 누구나 할 수 있다. 군인은 국가보안을 위해 목숨을 내놓지만 그 후에 국가 유공자로 칭송받는다. 그러나 가족의 편안함을 위해 평생을 바쳤다고 해서 대리석 기념비에 그 사람의 이름을 새겨주는 경우는 없다. 가정의 평화를 지켰다고 노벨상을 주지도 않는다. 소년의 어머니는 자기 일을 아무도 알아주지 않았기 때문에 자기를 알아달라고 그 소년에게 잔소리를 해왔던 것이다.

현모양처가 애국자처럼 적의 손에 사로잡혀 고문을 당하거나, 살해당하거나, 희생당하는 경우는 없다. 그녀의 일상은 너무나 사소하여 공개적인 명예의 전당에 들어가지도 못한다. 그녀의 고통은 보이지 않는다. 하지만 그것은 짓밟힌 사람, 침묵하면서 고통받는 대다수 사람의 고뇌이기도 하다. 만약 그 소년의 어머니가 그토록 바라는(그리고 당연히 받을 자격이 있는) 인정을 받았더라면 잔소리도 줄었을 테고 소년의 삶도 한결 편안해졌을 것이다.

어쩔 수 없이 바가지를 긁게 되는 여성은 좌절, 외로움, 실망을 느끼는 아내나 어머니인 경우가 많다. 그녀들은 자신의 사랑조차 제대로 평가받지 못하고 있다고 여긴다. 바로 여기에 문제의 핵심이 있다. 만약 잔소리를 하는 사람에게 그의 사소한 공로를 인정해준다면 잔소리를 상당히 줄일 수 있다.

마더 콤플렉스

많은 여성들은 집안에서 철든 어른은 자신뿐이라고 생각한다. 그녀들은 남편이나 남자친구가 어린아이처럼 행동한다고 간주한다. 물론 그 남자는 직장에 나가면 전혀 다른 사람이 된다. 그는 훌륭하게 의사소통을 하고, 문제를 해결하고, 긍정적인 결과를 생산한다. 그리고 같은 일을 하는 여자보다 더 많은 급여를 받는다. 그의 여자 파트너는 그가 적어도 직장에서는 그런 능력을 발휘한다는 것을 안다. 하지만 집에 오면 사정은 백 퍼센트 달라진다. 집에 오면 그런 능력이 사라지기 때문에 여자는 좌절감을 느끼는 것이다.

연구결과에 의하면 결혼한 남자는 결혼하지 않은 남자보다 더 오래 산다. 하지만 유부남들의 일부는 그렇게 오래 사는 것이 실제보다 훨씬 더 지루하게 느껴진다고 말한다.

정말 문제되는 상황은 이런 것이다. 여자는 때때로 자기 파트너를 유능한 남자로 여기기보다는 말을 듣지 않는 어린 소년으로 대한다. 그러면 남자는 실제로 소년처럼 반응하기 시작한다. 이런 태도는 남녀관계를 손상시키는 첫걸음이다. 정말 위험하기 짝이 없다.

남자가 반항하면 할수록 여자는 더욱더 잔소리를 하게 된다. 남자가 저항할수록 여자는 마치 그의 어머니가 된 것처럼 행동한다. 마침내 그들은 상대방을 파트너나 애인, 혹은 친한 친구로 여기지 않게 되므로 극단적인 상황을 마주하게 된다. 그러면서 서로 상대방에게 양보를 요구하는 벼랑 끝 전술을 펴는 것이다. 그런데 아내가 어머니로 느껴지는 것처럼 남자의 열정에 찬물을 끼얹는 것도 없다. 또한 남편이 이기적이고 게으르고 말을 듣지 않는 소년으로 느껴지는 것처럼 여자의 기분을 상하게 하는 것도 없다.

이제 서로의 관계를 회복할 수 있는 잔소리를 해결할 방법을 찾아보자.

잔소리 해결책 1 : 본심을 말하라

피자 레스토랑에서 한 커플이 엄청나게 큰소리로 싸우고 있다. 그들이 언성을 높이는 동안 레스토랑 내부는 점점 더 조용해진다. 그 부부의 언쟁은 어떤 피자를 주문할 것인가에서 시작되었다. 남편은 페페로니&케이퍼스를 원했고 아내는 하와이언을 원했다. 아내는 갑자기 남편이 자기 말은 듣지 않는다면서 신경질을 내더니 케이퍼스 피자가 너무 싫다고 말한다. 멋진 피자에 파인애플 가루를 뿌려서 망칠 일이 있느냐는 것이다. 그런 식으로 아내의 불평이 계속된다.

"당신이 쇼핑이나 요리를 대신 해주었다면 이처럼 피자 레스토랑에 나와서 밥을 먹는 일이 있었겠어? 나는 건강식을 좋아하기 때문에 피자는 별로란 말야. 이렇게 자꾸 피자를 먹으니까 살만 찌잖아. 이번 한 번만이라도 내 마음대로 피자를 시켜 먹을 거야. 이게 무리한 요구라고 생각해?"

그녀가 입을 다물자 레스토랑 안이 잠잠해진다. 레스토랑의 손님들은 남편의 반응이 어떻게 나올지 모두 주시하고 있다. 침묵이 흐른다. 그는 와인을 한 모금 홀짝거리고, 레스토랑 바닥을 내려다본 후 메뉴편을 보더니, 이윽고 아내를 향해 고개를 든다. 그리고 그는 드디어 말한다.

"피자 때문에 그러는 게 아니지? 지난 15년 때문에 그러는 거지?"

잔소리를 한다는 것은 두 사람의 의사소통에 문제가 있다는 명백한 신호이다. 하지만 대개는 그런 문제에 대해 솔직하게 대화를 나누기 보다는 사소한 것에 집착하고 싸우는 것으로 의사소통의 문제를 표현한다. 이런 경향은 특히 여자의 경우에 더 강하다. 많은 소녀들이 상냥하고 부드러운 여성으로 성장해야 하며 자신의 필요성과 느낌은 맨 마지막에 성취해야 한다는 가르침 속에서 자라나고 있다. 그녀들은 가정의 평화를 지키고, 문제를 해결하고, 늘 사랑받는 여자로 성장해야 한다고 강요받고 있다. 이러한 사실들에 대해 많은 여성들은 다음과 같이 분명하고 직접적으로 말하는 것을 어려워한다.

"나는 이렇게 사는 것이 행복하지 않아. 숨이 막힐 지경이야. 이 주 동안 휴가 내서 혼자 조용히 어디 좀 가 있을 생각이야. 아이들은 일주일간 친정 엄마한테 맡기고, 나머지 일주일은 당신이 휴가를 받아서 돌봤으면 해. 그렇게 이 주일을 돌아다니면 한결 행복해질 것 같아. 그리고 또 당신에게도 한결 부담 없는 여자가 될 것 같아."

이렇게 본심을 털어놓지 못하기 때문에 어떤 피자를 먹을지를 놓고 많은 사람들이 보는 데서 싸움을 벌이는 것이다.

여자들은 자기가 아무 말을 하지 않아도 남자들이 자기 마음을 헤아려 주기를 바란다. 가령 여자는 하품을 한 번 하고 "아이 피곤해, 이제 그만 가서 자야지"하고 말하면서 침실로 들어간다. 그리고 남자가 이를 닦은 후 몸에 향수를 살짝 뿌리고 침실로 들어와 은근하고 환상적인 사랑을 해주기를 바란다. 하지만 실상은 어떤가. 남자는 툴툴거리면서 냉장고에서 맥주 한 병을 꺼내고 소파에 앉아 텔레비전 스포츠 중계에 몰두할 뿐이다. 여자가 섹스하고 싶다는 의사표시를 에둘러 말했다는 생각은 눈곱만큼도 하지 않는다. 여자는 침대에 혼자 앉아 있다가 쓸쓸히 잠이 들면서 남자가 자기를 사랑하지도, 원하지도 않는다고 지레 짐작한다.

줄기찬 잔소리는 깊이 감추어진 의사소통의 문제를 은폐하고 있다. 하지만 여자가 자기 본심을 직접적으로 말하면 남자들은 더 빨리 반응해 온다. 여자들은 이런 사실을 알아야 한다. 남자들은 두뇌구조가 비교적 단순해 아내나 파트너가 직접적으로 하는 말 이상의 것을 잘 추측하지 못한다. 남녀가 이것을 잘 이해한다면 그들의 의사소통은 한결 수월해질 것이고 잔소리의 요인도 많이 제거될 것이다.

잔소리 해결책 2 : 느낌을 말하라

여자가 남자의 태도에 대해 지적하면 남자는 기분이 나쁘지만 그것을 입 밖으로 내뱉지는 않는다. 아내가 남편을 비난하거나 잔소리를 하면, 그는 십대 소년이었을 때 어머니로부터 들었던 온갖 잔소리를 연상하게 된다. 하지만 그는 잔소리하는 아내가 억압적인 어머니처럼 매력이 없다는 얘기는 하지 않는다. 여자가 남편에게 하는 일이 어째서 그 모양이냐고 비난할 때에는 조심해야 한다. 그런 비난을 받으면 남자는 스스로를 못났다고 생각하며 또한 결코 아내의 기준을 맞추지 못할 것이라고 생각한다. 그는 마음속으로 그런 생각을 하면서도 입은 다물어 버리곤 한다.

부부는 혹은 다정한 남녀는 많은 대화를 나눌 수 있다. 하지만 대화를 많이 한다고 해서 반드시 자기의 메시지를 상대방에게 전달하는 것은 아니다. 남녀관계에서 발생하는 모든 문제, 가령 부정不貞, 육체적·언어적 폭력, 권태, 우울함, 잔소리 등은 의사소통이 신통치 못했던 결과이다. 여자들은 이렇게 물어보는 법이 거의 없다.

"왜 남편은 더 이상 내게 얘기를 하지 않는 거지?"

남자들도 속으로는 '아내는 이제 매력이 없어'라고 생각하지만 그것을 입 밖으로 말하지는 않는다.

당신의 파트너가 바가지를 긁는다면 그것은 그녀에게 요구사항이 있긴 한데 당신이 들어주지 않는다는 뜻으로 받아들이면 된다. 그 뜻을 제대로 알 리 없는 당신은, 당신이 그녀의 요구사항을 들어줄 때까지 계속 잔소리 속에서 살아가게 될 것이다. 당신이 그녀의 말을 들어주지 않는 것은 왜일까. 그녀가 당신의 방식대로 접근해오지 않기 때문이다. 여자들은 간접대화라는 엉뚱한 방식을 쓰기 때문에 남자에게 제대로 접근하지 못한다.

어느 날 대니얼이 직장에서 늦게까지 일하고 집에 돌아와 보니, 아내가 금방이라도 벼락을 퍼부을 듯한 얼굴로 기다리고 있었다. 그녀는 그가 사정을 설명하기도 전에 달려든다.

수(아내) 사람이 왜 그렇게 생각이 없어? 왜 이렇게 늦는 거야? 전화 한 통도 미리 못해? 당신이 어디 있는지 알 수도 없잖아. 저녁밥은 다 식어버리고……. 가족들 생각은 안중에도 없지? 오직 자기 생각뿐이지?

대니얼 제발 소리 지르지 마. 그렇게 과장하면 어떡해? 우리 가족들 편안하게 먹이고 입히려고 직장에서 늦게까지 일하고 오는 길이라구……. 하지만 그게 당신에게는 못마땅하지?

수 뭐라고? 자기밖에 모르는 인간! 딱 한 번만이라도 가족을 먼저 생각해본 적이 있어? 게다가 집안일에는 손 하나 까딱하지 않고, 늘 내가 혼자서 다 했잖아!

대니얼 (아내에게서 물러나며) 잔소리 좀 그만 해! 난 피곤해. 쉬고 싶은 생각뿐이라고. 그런데도 당신은 잔소리밖에 할 게 없어?

수 (화를 내며) 잔소리라고? 그래, 나 잔소리밖에 할 줄 모르는 여자야. 이 방에서 나가지 마. 방 밖으로 걸어나가면 다야? 제발 세 살 먹은 애처럼 굴지 말라구! 당신은 자기 문제가 뭔지 알기나 해? 당신은 문제가 있으면 늘 회피하면서 말도 못 꺼내게 하잖아!

수는 자기 문제를 직접적으로 표현하지 않고 간접적으로 적개심을 드러냈고, 그리하여 대니얼을 방어자세로 몰아붙였다.

대니얼이 방어자세로 들어가자 의사소통의 길이 막혔고 상황을 해결하지 못하게 되었다. 두 사람은 일방적으로 자기 얘기만 하고 상대방의 이야기를 듣지 않고 있다. 다정다감한 대화가 아니라 일종의 소리지르기 시합을 하는 것이다. 그리하여 수는 전에 했던 말을 다시 되풀이했고 대니얼은 속으로 "또 그 소리!"하면서 방을 나갔다.

그들은 자기 속마음을 털어놓지 않았다. 그 바람에 속에 있는 적개심은 더욱 깊어지고 문제는 더욱 악화되었다.

잔소리 해결책 3 : "나는", "나로서는"이라는 기술

수가 대니얼의 관심을 끌기 위해서는 그의 귀에다 잔소리를 퍼부으면서 방어자세를 유도하는 방식을 피해야 한다. 그녀는 "당신"이라는 말 대신에 "나는", "나로서는"이라는 말을 많이 사용해야 한다. 이렇게 하면 잔소리의 강도를 많이 낮출 수 있다.

다음은 수가 툭하면 대니얼의 코에다 들이미는 "당신"이라는 표현방식이다.

"당신은 너무나 생각이 없어!"

"당신은 너무 이기적이야!"

"당신은 세 살 난 아이처럼 행동해."

"당신은 당신의 문제가 뭔지 알아?"

"당신은 늘 회피하기만 해."

이렇게 "당신"이라는 말을 먼저 쓰면 상대방은 자동적으로 경계 자세를 취한다. "당신"이라는 말을 많이 사용한 아내는 스스로 재판관이나 배심원이 되어버리기 일쑤이다. 대니얼은 아내의 그런 지위를 인정해줄 수 없다. 이럴 때 "나는", "나로서는"의 기술을 사용하면 아내는 아무런 판단을 내리지 않고서도 대니얼의 행동에 대한 느낌을 말할 수 있다. 이 테크닉을 사용하면 파트너와 정상적인 대화를 나눌 수 있다. 또한 언성을 높이면 싸울 필요도 없다. 이 방법을 자주 사용하면 싸움을 영원히 종식시킬 수도 있다.

"나는", "나로서는" 기술은 네 부분으로 나눌 수 있다. 파트너의 행동, 그 행동에 대한 당신의 해석, 당신의 느낌, 그 행동이 당신에게 미친 결과를 묘사하는 것이다.

다음은 수가 대니얼에게 적용할 수 있는 "나는", "나로서는"의 기술이다.

수   대니얼, 당신은 한 주 내내 전화도 하지 않고서 집에 늦게 들어왔어.〔행동〕 나를 피하는 거야, 아니면 누굴 만나는 거야?〔해석〕 나는

(나로서는) 무시당하는 느낌이 들 수밖에 없어. 나는(나로서는) 정말 마음이 아파.〔느낌〕 만약 이런 사태가 계속 된다면, 나는(나로서는) 당신 걱정에 미쳐버릴 것 같아.〔결과〕

대니얼 오, 수, 미안해. 당신이 그런 식으로 느낄 거라고는 생각하지 못했어. 나는 당신을 피하는 게 아니야. 나는 당신에게 정말 감사해. 다른 여자를 만나고 돌아다니는 게 아니라고. 나는 요즘 어려운 일을 맡아서 시간을 많이 투자해야 해. 그래서 스트레스가 심해. 집에 오면 너무 피곤해서 약간 내 시간을 갖고 싶었을 뿐이야. 나는 당신이 그런 식으로 느끼기를 바라지 않아. 앞으로 회사에서 늦게까지 일하면 반드시 당신에게 전화할게.

"나는", "나로서는"의 테크닉은 공격 자세를 낮추고, 솔직하고 정직하게 자신의 느낌을 밝히기 때문에 아주 강한 호소력을 가져다준다. 이 기술을 사용하면 상대방의 감정을 상하게 하는 일이 거의 없을 것이다.

위의 사례에서 보듯이 대니얼과 수는 자기의 메시지를 분명히 전했고 그래서 문제를 해결했다. "나는", "나로서는"의 대화법은 부드러운 어조 속에서 적절히 구사하면 좋은 효과를 거둘 수 있다. 따라서 대화를 시작하기 전에 상대방이 들어줄 자세가 되어 있는지 잘 살펴보아야 한다.

잔소리 해결책 4 : 남자에게 30분의 휴식시간을 주라

남자는 일과가 끝난 후 벽난로 앞에서 하루를 정리하며 휴식을 취하고 싶어한다. 그는 그런 다음에서야 대화를 할 수 있게 된다. 그러나 대부분의 여자들은 남편이 집에 돌아오자마자 대화하기를 원한다. 다음은 "나는", "나로서는"의 기술을 적용하는 구체적 사례이다.

대니얼 여보, 나는(나로서는) 오늘 힘들었어. 약간 쉬면서 긴장을 풀 수 있도록 30분 정도 시간을 줄 수 있어? 나는(나로서는) 그러고 나면 당신과 충분히 얘기할 수 있을 것 같아.

수 자기, 나는(나로서는) 오늘 있었던 일을 당신과 의논하고 싶어. 언제 시간이 돼?

대니얼이 주어진 시간을 지키고, 수가 그에게 벽난로 앞에서 휴식을 취할 충분한 시간을 준다면 언쟁도, 긴장도, 싸움도 없는 평화로운 대화가 이어질 수 있다.

잔소리꾼을 이해하는 방법

만약 잔소리 피해자가 자신에게 솔직해져서 잔소리에 숨어 있는 진실된 요소들을 인지하고, 잔소리란 자신을 알아달라는 호소임을 깨닫는다면, 그 상황을 재빨리 좋은 상황으로 바꿀 수 있다. 인간은 본능적으로 자기가 소중한 존재라고 느끼고 싶어 하는 충동이 있다. 연구조사에 의하면, 온종일 일하는 사람은 집안에서 다른 식구들과 격리되어 오랜 시간을 보내야 하는 사람보다 잔소리를 덜 한다. 그들은 자신의 일이 사회에 기여하는 중요한 일이기 때문에 자신의 업적이 가치 있게 평가받고 있다고 느낀다. 마찬가지로, 집에 머물러 있는 것을 좋아하면서 깨끗하고 편안한 가정, 건강에 좋은 음식, 식구들 돌보기 등에 관심 많은 가정주부는 잔소리를 거의 하지 않는다. 자신의 그런 서비스를 가족들이 평가해주고 있다고 생각하기 때문이다.

따라서 직장에서 따분한 일을 반복적으로 하는 사람, 집에 있는 것을 싫어하는 사람 등이 잔소리꾼이 될 가능성이 높다. 어떤 여자들은 자신의 삶이 너무 실망스럽다고 생각한다. 빨래, 청소, 주방정리, 침실청소, 식료품 쇼핑 등은 한 2년만 지나면 너무나 따분하다는 것이다. 여기에다 말을 듣지 않는 아이, 온종일 청소해놓은 것을 단 10분 만에 어질러놓는 아이가 있기 때문에, 자연스럽게 잔소리꾼이 되어버린다. 그 결과, 가족들의 관심을 끌려고 잔소리를 늘어놓고 또한 모든 식구를 자기처럼 비참한 존재로 만들려는 심리가 작용하는 것이다.

잔소리의 핵심은 자신의 일을 진실하게 평가해달라는 호소이므로, 잔소리 피해자는 잔소리의 책임을 어느 정도 나눠가져야 한다. 솔직히 말하면 잔소리는 신통치 못한 의사소통의 결과물인 셈이다.

잔소리 피해자가 해야 할 일

좋은 상황을 연출하려면 서로가 지금까지의 태도를 바꾸어 각자의 책임을 인정할 줄 알아야 한다. 피해자는 자신도 그 문제에 어느 정도 책임이 있음을 인정해야 한다.

잔소리를 듣는 많은 사람들은 책임을 회피하려는 성향이 있는데 이는 문제를 더욱 악화시킬 뿐이다. 그런 사람은 잔소리하는 사람을 무시하거나, 잔소리하는 사람보다 더 큰 소리로 고함을 지르거나, 방이나 집 밖으로 나가버리거나, 상대의 요구사항을 들어주지 못한 데 대해 변명을 늘어놓기 일쑤이다. 이렇게 하면 잔소리꾼의 공격을 일시적으로나마 피할 수 있으므로 피해자는 그것이 더 편한 방법이라고 생각한다. 하지만 문제를 근본적으로 해결하는 방식은 아니다. 피해자는 그런 행동을 멈추고, 자신을 정확히 평가한 후, 자기의 책임을 인정해야 한다. 무엇보다도 잔소리가 도움을 청하는 요청이라는 사실을 인식해야 한다.

피해자는 자신을 향해 이런 질문을 던져야 한다.

"나는 상대방의 말을 듣고 있는가?"

"나는 상대방의 좌절감을 이해하고 있는가?"

"나는 우월의식에 사로잡혀 상대방으로 하여금 쓸모없는 사람이라는 느낌이 들게 했는가?"

"나는 상대방의 업적을 인정하는가?"

"나는 돈을 벌어오는 사람이기에 가정에서 좀 더 권한이 있다고 생각하여 가사분담을 거절했는가?"
"나는 게으르거나 남을 배려하지 않는 사람인가?"
"나에게 상대방의 문제를 이해하는 데 방해가 되는, 뿌리 깊은 분노 같은 것이 있는가?"
"나는 행복해지기를 원하는가?"

만약 행복해지기를 원한다면 상대방과 차분히 앉아서 대화로 문제를 풀 의향이 있는지 반성해보라.

잔소리꾼이 해야 할 일

만약 당신이 잔소리꾼이었다면 상대방이 당신의 요구를 받아들이지 못하는 입장일 수도 있다는 사실을 생각해보았는가? 혹시 그들에게 부모처럼 굴진 않았는가? 상대방의 형편은 고려하지 않고 즉시 행동하기만을 고집하지는 않았는가? 끈덕지게 요구사항만 되풀이하고 있진 않는가?

만약 이런 질문에 대한 답변이 "예"라면 상대방과 차분히 앉아서 "나는", "나로서는"의 기술을 사용하여 의사소통을 시도해보라.

당신이 어떤 점에서 곤란을 느끼는지 그에게 말해주라.

당신이 어떤 것을 요구할 수 있는 시간을 미리 정하는 것에 동의하라.

같은 말을 되풀이하지 말라.

당신의 필요를 먼저 말하고 배우자의 반응에 귀 기울이라.

상대가 제안하는 사항에 귀 기울이라. 그는 더 좋은 아이디어를 가지고 있을지 모른다.

상대방에게 저항의식을 불러일으키는 "당신"으로 시작하는 말은 피하라.

그가 자신의 무관심한 행동을 다시 생각해보지 않겠다면 어떤 해결책 혹은 어떤 결과가 초래될지 상상해보라.

당신은 자기 이미지를 높이기 위하여 무엇을 할 수 있는지 생각해보라.

당신은 자신의 목적을 달성할 때 스스로를 칭찬하고 포상하는가?

당신은 진정으로 행복해지기를 원하는가?

잔소리는 많은 사람들에게 생활의 한 방편이 될 수도 있다. 하지만 이 방법을 쓰다보면 언제나 의사소통의 길이 막히고 만다. 당신에게 즐거움, 따뜻함, 성원을 가져다줄 수 있는 사람을 화나게 하고, 비참하게 하고, 우울하게 만든다. 즐거워야 할 남녀관계가 이래서야 되겠는가. 우리의 간단한 전략을 활용하여 더욱 행복하고 아름다운 남녀관계를 구축하기 바란다.

또 다른 여자, 그의 어머니

Why Men Lie &
Why Women Cry

제인은 신혼 첫날밤이 되어서야 서른여섯 먹은 마틴이 아직도
어머니가 사주는 속옷을 입고 다닌다는 사실을 알았다.

Why Men Lie &
Why Women Cry

또 다른 여자, 그의 어머니

중년의 두 여인이 솔로몬 왕 앞에 나타났다. 두 여자는 한 젊은이를 끌고 왔는데 그는 두 여자의 딸 모두와 결혼을 하겠다고 약속했다. 두 여인의 이야기를 모두 듣고 난 솔로몬 왕은 젊은이를 반으로 쪼개 각각 절반씩 가져가라고 말했다.

"안 됩니다!"

첫 번째 여자가 말했다.

"피를 흘리게 하지 마소서! 차라리 저 여자의 딸과 결혼하라고 하소서."

현명한 왕은 잠시도 망설이지 않았다.

"젊은이여, 저 여자의 딸과 결혼하도록 하라."

왕의 신하들이 항의했다.

"하지만 저 여자는 젊은이를 반쪽 내자는 데 동의한 여자이옵니다."

"그렇도다. 그건 그녀가 진짜 장모mother-in-law(영어에서는 시어머니와 장모를 가리킬 때 똑같이 이 단어를 사용한다 : 옮긴이)임을 보여주는 증거이니라."

괴물 공룡의 등장

시어머니와 장모는 지구상 그 어떤 사람보다 더 많은 농담의 대상이다. 코미디언과 남자들 사이에서 늘 유머의 대상이 되었고 텔레비전 시트콤에서는 마녀, 잔소리 심한 여자, 욕설쟁이로 묘사되어 왔다. 현대 러시아의 아버지인 레닌은 중혼의 가장 큰 징벌은 무엇이냐는 질문에 '두 명의 장모'라고 말했다.

> "오늘 아침 장모님이 우리 집 문을 두드리길래 나가봤지.
> 장모님이 '내가 며칠간 여기 머물러도 되겠나?' 하고 묻더군.
> 나는 '물론이죠' 하고 대답하고 문을 닫았어."
> (여기서 장모는 사위 집에서 묵어가겠다는 뜻으로 "stay here"라고 했고,
> 사위는 문자 그대로 현관에 며칠 서 있어도 좋다는 뜻으로 문을 닫았다 : 옮긴이)

시어머니는 부부파경의 원인 중 약 3분의 1을 차지하고 있는데, 장모는 그렇게 큰 문제를 일으키지 않는다. 우리가 연구조사한 바에 의

하면 진짜 심각한 문제는 시어머니이다. 장모도 물론 불평의 대상이 되기는 하지만, 실제 문제를 일으킨다기보다는 농담의 대상이 되는 경우가 많다.

> 나는 오늘 아침 장모님이 돌아가셨는데 매장, 화장, 미라 처리, 이 세 가지 중 어떤 것을 선택할 것인지 묻는 이메일을 받았다. 나는 대답했다. "반드시 세 가지 다 해주시오."

대부분의 남자에게 까다로운 장모는 별 문제가 되지 않는다. 전설적인 중혼자인 조바니 비글리오티 역시 사정은 비슷했다. 애리조나 사람인 비글리오티는 1949년에서 1981년 사이에 104번이나 결혼했는데(그중 50회는 가명으로 결혼), 104명의 장모는 그가 중혼에 대한 벌로 감옥에서 보냈던 34년에 비하면 그리 큰 문제가 아니었다.

장모는 사위를 짜증나게 하고, 괴롭히고, 화나게 하지만 대부분의 남자들은 장모를 싫어하지 않는다. 적어도 장모 문제가 남자의 인생을 좌지우지하지 않는다. 이런 오래된 폴란드 속담이 있다.

"장모의 마음을 얻는 길은 그 딸을 통하는 것이다."

대부분의 남자들은 이것을 알고 있다. 장모는 무엇보다도 자기 딸이 행복하기를 바란다. 사위가 딸을 행복하게 해주면 장모는 사위의 일에 별로 간섭하지 않고 때로는 그를 도와주기까지 한다. 인척의 문제를 깊이 따지고 들자면, 오히려 사랑스러운 공주를 놓치지 않으려 하는 장인이 더 문제가 될 수 있다. 하지만 장인을 상대로 한 농담은 거의 없다. 장인은 웃음거리가 되지 않기 때문이다.

그의 어머니에 대한 그녀의 부담

대부분의 가정에서 진짜 드라마는 시어머니로부터 흘러나온다. 유타 주립 대학교에서 실시한 조사에 의하면 모든 결혼생활에서의 문제는 50퍼센트 이상이 고부간의 관계에서 발생한다는 결과가 나왔다.

물론 모든 시어머니가 이런 무시무시한 명성을 갖고 있진 않지만 많은 며느리에게 간섭하고, 소유욕이 강하고, 끼어들기 잘하는 시어머니 (아들과의 탯줄을 끊지 않으려고 하는 어머니)는 정말 골치 아픈 존재이다. 며느리가 볼 때 시어머니의 문제는 통제 불가능하고 해결하기 불가능한 것처럼 보인다. 고부간의 관계는 많은 며느리에게 비참함과 고민을 안겨준다. 결국에는 이혼의 사유가 되기도 한다.

한 남자가 멋진 여자를 만나서 약혼을 했다. 그는 어머니와 저녁식사 약속을 잡고 약혼녀를 소개하려 했다. 그는 어머니의 집을 방문할 때 세 명의 여자, 즉 금발, 빨간 머리, 갈색 머리를 데리고 갔다. 그의 어머니는 왜 세 명이나 데려왔냐고 물었다. 그는 어떤 여자가 미래의 며느리가 될 것 같은지 맞춰보시라고 말했다. 어머니는 세 여자를 찬찬히 살피더니 대답했다.

"빨간 머리로군."
"어떻게 그렇게 빨리 맞추셨지요?"
아들이 물었다. 어머니가 대답했다.
"그 여자가 가장 꼴 보기 싫으니까."

시어머니를 향한 비난

물론 모든 시어머니가 극악한 존재는 아니다. 유타 주립 대학교의 조사는 50퍼센트의 시어머니가 골칫거리라고 밝혔지만 나머지 50퍼센트는 중립적인 입장을 취하거나 아니면 대가족의 일원으로서 며느리에게 많은 사랑과 배려를 베풀고 있다고 밝혔다. 종종 시어머니와 장모는 아들 혹은 딸의 정서적인 문제 때문에 비난을 받기도 한다.

아니타와 톰은 결혼한 지 6개월쯤 되었을 때 둘의 행복에 균열이 나타나기 시작했다. 아니타는 톰과 함께 사는 것이 불가능하다고 생각했다. 그는 아무 데나 옷을 벗어던졌고 젖은 수건을 바닥에 내팽개치기 일쑤였으며, 방마다 돼지우리를 만들어놓았다. 그것만 보면 아니타는 미쳐버리기 일보 직전이었다.

아니타 톰, 자기는 돼지와 다를 바 없어. 더 이상은 자기와 같이 못 살겠어.
톰 아니, 문제는 오히려 당신이야. 너무 호들갑을 떠니까 미치겠다고!

|아니타|결혼 전 어머니와 함께 살 때는 이렇지 않았어. 어머니는 내가 한 일에 대해서 비난한 적이 없단 말이야!
좋아. 말이 나왔으니 말인데, 어디 자기 어머니 얘기 좀 해볼까? 6개월을 살아보니까 자기 어머니가 과연 자기를 올바르게 키웠는지 의문이 들 정도야. 그저 응석만 받아주며 키웠겠지. 자기라는 사람은 여자가 빨래, 요리, 다림질, 청소, 맞벌이까지 다 해야 한다고 생각하잖아. 도무지 여자에 대한 존경심이란 찾아볼 수 없다니까. 자기 어머니는 괴물을 키운 거야. 난 더 이상은 못 참아!|

톰 그게 우리 어머니랑 무슨 상관이야? 왜 본론만 얘기하지 못하는 거야? 왜 당신 자신만 빼놓고 나머지 사람들만 틀려먹었다는 거야?

많은 어머니들이 아들을 응석받이로 키워놓아 장래의 며느리에게 고단한 삶을 안겨주고 있다. 어머니들은 아들을 위해 빨래, 요리, 청소, 다림질, 심부름 등 온갖 것을 다해준다. 그것이 곧 아들을 사랑하는 행동이라고 생각한다. 하지만 실제로는 아들의 건전한 부부생활에 커다란 지장을 안겨주고 있다. 결국 아들은 어머니가 대신 해주던 일을 자신이 직접 해야 하는 상황을 감당하지 못한다.

아내의 입장에서 그런 응석받이 남편을 다루는 일은 여간 힘들지 않다. 하지만 시어머니를 비난하기보다는 남편이 가사를 적극적으로 돕도록 잘 훈련시키는 것이 더욱 효과적이다. 그는 이제 성인이기 때문에 자신의 행동에 책임을 져야 한다.

이 문제는 아주 복잡해질 수도 있다. 3자 관계이기 때문에 다양한 반응이 나올 수 있다. 가령 세 사람의 당사자가 정서적으로 균형 잡혀 있고, 독립적이며, 이타적인 관계에서부터 각자가 질투, 소유욕, 의존심, 미숙함, 이기심, 정서불안 등을 내보이기에 이르기까지 다양한 관계에 있을 수 있다.

왜 시어머니는 그토록 까다로울까?

여자들은 먼저 이런 사실을 알아두는 것이 좋다. 시어머니의 입장이 까다로워지는 것은 며느리가 시어머니보다는 친정 어머니와 가깝고 그래서 아주 사소한 문제까지도 친정 어머니와 상의하기 때문이다. 바꿔 말하면 시어머니는 아들의 집안문제에 관여하고 싶은 것이다. 하지만 아내로서는 시어머니보다 친정 어머니가 더 가깝게 느껴지는 것은 어쩔 수 없다. 이것이 시어머니에게 질투심을 유발하는 원인이 될 수 있다. 아들이 외아들이고 시어머니가 자신만의 독립된 생활을 하지 못하는 경우에는 더욱더 아들 내외의 일에 간섭하게 된다. 아들이 제대로 밥을 얻어먹기나 하는지, 집안청소는 늘 깨끗하게 되어 있는지 등등.

하지만 아들은 어머니와 별로 대화를 나누지 않는다. 따라서 시어머니는 아들에 대한 정보를 모르게 되고 결국 아들 내외로부터 따돌림을 당하고 있다는 느낌을 갖게 된다. 그래서 홀대당하지 않으려면 자신이 직접 아들의 집에 자주 나타나서 간섭하는 길밖에 없다고 생각한다. 연애하거나 구혼하는 동안에 여자는 장래의 시어머니와 좋은 관계를 유지하기 위해 노력한다. 그것이 결혼에 성공하는 데 도움이 되기 때문이다. 하지만 일단 결혼하고 나면 시어머니와 며느리는 한 남자를 중간에 놓고 다투는 싸움꾼의 입장이 된다. 그래서 문제가 더욱 복잡하게 꼬이기 시작한다.

하지만 모든 문제에는 해결책이 있다. 정말 필요한 것은 문제를 해결하겠다는 의지이다. 아들과 며느리는 현재의 상황에 열린 마음으로 원숙하게 대처해야 한다.

마크와 줄리는 곧 결혼할 사이이다. 줄리는 서로 의견이 맞지 않아서 친정 어머니와 지난 3년 동안 말을 하지 않았다. 이 때문에 혼수를 준비하고 결혼준비를 할 때 시어머니인 프랜에게 많이 의지했다. 만약 보통 딸 같았더라면 이런 준비는 모두 친정 어머니와 함께 했을 것이다. 그런데 결혼 직전 줄리는 마크의 도움으로 친정 어머니의 소재지를 파악하여 서먹하던 관계를 청산하고 관계를 회복했다. 그리하여 프랜은 갑자기 불필요한 존재가 되어 한데로 밀려난 느낌을 받게 되었다. 그녀는 이용만 당하고 버려졌다는 느낌을 떨칠 수 없었다.

아들의 결혼 후, 시어머니는 며느리와 좋은 관계를 유지하지 못하면 자신이 따돌림을 받는다는 느낌을 갖는다. 만약 며느리가 친정 어머니와 가깝게 지내면 시어머니는 며느리가 자기 가족의 일원이라는 사실을 잊게 된다. 현대인의 생활은 점점 바빠져서 대가족은 고사하고 핵가족끼리도 오붓한 시간을 갖기 어렵다. 가족들끼리 인간적인 접촉을 할 시간이 모자라는 것이다. 우리는 인간적인 접촉의 필요를 줄이기 위해 이메일을 즐겨 사용한다. 그러나 나이든 세대는 전화나 직접 만나는 것이 유일한 방법이다.

아들, 며느리, 시어머니의 삼각관계

버나데트는 40대 초반에 남편과 헤어졌다. 그녀의 친구들은 "아주 잘 떼어버렸어!" 하고 말했다. 그는 술주정뱅이에다가 가족들을 잘 돌보지도 않았다. 하지만 그녀에게는 아들 리처드가 있었다. 스물두 살의 정직한 이 청년인 아들은 앞으로 어머니를 잘 보살펴줄 터였다.

버나데트는 리처드가 여자에게는 관심이 없다고 생각했다. 자신이 아들에게 필요한 보살핌, 편안함, 정서적 지원 등을 아끼지 않고 있기 때문에 다른 여자에게 한눈 팔 일이 없을 것이라고 판단한 것이다. 그가 가끔 만나는 바보 같은 여자들은 오로지 섹스를 위한 존재일 뿐이라고 여겼다. 그녀는 어릴 적부터 리처드를 키워주고 보살펴주고 사랑해주었으니 이제 아들이 자신을 보살펴줄 차례라고 생각했다.

> 아담과 이브는 이 세상에서 가장 행복하고 가장 운 좋은 부부였다. 그 이유는 두 사람에겐 시어머니나 장모가 없었기 때문이다.

다이애너는 리처드를 만난 순간부터 그를 좋아했다. 그런데 그녀는 연애하는 동안 그가 자기 어머니에게 데리고 가지 않는 것이 좀 이상했다. 그가 다이애너를 어머니에게 데려간 것은 약혼을 선언한 이후이다. 시어머니 버나데트는 그녀를 따뜻하게 맞아주지 않았지만, 다이애너는 홀어머니가 상황의 변화에 적응하는 데에는 시간이 좀 걸릴 것이라며 긍정적으로 생각했다. 그래서 두 사람이 결혼하기에는 아직 준비가 덜 되지 않았느냐, 결혼까지 가게 되는 시기에 얼마든지 마음이 바뀔 수도 있지 않겠느냐는 버나데트의 말도 웃어넘겼다.

그러나 막상 결혼식이 거행되자 버나데트는 아주 무례하게 행동했고 그 결혼이 오래 가지 않을 것이라는 험담을 하면서 돌아다녔다. 다이애너는 결혼한 지 얼마 되지 않아 아주 지독한 시어머니를 만났다는 것을 깨닫게 되었다. 다이애너와 리처드가 신혼여행에서 돌아온 직후부터 고부간의 관계에 불편한 문제가 불거져나왔다. 버나데트는 매일 아무 예고도 없이 아들의 집을 찾아왔다.

다이애너는 다정하게 대하려 애썼지만 리처드가 좋아하는 음식을 준비하는 방법, 집안 청소를 깨끗이 하는 방법 등에 대하여 버나데트로부터 설교를 듣는 것이 곧 지겨워졌다. 버나데트는 다이애너가 해놓은 거의 모든 일에 대해 트집을 잡기 시작했다. 또한 리처드가 곁에 없으면 다이애너에게 노골적으로 모욕을 주었다. 리처드가 있을 때 그녀가 시어머니의 지나친 트집이나 모욕을 문제삼으면 버나데트는 시치미를 딱 떼면서 생사람 잡지 말라고 거짓말을 했다. 며느리가 모자관계를 이간질하려 한다고 몰아붙였다.

그 후부터 다이애너는 시어머니를 피하기 시작했다. 그러자 버나데트는 매일 밤 아들네로 전화를 걸어 아들과 오랜 시간 통화했다. 언제 집에 와서 페인트칠을 다시 해주겠느냐, 마당의 잡초를 뽑아주겠느냐, 물이 새는 수도꼭지를 고쳐주겠느냐, 문제점을 해결해주겠느냐, 쇼핑센터에 데려다주겠느냐는 등 온갖 시시콜콜한 얘기를 다 물어보았다. 그녀의 요구사항은 끝이 없는 듯했다. 리처드는 아내의 심정이나 처지는 전혀 고려하지 않고 어머니의 요구대로 행동했다. 버나데트는 남편 자리에 아들을 앉혀놓은 것이나 마찬가지였다.

전구 하나를 가는 데 시어머니 몇 명이 필요할까?
그녀는 전구를 쳐들고서 온 세상이 자기를 중심으로 돌기만을 바란다.

2년 뒤 다이애너는 아들 트레비스를 낳았다. 버나데트는 아예 리처드의 집에 상주하다시피하면서 아기를 키웠다. 버나데트는 육아문제를 잘 알고 있었기 때문에 아예 아이 키우는 것을 전담했다. 그녀는 다이애너에게 어머니 역할을 가르쳐주기는커녕 계속 며느리의 행동을 비판하기만 했다. 시어머니는 손자 트레비스에 대한 지나친 소유욕을 과시했고, 늘 아기를 안고 있으려 했다. 이렇게 되자 다이애너는 소외감을 느끼기 시작했다. 버나데트가 자기 아이를 가져가버렸고, 이제 아기는 엄마보다 할머니를 더 좋아하게 될 것이라는 걱정마저 생겼다. 다이애너는 함정에 빠진 기분이었고 너무나 비참했다. 버나데트는 늘 예고 없이 불쑥 찾아와서는 다이애너를 비난하고 모욕했다. 다이애너는 이 문제를 남편과 여러 차례 의논하려 했으나 그때마다 리처드는 아내에게 너무 소유욕이 강하다며 가볍게 질책했다. 어머니는 단지 도와주려 할 뿐이라는 것이었다. 리처드는 다이애너가 이기적이고, 질투심 많고, 원숙하지 못한 여자라고 생각했다. 마침내 다이애너는 남편과의 언쟁이 지겨워졌고 입을 다문 채 마음속으로만 분노를 삭이는 날이 많아졌다.

그렇다면 리처드의 관점은 어땠을까?

리처드는 부모의 이혼 후 한동안 아버지가 보고 싶었으나 아무튼 집안이 전보다 평화로워진 것은 틀림없다고 생각했다. 어머니는 가족을 버린 아버지가 쓸모없는 인간이었으며, 그러니 이제 아들인 네가 집안의 기둥이 되어야 한다고 늘 강조했다. 그의 어머니는 사랑과 보살핌을 아낌없이 베풀었다. 그가 좋아하는 음식을 만들어주었고, 침대에 이불을 펴주었고, 그가 아무렇게나 벗어놓은 옷을 다 주워 빨아주었고, 한 번 입은 옷은 다시 입지 못하게 했으며, 언제나 옷을 다림질하여 깨끗하게 입고 다닐 수 있도록 해주었다.

그녀는 아들을 비판하는 법이 없었다. 사실 그녀는 아들의 일이라면 뭐든지 다 멋지다고 생각했다. 한 가지 문제가 있다면 리처드가 사귀는 여자를 데려온 다음 날이면 어머니가 항상 냉랭한 태도를 보인다는 것이었다. 하지만 그는 다이애너를 만났을 때 자신이 그녀를 진정 사랑하고 있다는 사실을 깨달았다. 그래서 가능하면 어머니와 다이애너의 만남을 나중으로 미루려고 애썼다.

리처드와 다이애너가 결혼한 후 버나데트는 언제나 집에 들러서 그들을 도와주었다. 그러나 아내가 모자관계를 너무 질투하여 어머니가 더 이상 아들 집을 찾아오지 않는 지경에 이르렀다. 그 대신 그가 주말이면 어머니 집으로 가서 집안일을 도와드렸다. 그는 어머니에게 한가지 불만이 있었다. 그가 퇴근해서 쉬려고 하는데 어머니가 매일 밤 전화를 걸어와 끝도 없이 얘기를 하기 때문이다. 하지만 그는 긍정적으로 생각했다. 어머니가 혼자 사시기 때문에 외로워서 그렇겠지 하고 이해했던 것이다. '아들 된 내가 외로움을 덜어드릴 책임이 있지'라며….

> 인척in-lows과 무법자out-lows의 차이점은?
> 무법자에게는 그를 찾아다니는 사람이라도 있다.

트레비스가 태어나자 버나데트가 제일 먼저 아이 키우는 일을 도와주었다. 아이를 씻겨주고 돌봐주고, 음식물을 먹여주고, 좋은 옷을 사다 입혔다. 아이를 키우는 일은 다이애너에게 생소한 일이었다. 하지만 다이애너는 시어머니의 조언을 조금도 받아들이려 하지 않았다. 아내는 트레비스에게 너무 집착했고 늘 버나데트와 언쟁을 벌였으며 자신에게 끊임없이 시어머니에 대해서 불평했다. 그는 다이애너를 사랑했지만 갑자기 감정을 폭발시키면서 일방적으로 자기에게 유리한 쪽으로 어머니의 행동을 해석하는 아내의 태도에 실망했다. 리처드는 전형적인 문제해결 지향적인 두뇌를 가진 남자였다. 그는 온종일 직장에서 열심히 일했기 때문에 퇴근해서야 아내와 어머니의 갈등을 해결하는 문제까지 떠맡을 여력이 없다고 생각했다. 그저 쉬고 싶을 뿐이었다. 그는 차라리 미혼인 채 있었더라면 인생이 한결 덜 복잡해졌을 것이라고 생각했다.

고부관계의 드라마

화목한 가정을 이루려면 시어머니와 며느리 사이에 강한 유대의식이 있어야 한다. 동굴에 살던 시절에는 여자들이 이런 문제를 자연스럽게 해결했다. 현대인들도 이 문제를 원만하게 해결해야 한다. 그래야 스트레스 없는 생활을 할 수 있고, 남자를 고부관계의 늪으로 끌어들이지 않게 된다. 두 여자는 남편-아들을 이 문제에 끌어들이지 말고 둘 사이에서 평화롭게 해결해야 한다. 때때로 남자는 두 여자가 자기 한 사람을 놓고 싸우는 상황을 은밀하게 즐기면서 그의 에고(자존심)를 한껏 드높인다. 아내는 남편의 이런 엉뚱한 에고를 방치해서는 안된다. 현명한 아내라면 사태를 장악하여 고부관계를 원만하게 해결해야 한다. 그렇게 할 수 있다면 좋은 상황이 올 것이다. 아내는 시어머니가 남편에게 자기(며느리)에 대해 불평하지 못하도록 철저히 막아야 한다. 시어머니를 적이 아니라 동지로 만들어야 한다.

고부관계의 드라마는 보편적이다. 전 세계 많은 가정에서 이런 드라마가 벌어지고 있다. 어떤 나라는 다른 나라에 비해 상황이 훨씬 나쁘다. 주택사정이 좋지 않아서 신혼부부가 시부모와 함께 사는 러시아에서는 시어머니를 증오하는 문화가 널리 확산되어 있다.

스페인에는 시어머니 때문에 생기는 수에그리티스Suegritis라는 질병이 널리 알려져 있다. 또한 카니발 중 마시수에그라스Masasuegras("시어머니 죽이기"라는 뜻)라 하여 호각을 부는 행사도 있다. 인도의 수도 델리에서는 시어머니들만 감금하는 죄수동이 따로 있다. 며느리에게 과도한 지참금을 요구하고 아들의 결혼을 파탄으로 이끈 죄로 복역중인 시어머니들이 수감되어 있는데, 늘 만원이라고 한다. 스페인과 이탈리아에서는 아들의 결혼을 파멸시킨 시어머니를 일방적으로 감싸고도는 남편을 도저히 감당할 수 없어서, 남편에게 수면제를 먹여 의식을 잃게 한 다음 남편에 뺨에 시어머니의 늙은 얼굴 문신을 새겨넣었다고 한다. 그 남편은 이혼소송을 제기했고 아내에게 손해보상을 요구했다. 오스트레일리아에서는 한 여성이 시어머니 사진을 가지고 약국에 가서 비상을 팔라고 요구했는데, 약사는 사진만 가지고는 비상을 팔 수 없다며 거절했다고 한다.

유대인 시어머니는 더욱 큰 조롱의 대상이 되었다. 미국의 다큐멘터리인 "마마 드라마"는 시어머니의 포옹을 이렇게 묘사했다.

그것은 곰의 포옹처럼 무시무시하다.
시어머니의 포옹은 당신을 으스러뜨려 죽여버릴 것이다.

로트바일러(물면 놓지 않는 개)와 시어머니와의 차이점은?
로트바일러는 언젠가는 물은 것을 놓아준다.

고부관계는 결혼 초기부터 존재하며 어떤 경우에는 아주 노골적으로 터져나와 아내-남편-시어머니를 모두 불행하게 만든다. 실베스터 스탤론이 임신한 여자친구 제니퍼 플래빈과 결혼하겠다고 발표하자, 스탤론의 어머니는 온 세상을 향해 이렇게 외쳤다.

"아들은 그 여자애와 교회의 중앙통로를 걸어 내려가서는(결혼해서는) 안된다. 제니퍼가 아들을 사랑하는 것은 좋지만, 그녀는 아들보다 명성을 더 사랑하고 있다. 그녀에게는 야비한 구석이 있다."

그의 어머니는 한술 더 떠서 이렇게 말했다.

"내가 볼 때 그 어떤 여자도 우리 실베스터의 배필이 되기에는 충분치 못하다. 나는 아들을 위해서라면 목숨을 내놓을 각오도 되어 있다."

고부간의 갈등은 당사자 세 사람이 적당한 해결책을 찾아서 타협을 하려고 애써도 잘 안되는 경우가 많다. 결혼 초기에 문제가 발생하면, 며느리가 적극적으로 나서서 좋은 관계의 다리를 놓아야 한다. 며느리는 구애와 결혼까지의 시간이 아주 짧다는 것을 인식해야 한다. 연애 초기에는 온 관심을 남자에게만 쏟기 때문에 장래의 시어머니와 좋은 인간관계를 만들어갈 시간이 부족하다. 하지만 이런 상태를 그대로 방치해두면 나중에 부정적인 결과를 초래한다.

결혼 전 며느리감은 장래의 시어머니와 단 둘이 보내는 시간을 의식적으로 마련해야 한다. 그래서 자신이 시어머니에게 그저 아들의 배우자로서만 비치게 해서는 안 되며, 필요와 인격을 갖춘 독립된 개인이라는 점을 보여주어야 한다. 이렇게 일 대 일의 관계를 어느 정도 진전시켜놓으면 나중에 3자 관계는 한결 부드럽게 진행된다.

그러나 결혼이 한참 진행되어 고부간의 갈등이 뿌리를 내리게 되면 그것을 잘라내기가 참으로 어렵다. 다시 말해 적절한 해결책을 찾기가 어렵다는 뜻이다. 이쯤 되면 세 사람은 각자 다른 목표와 자신에게 중요하게 생각되는 사안들을 가지고 있게 마련이다. 어느 한쪽이 나머지 두 사람의 관계를 우호적인 관점으로 보아주기가 어려워진다. 따라서 이 단계에 이르면 가장 피해를 많이 보는 아들과 며느리가 합심하여 문제를 풀어나가야 한다.

부부가 서로 제기해야 할 질문들

우리는 문제점이 있다는 것을 시인하는가?
우리는 오랫동안 아름답고 행복한 생활을 하려고 하는가?
우리는 문제를 해결하려고 하는가?

만약 이 질문에 대한 답변이 모두 "아니오"라면 결혼 전문 상담가를 찾아가봐야 한다. 만약 대답이 "예"라면 부부는 차분히 앉아서 종이 위에다 자신들의 문제를 항목별로 적어놓고 의논해야 한다.
가령 앞에서 말했던 다이애너의 경우라면 이렇게 써내려 갈 수 있다.

시어머니는 예고도 없이 찾아온다. 그렇다 보니 우리에게는 사생활이 없고 계획도 늘 변경된다. 시어머니는 매일 밤 전화를 걸어온다. 우리만의 단란한 시간을 보내야 할 때에 말이다. 시어머니는 리처드에게 너무 많은 것을 요구한다. 그래서 그는 가족과 많은 시간을 함께 보낼 수 없다. 시어머니는 너무 간섭이 심하다. 뭐든 다 알고 싶어 하며 우리의 모든 활동에 끼어들고 싶어한다. 시어머니는 나의 능력을 비판하면서 우습게 여긴다. 또한 고집이 세며 리처드가 어린아이처럼 자기 말에 복종하기를 바란다.

반면 리처드는 이렇게 써내려 갈 수 있다.

어머니는 외롭기 때문에 우리가 위로해드려야 한다. 하지만 다이애너는 어머니에게 신경쓰지 않는다. 어머니는 집안일을 해줄 남자가 없기 때문에 나를 부른다. 하지만 다이애너는 아들인 나에게 그런 일을 도와줄 책임이 있다는 것을 인정하지 않는다. 어머니는 다이애너를 도와주려 하지만 다이애너는 트래비스를 어머니와 함께 키우는 것을 싫어하며, 어머니가 주는 귀중한 육아정보를 무시한다. 어머니는 요구를 들어주지 않으면 나에게 죄책감을 안겨준다. 나는 왜 우리 식구들이 이처럼 늘 화를 내야 하는지 모르겠다. 가정이 평화로웠으면 좋겠다.

따라서 문제를 심각하게 느끼는 것은 다이애너와 리처드이고, 버나데트는 문제의 피해자가 아니다. 그녀는 아들 리처드를 계속 자기식대로 움직일 수 있고 아들을 통해 다이애너와 트래비스를 지배할 수 있다. 리처드는 어머니와의 정신적인 탯줄을 아직도 끊지 않은 상태이다. 그는 '아직' 집을 떠나지 않았고 완벽한 성인이라고 할 수 없다.

탯줄을 끊기에 가장 좋을 때는 출산할 때이다.

다이애너 또한 본의 아니게 갈등의 게임에 끼어들게 되었다. 그녀는 스스로 비참한 현실을 만들고 있다. 그녀는 문제가 있다고 생각했던 결혼 초창기에 버나데트에게 일정한 한계를 제시하지 않았다. 사실상 버나데트에게 그녀의 결혼과 가정을 마음대로 휘젓도록 허용한 셈이다.

한계 정하기

한계를 정하는 것은 기본규칙을 정하고 넘어서는 안 되는 선을 긋는 것이다. 리처드와 다이애너는 결혼 초기에 한계를 정하지 않았다. 젊은 부부는 이런 함정에 빠지기 쉽다. 그들은 경험이 없기 때문에 보통 남들이 정해놓은 한계 안에서 살아가곤 한다. 그들은 자기주장을 강력하게 제시하지 않고 다른 식구가 그저 도와주려는 마음에서 저렇게 행동한다고 좋게 생각한다.

한계를 정하고, 자기주장을 분명히 하는 것은 젊은 부부가 반드시 배워야 할 두 가지 교훈이다. 일단 한계를 정해놓으면 관련자들은 어느 정도까지 행동해야 하는지 미리 알 수 있다. 한계 밖으로 나가면 문제를 일으킨다는 것을 깨닫게 되는 것이다. 다이애너와 리처드가 그들 두 사람 사이에 지켜야 할 선을 그어놓았다면 충분히 버나데트에게도 그런 한계를 요구할 수 있었을 것이다.

다이애너는 버나데트가 요청하지도 않았는데 예고 없이 불쑥 집을 찾아왔다고 했다. 그처럼 프라이버시의 한계를 넘어선 버나데트에게 약간의 훈련을 시킬 필요가 있다. 집에 들르기 전에 반드시 전화를 해달라고 그녀에게 말해야 한다. 다이애너와 리처드가 단 둘이서 휴식해야 할 시간, 함께 계획을 수행해야 할 시간에 그처럼 느닷없이 방문하면 여간 불편한 것이 아니라고 말해주어야 한다. 물론 버나데트는 거부당한 느낌 때문에 가슴이 아프겠지만 그것은 그녀의 문제이다. 그런 요청을 한다고 해서 아들 부부가 그녀를 덜 사랑하는 것은 아니며, 단지 한계를 정하는 것일 뿐임을 분명하게 밝혀야 한다. 버나데트는 결국 그것을 이해하고 그 한계에 적응할 것이다.

버나데트가 리처드에게 집에 와서 일을 도와달라고 요구하는 것도 역시 한계 정하기의 문제이다. 리처드는 어머니를 도와주어야 할 책임이 있다. 하지만 도와주기 전에 미리 다이애너의 동의를 받아야 한다. 세 사람 모두 감정의 파도가 높지 않은 때를 포착하여 차분히 이야기를 나누어야 한다. 인근의 훌륭한 보수 센터를 알아내어 그 집 전화번호를 버나데트에게 알려주는 것도 한 가지 방법일 것이다. 리처드와 다이애너는 어머니의 생일선물 겸 크리스마스 선물로 보수 센터의 보수비용을 대신 지불할 수도 있다. 다이애너는 버나데트가 여전히 가족의 일원이라는 느낌이 들도록 옆에서 적극적으로 돕겠다고 말해주어야 한다.

트레비스를 키우는 문제와 관련하여, 버나데트는 또 한번 한계를 넘었다. 미리 전해진 날에만 버나데트가 방문한다면 이 문제는 한결 손쉽게 해결될 것이다. 다이애너는 이 문제에 단호해야 한다. 버나데트의 관심에 대해서 고마움을 표시하는 한편, 리처드와 아이를 키우는 방침을 함께 정했으니 그 방침대로 할 것이라고 분명히 말해야 한다.

리처드는 다이애너와 상의하여 어머니와의 야간 통화시간을 엄격하게 규제해야 한다. 가령 10분이 최고 통화시간이라고 정하여 미리 알려주는 것이다. 그 시간이 넘으면 리처드는 가차없이 할 일이 있다고 말하면서 전화를 끊어야 한다.

더욱 중요한 것은 그의 어머니가 가정 밖에서 관심사를 찾을 수 있도록 도와주어야 한다. 그런 관심사로는 화분 가꾸기, 독서회 모임에 나가기, 병원에서 자원봉사하기, 은퇴자 클럽에 가입하기, 교양강좌 수강하기, 밀스-온-휠스Meals-on-Wheels(노인이나 장애자들을 위한 급식배달 서비스) 같은 자선단체 돕기 등 여러 가지가 있다. 리처드와 다이애너는 그녀가 바깥 활동을 많이 하도록 권유해야 하고 이 단계에서 그녀를 정서적으로 지원해주어야 한다. 버나데트의 새로운 생활이 어느 정도 궤도에 오를 때까지 그 생활에 진심으로 관심을 보여주어야 한다.

> 만약 시어머니에게 하루 10킬로미터를 걷도록 설득할 수 있다면
> 일 주일 후에 그녀는 70킬로미터 떨어져 있을 것이다.

다이애너가 겪고 있는 문제들은 한계를 정하고 그것을 지켜달라고 요구함으로써 해결할 수 있다. 물론 말처럼 쉬운 일은 아니다. 버나데

트는 처음엔 화를 낼 것이고 반격할 것이다. 뿐만 아니라 아들 리처드에게 죄책감을 안겨주려 할 것이고 다음과 같은 정서적 협박을 할지도 모른다.

"내가 그 동안 해준 것에 대한 보답이 겨우 이거냐?"
"나한테 너 말고 누가 있니?"
"넌 더 이상 나한테 신경 쓰지 않는구나."
"내가 이 다음에 죽으면 넌 후회할 거야."
"넌 이기적이야. 어쩌면 네 아버지하고 그렇게 똑같니."
"난 지금 너무 외로워."

이런 협박은 당사자인 당신이 허용해야만 위력을 발휘할 수 있다. 당시는 지금 하고 있는 일이 옳다고 확신한다. 오래 생각했으며 모든 반응을 검토했고 그것에 대응할 준비가 충분히 되어 있다고 자신한다. 따라서 정서적 협박은 당신에게 통할 수 없다. 당신이 동의하지 않는 한 그 누구도 당신에게 죄책감을 안길 수 없다.

> 시어머니mother-in-low는 여자 히틀러woman Hitler를 철자만 변형시켰을 뿐이다.

다음 단계로 어쩌면 지원의 철회, 즉 육아를 돕지 않겠다고 나설 것이다. 어쩌면 재산을 상속해주지 않겠다고 위협해올 수도 있다. 이러한 반응은 충분히 예상할 수 있는 것이다. 그러나 만약 리처드와 다이애너가 성숙하고 독립적이며 행복한 결혼생활을 원한다면, 자기 주장을 분명히 내세워야 한다. 리처드 부부는 그들의 결정사항을 변명하거나 합리화할 필요가 없다. 단지 이것이 우리가 받아 들일수 있는 한계라고 분명하게 말하면 그것으로 충분하다.

이렇게 밀고나가는 한편 리처드 부부는 버나데트에게 관심을 보이고, 지원할 것은 충분히 지원해야 한다. 그녀의 반응이 예상외로 거세면 그녀와 아예 절연해버리고 싶은 마음도 들겠지만, 그래서는 안 된다. 어머니에게 가족의 현재 상황을 알려주는 한편, 그녀가 자신만의 삶을 꾸려나가도록 격려하고 지원해야 한다. 리처드 부부가 공감과 사랑으로 버나데트에게 한계의 문제를 이해시키면 결국에는 건전하고 만족스러운 고부관계가 형성될 것이다.

그리고 최악의 경우 이런 노력이 아무런 결실을 맺지 못한다면 다른 도시로 이사 가는 방법도 생각해볼 수 있다.

여자의 비밀 채점표

Why Men Lie &
Why Women Cry

대부분의 남자들처럼 남편인 앤디는
여자에게 비밀 채점표가 있다는 얘기를 들어보지 못했다.
그는 자신이 아내의 과녁을 들어주고 있을 뿐이라고 생각했다.

Why Men Lie &
Why Women Cry

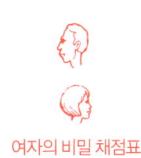

여자의 비밀 채점표

 겉보기에 마크와 켈리는 완벽한 부부였다. 마크는 좋은 직장에 다녔고 멋진 집이 있으며, 세 자녀는 똑똑한데다 공부도 잘했다. 그들 가족은 해마다 한 번씩 외국여행을 다녔다. 그러나 닫힌 문 뒤에서 볼 때 이들 부부 사이에는 금이 가고 있었다. 그들은 서로 사랑하고 있었지만 자신들이 늘 싸운다는 사실에 당황하면서 깊은 절망감에 빠졌다. 켈리는 늘 화를 냈고 마크는 영문을 몰라서 당황할 때가 한두 번이 아니었다. 그는 왜 이렇게 자꾸만 꼬이는지 그 이유를 알지 못했다.

 문제는 간단했다. 마크는 다른 남자들과 마찬가지로 켈리가 특별한 채점표를 이용하여 그들의 결혼생활을 채점하고 있다는 것을 몰랐던 것이다. 어느 날 밤 시험 삼아 별거해보자는 이야기가 나왔을 때 그들은 부부관계 상담가를 찾아가기로 합의했다. 켈리는 상담가를 찾아가는 데 적극적이었다. 마크는 겉으로는 동의했지만 속으로는 이 문제를 결국 부부 사이에서 해결해야 한다고 생각했다. 다음은 두 사람이 상담가에게 한 말이다.

켈리 마크는 일에 미친 사람이에요. 나와 가족들 생각은 조금도 하지 않고, 우리에게 자상하게 행동한 적도 없어요. 우리는 존재하지 않는 거나 마찬가지죠. 남편은 늘 일을 앞세우기 때문에 우리는 그의 우선순위에서 매번 밀려나요. 나는 아이들에게 엄마 노릇은 물론 아빠 노릇까지 해야 하는 게 너무 지겨워요. 나를 원하고 돌봐주는 남자가 필요해요. 내가 잔소리하지 않아도 가족들의 일에 적극적으로 뛰어드는 그런 남자랑 살고 싶어요.

마크 (놀라면서) 켈리, 당신 지금 무슨 말을 하는 거야? 내가 당신과 애들을 돌보지 않다니 그게 무슨 소리야? 우리의 멋진 집, 당신이 지니고 있는 보석과 입고 있는 옷, 아이들이 다니는 좋은 학교 이게 다 어디서 나왔지? 내가 열심히 일해서 제공한 거잖아. 내가 일만 안다고 비난하는데 그건 현재 생활을 유지하고 또 인생의 멋진 것들을 누리기 위한 것일 뿐이야. 나는 당신을 위해 일 주일 내내 머리털이 빠질 정도로 일을 하고 있는데 당신은 그저 잔소리만 하고 있다니…….

켈리 (화를 내며) 당신, 그렇게밖에 말을 못하겠어? 그래, 당신은 평생 그렇게 말할 사람이지. 그럼 난 놀았어? 난 당신을 위해서 모든 것을 다 했다고……. 식사, 청소, 빨래, 사교생활, 아이들 돌보기…… 이 모든 것을 나 혼자서 했단 말이야! 당신이 한 일이라고는 회사에 나가서 일한 것 밖에 없잖아. 당신이 최근에 나를 위해 설거지를 해준 게 언제였지? 세탁기를 어떻게 돌리는지 알기나 해? 당신이 나를 밖으로 데리고 나가 멋진 외식을 시켜준 게 도대체 언제였어? 당신이 최근에 사랑한다고 말해준 게 언제였냐고?

마크 (충격을 받으며) 켈리…. 내가 당신을 사랑한다는 것을 잘 알잖아…….

대부분의 남자들은 여자가 자신들의 관계를 채점하고 있다는 사실을 잘 모른다. 그들은 이 채점표의 존재를 모르며, 무엇을 잘못해서 채점표의 점수가 그렇게 낮은지도 이해하지 못한다. 남자가 배우자로부터 얻는 점수는 지금 이 순간 그의 삶의 질에 직접적인 영향을 미친다. 여자들은 점수를 매길 뿐만 아니라 그 채점표를 가지고 있다. 남자와 여자가 함께 살기로 할 때 그들 둘은 부부생활에 어떻게 기여해야 할지 구체적으로 의논하지 않는다. 두 사람은 암묵적으로 서로가 서로에게 기여할 것이라고 이해한다. 그들의 부모가 그렇게 했던 것처럼 남자는 마당의 잔디를 깎고, 여자는 식사를 준비하는 등 고정적인 역할에 순응하리라고 기대하는 것이다.

남자는 큰 그림만 본다

남자는 뒤로 물러서서 '큰 그림' 보기를 좋아한다. 사소하고 하찮은 일을 일일이 따지기보다는 굵직한 일을 몇 가지만 골라서 해치우기를 좋아한다. 예를 들어, 남자는 아내에게 자주 선물을 하지 않지만 한번 했다 하면 굵직한 것을 선물한다. 반면에 여자의 두뇌는 세부사항을 잘 추적한다. 여자는 남녀관계의 미묘한 측면에 기여하는 많은 사소한 사항들에 대하여 결정을 내린다. 여자는 남편이 해주는 선물이나 행동에 대해서는 그 크기와 상관없이 1점을 주고, 다정한 사랑의 표시에는 2점 혹은 3점을 준다.

가령 남편이 아내에게 장미 한 송이를 사오면 그녀는 그에게 1점을 준다. 그런데 여섯 송이가 든 장미 한 다발을 사와도 여전히 1점을 준다. 하지만 6주에 걸쳐 매주 장미 한 송이를 사오면 6점을 준다. 장미 한 송이는 아내에게 주기 위한 것이 분명하지만, 장미 한 다발은 실내 장식용으로 치부되는 것이다. 비록 한 송이일지라도 매주 정기적으로 장미를 가져온다는 것은 그가 늘 그녀를 생각한다는 뜻이기 때문에 그것을 소중하게 여긴다.

마찬가지로, 만약 남편이 집안 페인트칠을 한다면 그는 1점을 얻는다. 아이들이 바닥에 내던진 옷을 집어들고 또한 그녀에게 사랑한다고 말하면 그는 두 행위에 대하여 각 1점을 얻는다. 달리 말해서 아내의 점수는 어떤 행위의 크기, 품질, 결과보다는 그 행위의 횟수에 따라서 결정된다. 만약 그가 멋진 차나 그녀가 평소 소원하던 다이아몬드 반지를 사준다면 그 당시에는 추가점을 얻을지도 모른다. 그러나 모든 점수의 95퍼센트는 일상생활 중에서 할 수도 있고 하지 않을 수도 있는 사소한 행위에 달려 있다. 여자들이 소중하게 생각하는 것은 어떤 행위를 할 의사가 있느냐의 여부이다.

대부분의 남자들은 여자가 어떻게 채점하는지 잘 모른다. 그냥 평소처럼 행동할 뿐이고 자신의 행동이 채점의 대상이 된다는 것을 의식하지 못한다. 그렇다고 여자들이 백지에다 채점표를 그려놓고 채점한다는 얘기는 아니다. 여자들은 무의식적으로 채점하며 그 채점방식을 직감적으로 알고 있다. 이런 차이점이 남녀 사이에 많은 오해를 일으키는 단서가 된다.

여자들은 뛰어난 기억력을 가진 채점관이고 여러 해 동안 그 채점표를 잊어버리지 않는다. 여자들이 집안일에 묵묵히 종사하는 것은 그 채점표가 언젠가는 균형을 이루리라고 믿기 때문이다. 남편들이 언젠가는 자신의 점수가 크게 모자란다는 사실을 깨닫고 점수를 보충하기 위해 나설 것이라고 판단하기 때문이다.

그러나 남자는 부부의 채점표가 불균형을 이루고 있다는 사실을 전혀 의식하지 못한다. 여자는 여자 30점에 남자 1점 정도의 현격한 불균형이 발생하기 전에는 불평하지 않는다. 그러다가 한계점에 도달하여 이건 도저히 아니다 싶으면 남편에게 "아무것도 해주는 것이 없다"면서 공격하고 나선다. 그러면 남편은 이 무슨 뜬금없는 공격이냐면서 놀라고 당황한다. 그는 도대체 뭐가 문제인지 알아차리지 못한다. 만약 남자가 채점표를 관리한다면 그는 그 정도까지 치닫도록 내버려두지 않을 것이다. 가령 점수가 3 대 1 정도로 벌어지면 그는 자신이 더 많이 내놓는다고 불평하면서 점수에 균형을 이루자고 소리칠 것이다.

또한 남자가 채점한다면 어떤 행위나 선물의 크기를 따져 점수를 매길 것이다. 그는 일 주일의 닷새 동안 하루도 빠지지 않고 회사에 출근하여 근무한 것에 30점을 줄 것이다. 하지만 아내의 입장에서 보면 그것은 5점밖에 되지 않는다. 1일 근무가 1점이다. 대부분의 여자들이 이미 알고 있듯이 남자들은 늘 사이즈가 중요하다고 생각한다.

| 여자들에게 있어서 중요한 것은 크기가 아니라 횟수이다.

부부가 서로에게 점수 매기기

브라이언은 고객을 상대로 오랜 시간 일하면서 사업기반을 다져온 증권 브로커이다. 그의 아내는 전업주부이며 두 아이를 보살피고 있다. 그들은 자신들이 행복하고 정상적인 부부라고 말했다. 우리는 그 부부에게 앞으로 30일 동안 자신이 부부생활에 기여한 행동의 품목을 기재하고 그에 대하여 상대방으로부터 받기를 원하는 점수를 매겨 달라고 요청했다. 사소한 행동은 1점이고, 가장 중요하다고 생각하는 행동은 30점을 배정했다. 상대방이 자기를 화나게 하거나 불쾌하게 했다면 벌점을 주라고 요청했다. 부부가 점수를 어떻게 배정하고 또한 어떤 행위를 품목으로 잡을 것인가 등은 서로 의논하지 못하도록 했다.

다음은 30일간의 결과보고서 중 일부를 제시한 것이다. 두 사람은 서로에게 그다지 벌점을 주지 않았다. 여기에는 두 가지 이유가 있는 듯하다. 첫째, 함께 사는 부부는 상대방의 나쁜 점을 무시하거나 걸러주는 경향이 있다. 둘째, 부부가 이런 테스트를 받으면 서로 조심스럽게 행동하는 경우가 많다.

브라이언은 한 달 동안 어떻게 점수를 매겼을까?

브라이언의 행동	그가 준 점수	그녀가 준 점수
주 5일 일한 것	30	5
차로 장모님께 데려다준 것	5	1
아이들의 모형 비행기 조립을 도와준 것	5	1
친구들을 불러다 바비큐 파티를 한 것	3	1
밤늦게 소리나는 이유를 알아본 것	1	2
차에 기름을 가득 채워준 것	2	1
하수구에서 찌꺼기를 제거한 것	3	1
가족을 피자집에 데려간 것	2	1
세차한 것	2	1
밤늦게 일한 것	5	1
풀장의 수압을 맞춘 것	2	1
아이들을 축구장에 데려간 것	3	2
컴퓨터 관련 잡지를 읽은 것	1	0
정원에서 죽은 쥐를 치운 것	2	1
차고에 페인트 칠한 것	2	1
나무를 심은 것	2	1
주말에 가족과 함께 드라이브를 한 것	3	1

아내의 구두 뒷굽을 고쳐준 것	1	3
꽃/초콜릿/와인을 사온 것	3	10
벽에 그림을 건 것	1	2
쓰레기를 내다놓은 것	1	1
헐거워진 문 손잡이를 조정한 것	1	1
아내에게 아름답다고 말한 것	3	1
마당의 잔디를 깎아준 것	1	3
아이의 자전거를 고쳐준 것	1	2
스테레오의 스피커를 손봐준 것	1	4

다음은 로레인이 점수를 주었지만 브라이언의 리스트에는 없는 것이다.

날씨가 추울 때 남편이 자신의 코트를 벗어준 것	3
비가 오는 날 백화점 정문까지 차로 데려다준 것	2
차 문을 열어준 것	2
내가 들어가기 전에 차를 따뜻하게 데워놓은 것	2
고기 써는 칼을 예리하게 갈아놓은 것	1
단축 전화번호에 친정 엄마의 번호를 입력해놓은 것	1
꽉 잠긴 항아리 뚜껑을 열어준 것	1
내 요리 솜씨가 좋다며 칭찬해준 것	3

이번에는 브라이언이 했더라면 더 점수를 얻을 수 있었던 것이다.

자신이 쓴 젖은 타월을 빨래 바구니에 넣기	1
채소 껍질 벗기기	1
아이들을 일찍 재우기	2
퇴근해서 텔레비전 보지 않고 아내와 대화하기	5
아내의 말을 끊으며 해결책을 제시하지 말고 끝까지 들어주기	6
집에 늦겠다고 미리 전화해주기	3
두 사람만의 주말여행 계획하기	10
주방청소를 해주겠다고 제안하기	2
아내와 대화하기 위해 텔레비전 소리를 낮추기	2
아내에게 전화로 "사랑해"라고 말하기	3
이불 펴기	1
섹스하기 전에 면도하기	1
아내의 머리와 발을 마사지해주기	3
아내에게 키스해주기	1
더듬지 않고 아내에게 키스해주기	3
리모컨을 휙휙 돌리지 않기	2
사람들 앞에서 손 잡기	3
아이들보다 아내를 더 소중히 여기기	3
아내와 함께 쇼핑하기	5
아내에게 로맨틱한 안부 카드 전하기	4
주방에서 함께 춤추기	2
그릇 세척기 열어주기	1
아내가 말할 때 관심을 기울여주기	3
지저분한 옷을 세탁소에 맡기기	1
아내에게 보고 싶다고 말하기	3
변기 시트를 내려놓기	1

이 실험의 여러 가지 의미

남자들은 공간 지향적인 두뇌를 갖고 있기 때문에 구체적이고, 공간적인 행위에 대해 여자들보다 더 높은 점수를 준다. 예를 들어 브라이언은 아들의 모형 비행기 조립에 5점을 주었으나 로레인은 1점을 주었을 뿐이다. 그가 볼 때는 까다로운 일이었지만, 아내의 입장에서 보면 그저 장난감을 가지고 논 것에 불과했다.

여자들은 남자들이 해준 집안일에 보통 1점을 준다. 힘들고 큰 일보다는 사소하면서도 개인적이고 친밀한 일을 해주었을 때 더 높은 점수를 준다. 예를 들어 브라이언이 어느 날 저녁 로레인의 식사 준비가 훌륭하다고 칭찬해주었을 때 그녀는 3점을 주었으나, 그는 자신이 점수를 얻었는지 의식조차 하지 못했다. 그는 그런 말을 했다는 기억이 없어서 리스트에 올리지 못했다. 물론 그가 완전히 잊어버렸다는 얘기는 아니다. 단지 요리솜씨를 칭찬했다는 것이 점수를 올릴 수 있다고 생각하지 못한 것이다.

반면에 그가 사온 꽃, 초콜릿, 샴페인은 매우 비싼 물건이기 때문에 적어도 10점(그가 주5일 동안 계속 일하는 것에 준 점수의 3분의1)은 얻을 것이라고 생각했다. 하지만 로레인은 겨우 4점을 주었을 뿐이다.

브라이언은 '날씨가 추울 때 아내에게 자기 코트를 벗어준 것' 같은 사소한 행위로 상당한 점수를 얻었다. 하지만 그는 그런 행위가 점수를 얻었으리라고는 전혀 생각하지 않았다. 그는 단지 그녀를 보살펴주었다고만 생각했다.

> "오늘밤 우리 포지션을 한번 바꿔볼까?" 그가 물었다.
> 그녀가 말했다. "좋은 아이디어야!
> 당신은 주방 싱크대에서 설거지를 해,
> 나는 소파에 앉아 방귀를 뀔 테니까."

(position, 위치 혹은 섹스 시의 체위를 가리킨다 : 옮긴이)

브라이언은 일을 많이 할수록 점수를 많이 얻을 거라 생각했다. 그러나 잔업근무는 집에서 가족들과 시간을 보내면서 사소한 일을 할 시간을 줄였기에 오히려 점수를 잃었다. 그는 더 나은 생활을 위하여 추가 소득을 올리고 있으므로 아내가 존중해주리라고 생각했다. 하지만 아내는 자기보다 일을 더 소중히 여긴다고 생각했다. 밤늦게까지 잔업을 하는 것이 그의 생각으로는 5점 정도에 해당되었으나, 로레인은 1점을 주었을 뿐이다. 그가 직장에서 아내에게 전화를 걸어 야근하게 되어 미안하다면서 정말 아내가 보고 싶다고 말했다면, 그리고 퇴근하여 집 근처에 왔을 때 다시 아내에게 전화했다면 적어도 3점은 얻었을 것이다. 대부분의 남자들과 마찬가지로 브라이언은 사소한 것이 여자들에게는 큰 의미로 다가온다는 사실을 모르고 있었다. 그의 어머니와 할머니가 그토록 여러 번 말해주었는데도 말이다.

그렇다면 로레인은 남편에게 어떤 점수를 주었을까? 로레인의 리스트는 브라이언의 것보다 네 배나 길었다. 그녀는 사소한 행동을 아주 자세하게 분류했으며 대부분의 행동에 낮은 점수를 주었다. 청소하기, 식료품 쇼핑, 화초에 물 주기, 은행에 공과금 내기, 애완동물 보살피기, 생일

카드 보내기, 가족행사를 계획하기, 아이들을 목욕시키기, 아이들에게 책 읽어주기, 아이들을 따끔하게 야단치기 등의 항목에 각 1점을 주었다.

  벗어놓은 옷이나 젖은 수건 집어들기, 세탁하기, 요리하기, 이불 깔기 등 반복적인 행동은 할 때마다 1점을 얻었다. 브레인은 낮 동안에 주로 직장에 있기 때문에 로레인의 일과를 잘 알지 못했다. 그래서 그녀의 집안일을 모두 합하여 총 30점을 주었다. 그는 주당 50시간 일하는 자신의 근무에 대해서도 똑같은 점수를 주었다.

  로레인은 어느 날 밤 남편의 등을 긁어주었는데 그는 3점을 주었다. 그녀가 섹스를 하자고 먼저 제안한 것이 두 번인데 남편은 그에 대해 각각 10점을 주었다.

  여기에는 벌점도 있다. 벌점은 배우자가 상대방을 짜증나게 하거나 괴롭혔을 때 공제하는 점수이다. 다음은 로레인이 브라이언에게 준 벌점이다.

친구들 앞에서 자신을 비난한 것	−6
친구들과 식사하는 도중에 방귀를 뀐 것	−10
쇼핑 센터에서 다른 여자를 쳐다본 것	−5
나는 내키지 않는데 자꾸 섹스를 요구한 것	−6

이번에는 브라이언이 로레인에게 준 벌점이다

  브라이언은 로레인이 해줄 수 있으나 해주지 않은 것에 대하여 불평하고 있다. 반면 로레인은 사람들 앞에서 한 어떤 행동에 대하여 불평

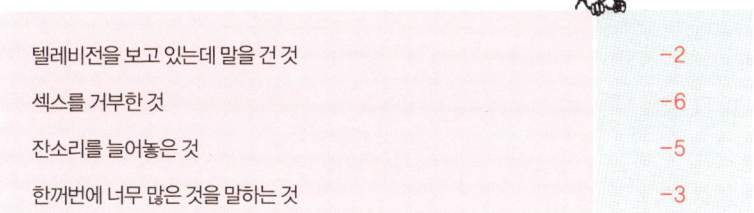

텔레비전을 보고 있는데 말을 건 것	−2
섹스를 거부한 것	−6
잔소리를 늘어놓은 것	−5
한꺼번에 너무 많은 것을 말하는 것	−3

을 했다. 이 리스트는 남자가 섹스를 요구했을 때 아내가 거부하면서 서로 짜증스러워 한다는 것을 보여준다.

실험이 끝났을 때 브라이언은 자신에게 주당 평균 62점의 점수를 주었다. 그리고 아내에게는 평균 60점을 주었다. 그래서 부부의 점수가 균형을 이룬다고 생각했다. 로레인은 자기 자신에게는 평균 78점을 주었고, 남편에게는 평균 48점을 주었다.

로레인은 남편의 점수가 자기 점수보다 주당 30점이나 적다고 느꼈다. 지난 한 해 동안 그녀의 내부에서 분노가 끓어오르고 있음을 뜻한다. 브라이언은 그 결과에 충격을 받았다. 그는 부부관계에 아무런 문제가 없다고 생각했고, 아내가 아무 말도 하지 않았기 때문에 로레인의 기분을 잘 모르고 있었다. 그는 1년 전 막내가 태어난 이래 로레인의 태도가 다소 쌀쌀해졌다고 느꼈다. 하지만 막내 때문에 일이 더 많아지고 그래서 생긴 스트레스 때문이려니 하고 짐작했을 뿐이다. 그는 그녀가 편안하게 생활할 수 있도록 회사에서 잔업을 더 많이 했다. 더 많은 돈을 벌어 집에 가져올 생각이었다.

브라이언과 로레인에게 이 실험은 부부생활에 새롭게 눈뜨는 계기가 되었다. 남녀의 채점방식의 차이를 재미있게 보여주려는 게임으로 시작된 테스트가 미래의 재앙을 미리 막아주는 역할을 한 것이다. 집에 있는 로레인은 남편에게 속은 듯한 느낌에 분개하고 있었고, 브라이언은 자신이 더 오래 일하면서 그녀의 뜻에 따라 행동하고 있다고 생각했던 것이다.

여자를 위한 해결책

여자들은 남자의 두뇌회로가 큰 그림을 보도록 구축되어 있고, 큰일을 하면 더 많은 점수를 얻는다고 생각한다는 점을 이해해야 한다. 이렇게 이해하기 시작하면 남자의 점수가 많이 모자라도 화가 나지 않을 것이다. 또한 남자에게 사소한 행동을 많이 하도록 권장하고 그가 그런 행동을 할 때마다 칭찬을 아끼지 않는 것이 중요하다.

> 모든 남자의 마음은 다 똑같다.
> 단지 구분하기 좋게 얼굴만 다를 뿐. _마릴린 먼로

남자들은 상대방이 구체적으로 도움을 요청하지 않는 한 도움, 지원, 조언을 해주지 않는다. 남자의 입장에서 볼 때 상대의 요청이 없는데도 도와주겠다고 하는 것은, 상대를 무능력한 사람으로 생각한다고 말하는 것과 똑같다. 바로 그것이 남성의 세계이다. 그들은 상대방이 요청할 때까지 기다린다. 만약 당신이 도움을 요청하지 않으면 남자는 서로

의 점수가 균형을 이루고 있다고 생각한다. 또한 부부관계에 아무런 문제가 없다고 판단한다.

남자들의 기억력은 신통치 않다. 그들은 자신이 지난주에 여자에게 좋은 일을 해주었다는 것을 곧잘 잊어버리듯이, 여자가 자기에게 좋은 일을 해주었다는 사실도 금세 잊어버린다. 남자가 여자의 채점표를 이해할 것이라고 생각하지 말라. 그는 물론이고 그의 아버지, 형제, 아들도 그러한 채점표는 없다고 믿는다. 남자들은 자신의 행동이 좋은 점수를 얻고 있다 해도 그것을 전혀 의식하지 못한 채 행동을 계속한다.

남자를 위한 해결책

여자들은 채점을 할 뿐만 아니라 오랜 세월에 걸쳐 그 점수를 합산하며, 또한 절대로 그 점수를 잊어버리는 법이 없다. 남편이 두 달 전에 친정 엄마에게 큰 소리로 불손하게 대답한 것 때문에 오늘밤 그의 섹스 요구를 거절할 수도 있다. 남편의 점수가 형편없다 하더라도 여자는 불평을 하지 않는다. 하지만 그런 점수 차이 때문에 그녀는 쌀쌀해지고, 분노하며 결국에는 부부의 애정생활에 문제가 발생한다. 만약 이런 현상이 벌어진다면 남자는 아내에게 어떻게 해주었으면 좋겠느냐고 물어야 한다. 여자는 남자의 웬만한 행위에 1점을 주고, 부드러운 감정이 깃들인 사소한 일을 해줄 때는 더 높은 점수를 준다. 이것을 반드시 기억해야 한다.

꽃을 가져오는 것, 아내의 용모를 칭찬해주는 것, 옷을 아무 데나 벗어던지지 않는 것, 설거지를 도와주는 것, 구강 청정제를 사용하는 것 등은 월급봉투를 집에 가져오는 것이나 집에 페인트칠을 하는 것 못지않게 더 높은 점수를 받기도 한다. 물론 이렇게 말한다고 해서 남자가 직장에서 칼같이 퇴근해야 한다는 뜻은 아니다. 하지만 아내가 사소한 일을 소중히 여긴다는 사실을 잘 인식하고 그런 일을 충실히 해낼 때 부부생활의 질은 한결 높아진다.

당신의 파트너와 함께 지난 10일 동안 부부관계에 기여한 일들을 기록하고 채점해보라. 브라이언와 로레인이 한 방식을 그대로 취해보라. 테스트의 결과를 잘 평가하여 지금보다 훨씬 행복한 부부관계를 만들어내는 자료로 삼으라. 부부의 점수 차이가 15퍼센트 이내라면 서로 짜증이나 적개심을 느끼지 않는 원만한 관계라 할 수 있다. 점수차가 15 내지 30퍼센트 사이라면 긴장을 일으킬 정도의 오해가 존재하는 것이며, 30퍼센트 이상이면 둘 중 한 사람은 결정적으로 불행하다는 뜻이다.

점수가 많이 모자라는 배우자는 점수를 얻을 수 있는 행동을 많이 함으로써 모자라는 점수를 보충해야 하며, 그렇게 해서 긴장을 완하시키도록 애써야 한다. 지금보다 조금만 더 노력하면 상당히 많은 점수를 얻을 수 있다. 상대방이 당신의 행동을 어떻게 채점하는지 명확히 알기만 하면 된다. 상대방이 사용하는 채점표는 당신 것보다 더 좋다거나 나쁘다는 뜻이 아니다. 단지 서로 다를 뿐이다. 여자들은 그것을 알고 있지만 남자들은 구체적으로 지적해주기 전까지는 잘 모른다. 우리가 브라이언과 로레인에게 이 시험에 참여해주기를 요청했을 때

로레인은 우리가 무엇을 원하는지 정확히 알아차렸다. 그러나 브라이언의 반응은 이랬다.

"예? 채점표요? 그건 도대체 뭐하는 거죠?"

대부분의 남자들처럼 그는 여자들이 채점표를 갖고 있다는 사실을 이해하지 못했다. 부부가 말싸움을 할 때 여자가 제일 먼저 내뱉는 말은 이렇다.

"내가 당신을 위해 이토록 많이 해주었는데… 당신은 아무것도 해주지 않았잖아!"

부부생활이 다른 방향으로 흐르고 있음다는 기분이 들면, 점수가 균형을 이루고 있는지 살펴보아야 한다. 그러기 위해 채점 테스트를 받아보라. 단 둘만 살고 있는 부부는 주택융자 할부금, 아이 셋, 개 한 마리를 두고 있는 부부와는 채점하는 방식이 다를 것이다.

마지막으로, 이 테스트를 받았던 남성 독자 한 사람은 우리에게 이런 편지를 보내왔다. 이 편지에서 그는 여자들이 매일 채점하면서 점수를 더하고 빼는 구체적인 사례들을 열거하고 있다.

친애하는 바바라와 앨런

이 테스트를 해봄으로써 저와 여자친구의 관계는 아주 놀라울 정도로 바뀌었습니다. 우리는 지난 3년을 통틀어 그 어느 때보다도 잘 지내고 있습니다. 여자가 점수를 주는 방식에 관한 나의 체험을 널리 알리고 싶습니다. 감사합니다. _행복한 잭 다음은 일상적인 집안일에 대한 점수이다.

직접 쓰레기를 내놓는다	+1
쓰레기 수거차가 가버린 다음에 쓰레기를 내놓는다	−1
설거지할 그릇이 있을 때마다 식기 세척기 안에 넣는다	+1
그릇을 싱크대에 집어넣는다	−1
그릇을 침대 밑에다 집어넣는다	−3
변기 시트를 세워둔다	−1
한밤중에 변기 시트를 세워둔다(그녀는 임신중이다)	−10
변기 시트에 오줌을 흘린다	−5
변기 밖에다 오줌을 갈긴다	−7
두루마리 화장지가 떨어지면 새것으로 갈아준다	0
두루마리 화장지를 다 썼을 때 크리넥스를 사용한다	−1
크리넥스도 없으면 바지를 발목에 내린 채 다른 화장실로 달려간다	−2
이불을 깔았지만 장식용 베개 덮개 씌우기를 잊어버린다	0
구겨진 시트 위에 이불을 편다	−1
침대에서 방귀를 뀐다	−5
그녀의 차에 기름 가득 넣어준다	+1
가까운 주유소에도 갈 수 없을 정도로 차에 기름이 없다	−1
깊은 밤 소리가 나서 확인해보니 아무것도 아니다	+1
깊은 밤 소리가 나서 확인해보니 뭔가 수상한 것이 있다	+3
그 수상한 것을 다리미로 내리친다	+10
그 수상한 것은 그녀의 아버지였다	−10

다음은 사교상의 문제에 관한 점수이다.

파티 내내 그녀 옆에서 돌봐준다	+5
그녀 곁에 잠시 있다가 학교 동창생에게 가서 대화한다	−2
그 동창생의 이름은 샬롯(여자)이다	−9
사람들과 어울릴 때 그녀를 사랑스럽다는 듯이 쳐다본다	+4
사람들과 어울릴 때 그녀를 "골칫덩어리"라고 소개하면서 그녀의 엉덩이를 툭 친다	−5

다음은 선물에 관한 점수이다.

그녀가 기대할 때만 꽃을 사가지고 온다	0
그녀가 기대할 때도 꽃을 사가지고 오지 않는다	−10
예기치 않은 순간에 그녀에게 꽃을 사준다	+5
직접 딴 야생화 다발을 그녀에게 건네준다	+10
그녀가 그 꽃다발 냄새를 맡다가 왕벌에게 쏘인다	−25

다음은 운전에 관한 점수이다.

여행을 나섰다가 길을 잃는다	−4
방향을 놓쳐서 길을 잃는다	−10
도심의 복잡한 지역에서 길을 잃는다	−15
현지의 운전기사와 언쟁이 붙어 싸움을 한다	−25
태권도 유단자라는 거짓말이 그녀에게 들통난다	−60

여자의 섹스 어필 테스트

Why Men Lie &
Why Women Cry

훌 굴른

결혼 전

남자를 끌어당기는 방법

Why Men Lie &
Why Women Cry

TEST
테스트

사람들이 북적거리는 방안에서 남자와 여자의 시선이 서로 마주쳤을 때, 그 남자는 어떤 반응을 보일까? 이것은 아담이 이브를 처음 만난 이래 여자들이 늘 궁금해하던 사항이다.

"남자가 나를 처음 보았을 때 그의 표정은?"

많은 여자들은 자신의 매력이 어느 정도인지 알고 싶어 한다. 그래서 우리는 당신의 매력점수를 알아보는 테스트를 준비했다. 이 테스트는 오로지 당신의 육체적 모습, 외양, 인상에 바탕을 두고 있다. 당신이 남자를 처음 만났을 때의 매력(혹은 흡인력)을 알아보는 것으로서 여자의 용모, 신체지수, 색깔, 사이즈, 분위기, 몸짓언어 등에 대해 남성의 두뇌가 반응하는 정도를 측정한다. 성격이 매력에 미치는 영향은 나중에 다룰 것이다. 이 테스트는 한 남자가 당신의 사진을 들고서 당신을 평가하는 방식이라고 보면 된다. 질문은 예측 가능한 순서대로 배열되어 있지 않으므로 속일 수 없다.

1 당신의 몸매를 가장 잘 묘사한 것은?

　a. 가늘다/곧다

　b. 운동선수형/근육형

　c. 무겁다/배瓙 모양

2 첫 데이트에 나갈 때 당신은 상대에게
　　깊은 인상을 주기 위해 어떤 옷을 입는가?

　a. 바지나 긴 스커트를 아주 우아하게 입는다.

　b. 편안한 신발에 캐주얼 복장으로 너무 옷맵시를 내지 않는다.

　c. 스마트한 복장을 한다. 짧은 스커트에 굽 높은 구두를 신어서 늘씬한
　　다리를 자랑한다.

3 당신의 신발장에는 어떤 유형의 구두가 대부분인가?

　a. 높은 굽이나 끝이 뽀족한 하이힐

　b. 중간 굽의 유행하는 구두

　c. 낮은 굽이나 굽 없는 구두, 하지만 스타일은 좋은 구두

4 가격에 상관없이 새옷을 마음대로 살 수 있다면
　　다음 중 어떤 것을 선택하겠는가

　a. 모든 문제 부위를 가려주는 길고 물결치는 옷

　b. 나의 매력 포인트를 잘 보여주는 짧고, 꽉 끼며, 깊게 패인 옷

　c. 우아한 맞춤형의 바지정장

5 당신의 허리와 엉덩이 치수를 잰 후 허리-엉덩이 비율을 계산하라. 그런 다음 엉덩이 사이즈로 허리 사이즈를 나누어보라. 가령 당신의 엉덩이가 40인치이고 허리가 30인치라면 비율은 75퍼센트이다.

a. 80퍼센트 이상   b. 65~80퍼센트   c. 65퍼센트 이하

6 다리가 후들거릴 정도로 매력적인 남자에게 이야기할 때 당신은 어떤 자세를 취하는가?

a. 그 남자가 나의 몸매를 살펴보지 않도록 앉는 위치를 선정한다
b. 다리를 꼬지 않고 그의 옆에 가까이 다가선다
c. 그 남자의 시선을 끌기 위해 머리카락을 만지작거리고, 혀로 입술을 핥으며, 엉덩이를 가볍게 흔들면서 내 몸매의 윤곽을 쓰다듬는다

7 낯선 사람에게 당신의 엉덩이를 묘사하라고 부탁한다면 그 사람은 다음 중 어떤 것을 고를까?

a. 옆으로 넓게 퍼졌다
b. 바가지 형태가 전혀 없는 운동선수 스타일
c. 동그란 바가지 형태

8 손으로 당신의 배를 쓸어보면 어떤 느낌인가?

a. 팽팽하다/근육질이다
b. 부드럽다/평평하다
c. 두루뭉실하다/둥글다

9 여자친구들과 밤에 외출할 때 어떤 복장을 하는가?

　a. 몸의 윤곽을 보이지 않으려고 헐렁한 옷을 입는다

　b. 푸시업(위로 밀어올리는) 브래지어를 하거나 가슴이 살짝 보이게 한다

　c. 몸매를 과시하기 위해 몸에 꼭 맞는 옷을 입는다

10 당신의 화장법은 어떤가?

　a. 가장 최근에 유행하는 컬러와 스타일을 사용한다

　b. 자연스러운 표현법을 좋아한다

　c. 내 얼굴은 물감을 풀어놓는 팔레트이다

　　/나는 어느 때든 가장 잘 보이기 위해 화장을 진하게 한다

11 만약 피카소가 당신을 그린다면 당신의 모습은?

　a. 가늘다/모가 났다/근육형이다

　b. 곡선이 많다

　c. 둥글다

12 만약 패션 잡지의 표지 모델이 되어달라는 요청을 받는다면
　　당신은 어떤 자세를 취하겠는가?

　a. 머리카락을 위로 한껏 치켜올리고 어깨 뒤를 바라보는 자세

　b. 양손을 엉덩이에 대고 입술을 내밀면서 등을 뒤로 젖히고
　　엉덩이를 튀어나오게 하는 자세

　c. 엉덩이를 뒤로 내밀고 상체를 앞으로 숙이면서
　　카메라에 키스를 보내는 자세

13 당신의 친구들은 당신의 목을 어떻게 묘사하는가?

　a. 길고 가늘다

　b. 보통의 길이와 굵기

　c. 짧고, 굵고, 단단하다

14 친구들은 당신의 얼굴이 이렇다고 말한다.

　a. 우아하고 강인한 용모

　b. 어린아이 같은 얼굴에 커다란 눈

　c. 평범하지만 따뜻한 얼굴

15 당신은 촛불을 켜놓은 우아한 저녁 파티에 가려고 하는데 섹시하게 보이고 싶다. 어떤 립스틱을 선택하겠는가?

　a. 자연스럽게 보이는 컬러

　b. 선명한 빨간색

　c. 최신 유행하는 컬러

16 당신은 오스카 수상식장에 가려고 한다. 어떤 귀고리를 선택하겠는가?

　a. 다이아몬드 혹은 진주 방울이 있는 귀고리

　b. 아름다운 보석이 달린 중간 크기의 귀고리

　c. 다이아몬드가 여러 개 달린 길게 늘어지는 귀고리

17 남자들은 당신의 눈을 어떻다고 말하는가?

　　a. 크고 아이 같다　　b. 아몬드 형이다　　c. 작고 좁다

18 당신이 만화가라면 당신의 코를 어떻게 묘사하겠는가?

　　a. 크다　　b. 작은 단추 같다　　c. 보통

19 당신의 머리카락의 길이는 어느 정도인가?

　　a. 길다　　b. 보통이다　　c. 짧다

20 당신의 외모에서 풍겨나오는 이미지는?

　　a. 캐주얼　　b. 섹시함　　c. 우아함

★ 당신의 점수 ★

질문 〈1〉 a=5 b=7 c=3　　질문 〈8〉 a=5 b=3 c=1　　질문 〈15〉 a=3 b=5 c=1
질문 〈2〉 a=5 b=3 c=7　　질문 〈9〉 a=1 b=5 c=3　　질문 〈16〉 a=1 b=3 c=5
질문 〈3〉 a=5 b=3 c=1　　질문 〈10〉 a=3 b=5 c=1　　질문 〈17〉 a=9 b=7 c=5
질문 〈4〉 a=1 b=5 c=3　　질문 〈11〉 a=5 b=7 c=3　　질문 〈18〉 a=5 b=9 c=7
질문 〈5〉 a=5 b=9 c=7　　질문 〈12〉 a=3 b=5 c=1　　질문 〈19〉 a=5 b=3 c=1
질문 〈6〉 a=1 b=3 c=5　　질문 〈13〉 a=5 b=3 c=1　　질문 〈20〉 a=1 b=5 c=3
질문 〈7〉 a=3 b=5 c=7　　질문 〈14〉 a=7 b=9 c=5

당신의 섹스 어필 점수는?

이제 점수를 합산하여 당신의 성적매력 점수가 몇 점인지 살펴보자.

100점 이상(성적매력의 화신) 남자들은 당신을 보면 완전히 매혹되어 당신이 하자는 대로 한다. 공사장에서 일하는 사람들은 당신이 지나가면 하던 일을 멈추고 당신에게 휘파람을 불 것이다. 당신은 그냥 걷기만 해도 성적매력이 자연스럽게 풍기고 데이트 상태가 끊어지는 법이 없다. 남자들은 당신을 쳐다보는 것을 좋아하고 당신에게 적극적으로 접근해 온다. 당신은 어떻게 의사를 전달해야 하는지 잘 알고 있으며, 자연스러운 몸짓언어를 사용하여 남자들을 통제한다. 다음 장에서 우리는 왜 당신의 행동이 좋은 결과를 가져오는지 그 이유를 밝힐 것이다. 또한 당신의 점수를 올릴 수 있는 방법을 알려줄 것이다. 당신의 성적매력에 갈채를 보낸다.

66점에서 99점(우아한 여성) 대부분의 여자들은 여기에 속한다. 남자들도 어느 정도 당신에게 매력을 느낀다. 공사장에서 일하는 사람들이 점심식사 중이거나 휴식 중이라면 당신에게 주목할 것이다. 점수가 78점에서 99점 사이라면 몇몇 요소만 개선해도 성적매력의 화신이 될 수 있다. 만약 66점에서 78점 사이라면 몸매에 더 신경 써서 더 좋은 결과를 가져와야 할 것이다. 다음 장에서 남자들이 당신을 보고 첫눈에 매력을 느끼게 되는 방법에 대해 알려주겠다.

65점 이하(당신은 남자와 비슷하게 생겼다) 공사장에서 일하는 사람들은 당신에게 지저분한 농담을 해댈 것이다. 당신은 외모보다 성격이 더 중요하다고 생각하는 부류에 속한다. 어느 정도까지 당신의 의견은 타당한 면이 있지만, 한 가지 문제점이 있다. 유머와 성격으로 남자를 매혹하는 것도 좋지만 그렇게 하려면 먼저 그 남자의 시선을 사로잡아야 할 것 아닌가? 하지만 당신이 그런 의견을 계속 고집하겠다면 할 수 없다. 당신은 자신의 소신을 버리지 않은 채 훌륭한 외모로 가꿀 수 있다. 예를 들어 헬스 클럽에 가입하여 몸매를 가다듬는 것도 한 방법이다. 몸매를 가다듬는 것은 당신의 매력을 높여줄 뿐만 아니라 육체건강에도 좋은 영향을 미친다. 게다가 삶의 보람까지 느낄 수 있다. 당신의 몸매가 아름다워진다면 남자를 매혹시키는 것은 보너스에 지나지 않는다. 당신은 외모에만 매혹되는 천박한 남자가 싫다고 말할 수도 있지만 그런 주장에도 문제가 있다. 가장 지적이고 감수성이 높은 남자라 할지라도 적어도 처음에는 생물학적인 매력으로부터 벗어나지 못한다. 남자들은 여자들의 신호에 반응하게 되어 있다. 그러니 싫든 좋든 이런 사실을 인정하고 외모를 개선하여 남자를 선택할 수 있는 폭을 넓히기를 바란다. 다음 장에서 우리는 당신의 매력을 높이는 방법을 논의할 것이다. 또한 많은 남자들이 당신보다 낮은 IQ를 가진 여자에게 끌리는 이유를 설명하겠다.

섹시한 여성의 파워

Why Men Lie &
Why Women Cry

"난 그런 대로 멋있어요… 내 몸매가 이런 것도 죄가 되나요."
-제시카 래빗-

Why Men Lie &
Why Women Cry

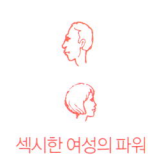

섹시한 여성의 파워

킴과 대니얼은 1년쯤 사귀다가 결혼했다. 그들은 서로 사랑했고 상대방을 완벽한 배우자라고 생각했다. 대니얼은 킴이 자기를 만날 때면 언제나 옷을 잘 차려입고 나오는 것을 좋아했으며, 그녀의 아름다운 용모를 볼 때마다 정말 배우자를 잘 선택했다고 생각했다. 그녀는 대니얼에게 이렇게 말했다.

"자기 때문에 멋지게 옷을 차려입게 되었고, 내가 방 안으로 들어올 때마다 자기가 매혹된 눈빛으로 쳐다보는 것이 너무 좋아."

그러나 결혼 4년 만에 킴은 바뀌었다. 집에 있을 때나 친구들을 만날 때 복장과 외모에 신경을 쓰지 않았다. 킴은 자기가 유부녀이므로 남에게 깊은 인상을 줄 필요가 없다고 생각했다. 옷차림에 신경 쓴다는 것은 시간, 돈, 정력의 낭비라는 것이었다.

 퇴근하여 집에 돌아오면 그녀는 분홍색 가운을 입고 슬리퍼를 끌고 다녔다. 화장은 거의 하지 않았으며 머리도 빗지 않은 채였다. 대니얼은 그녀가 직장에서 받는 스트레스 때문에 그러나 보다고 짐작하면서 곧 나아질 것이라고 생각했다. 하지만 그는 출근할 때는 깔끔하게 차려 입으면서 집에 있을 때는 거의 가꾸지 않는 그녀에게 짜증나기 시작했다. 얼마 지나지 않아 그녀는 외출할 때에도 옷차림에 거의 신경을 쓰지 않게 되었다. 화장을 아예 하지 않았고 다리의 털도 깎지 않았으며 대니얼의 어머니처럼 속이 훤히 보이는 옷을 입고 모임에 나갔다. 대니얼은 속으로 서서히 열이 오르기 시작했다. 아내의 그런 태도는 그에게 이렇게 말하는 것 같았다.

 "자기나 자기 친구들이나 다 별 볼일 없는 사람들인데 내가 굳이 몸단장, 옷단장을 해야 할 이유가 있어?"

 남자는 시각적인 동물이다. 킴의 허술한 외모는 대니얼의 성적매력을 크게 감소시키는 원인이 되었다. 그는 아내와의 섹스를 기피했다. 결혼 후 처음으로 그들의 관계에 금이 가기 시작했고 대니얼은 다른 여자들을 눈여겨보게 되었다. 사무실에 출근하는 많은 여직원들은 잘 어울리는 옷을 입었고 화장도 아름답게 했다. 그녀들과 가벼운 농담을 주고받는 행동은 그의 자존심을 한껏 높여주었다. 또한 집에 가면 보게 될 매력 없는 아내의 모습과 좋은 대조를 이루었으므로 여직원들과 이야기하는 것이 좋았다.

 그는 부부의 이런 황량한 상황에 직접 부딪쳐보리라 작정하고 킴에게 자신의 느낌을 솔직하게 털어놓았다. 킴은 화를 벌컥 내면서 왜 있는 그대로 자신을 사랑해줄 수 없느냐고 항변했고, 돌아서서는 남편이 매우 천박한 남자라고 생각했다. 대니얼은 자신이 왜 그런 느낌을 갖게 되었는지 이유를 몰랐다. 자신의 솔직한 심정을 괜히 털어놓았다고 후회하기 시작했다.

그런 일이 있은 지 6개월 뒤 대니얼은 킴과 헤어졌다. 그는 지금 사무실 동료였던 제이드와 함께 살고 있다. 킴은 모든 남자는 늑대라고 생각하는 사회단체의 여자들과 어울려 지내고 있다.

싫든 좋든 여자들의 외모는 남자들을 매혹시키는(혹은 그런 매혹을 유지하는) 능력에 영향을 준다. 상대를 처음 만나는 사람들의 90퍼센트는 만난 지 4분 이내에 그 사람의 인상을 결정한다고 한다. 또한 그 사람의 육체적 매력은 10초 이내에 평가된다.

이 장에서는 남녀의 매력적인 요소들과 상대방을 끌어당기는 여러 가지 요소들에 대해 검토할 것이다. 캐머론 디애즈나 브래드 피트같이 잘생겨야만 이성을 매혹시킬 수 있다는 뜻은 아니다. 하지만 매혹의 과정을 잘 이해하고 외모를 돋보이게 하는 몇 가지 전략을 실천함으로써 손쉽게 매력적인 존재가 될 수 있다. 생물학적 성gender(남녀의 성적 차이를 뜻하는 사회학적 용어)의 신호는 무의식적 차원에서 작동하기 때문에 인간이면 누구나 어쩔 수 없이 그 신호에 반응하게 된다. 바로 이것이 진화심리학의 주된 주장이다. 다시 말해서 인간의 두뇌에는 조상들의 삶이 형성해왔던 행동 및 반응 패턴이 고스란히 남아 있다는 것이다.

진화생물학은 성적매력에 대해 한결 직접적인(때때로 혐오스러운) 접근 방식을 취한다. 어떤 것이 더 힘이 센지, 아름다움(육체적 매력)에 더 가까운지 등.

이 장에서 우리는 이 두 가지를 검토할 것이다. 더 객관적이고 효율적인 검토를 하기 위해 로맨틱한 사랑, 정치적 균형감각, 개인적 인품은 잠시 접어두기로 하자.

아름다움이란 무엇일까?

꽃이 아름다운 것에는 이유가 있다. 꽃은 파랗게 펼쳐진 초원에서 다채로운 색깔로 자신만의 매력을 발산한다. 꽃은 동물과 곤충에게 자신들의 존재를 널리 알리기 위해 화려하게 피어 있다. "여기에 당신들이 좋아하는 달콤한 양식이 있으니 좀 보아달라"고 말하는 것 같다.

인간도 꽃이 아름답다고 생각한다. 왜 그렇게 생각할까? 그것은 인간의 생존과 깊은 관련이 있다. 인간은 식물과 꽃에 대한 정보를 평가하고 판단하여 먹을 수 있지 아닌지를 결정한다. 즉 어떤 과일이 초록색인지, 혹은 익었는지, 맛이 신지, 독이 있는지, 위험한지 등을 판단한다. 아름다움은 곧 생존에 이롭다는 철학이 인간의 아름다움에도 그대로 적용된다.

모든 사람은 저마다 눈에 띄는 혹은 띄지 않는 특별한 신호를 보내어 미래의 배우자에게 자신이 매력적인 존재임을 알린다. 일종의 암호 메시지인 것이다. 메시지를 받은 상대방은 메시지를 보낸 사람이 자신에게 얼마나 잘 어울리는지 판단한다. 남자의 경우 누군가에게 매혹되는 것은 생물학적 수준에서 이루어진다. 어떤 여자가 자기 유전자를 다음 세대에 잘 전달해줄 수 있는지를 찾고 그런 상대를 만나면 매력을 느끼는 것이다. 여자의 매혹도 생물학적으로 설명할 수 있다. 여자는 아이를 키우는 동안에 식량과 안전을 보장해주는 남자에게 끌린다. 바로 이 때문에 여자는 일반적으로 자기보다 나이 많은 남자에게 매혹되는 것이다.

> 여자가 나이든 남자에게 마음이 끌리는 것은
> 그가 경험도 많고 자원도 풍부하기 때문이다.

남녀 모두에게 이런 매혹의 신호에 반응하는 기능이 두뇌에 새겨져 있다. 아름다움과 성적 매혹은 본질적으로 같다. 그래서 '아름다운'이라는 단어는 '성적으로 자극을 주는'이라는 뜻을 지니고 있었다. 인간은 진화과정에서 "아름다운 용모는 건강하다는 증거"라고 두뇌에 입력시켰던 것이다. 따라서 인간의 아름다움은 생식을 위해 이성을 끌어당기는 데 그 목적이 있다.

어떤 사람에게 "아름답다" 혹은 "매력적이다"라고 말하는 것은 생식을 위해 당신과 섹스를 하고 싶다는 뜻이다.

과학적으로 알려진 것

많은 연구조사 결과(이글리, 애시모어, 마크지, 롱고 등의 여러 학자)는 이러한 사실을 뒷받침해준다. 일반적으로 잘생긴 사람들을 보면 정직, 지능, 친절, 재능 등 좋은 특징들이 연상되는데 이런 연상작용은 거의 무의식적으로 이루어진다.

토론토대학 연구 팀은 1976년 캐나다 연방선거의 결과를 분석했는데, 그 결과 매력적인 후보가 그렇지 못한 후보에 비해 2.5배나 많은 표를 얻었다(에프란과 패터슨). 그 후에 유권자들은 대상으로 추가 조사를 한 결과, 유권자들의 73퍼센트는 후보의 용모가 투표행위와 아무런 상관이 없다고 응답했다. 겨우 8명 중 1명꼴로 용모가 후보를 선택하는데 영향을 미쳤다는 사실을 시인했다. 유권자들은 이성적으로는 용모가 투표행위와 무관하다고 판단하지만, 자신이 무의식적으로 잘생긴 후보를 선택한다는 사실을 모르고 있었다.

> 매력적인 사람은 그렇지 못한 사람에 비해 더 좋은 직장을 얻고,
> 더 많은 봉급을 받으며, 더 쉽게 신용을 얻고,
> 더 빈번하게 규칙을 위반한다.
> 빌 클린턴이 그것을 입증했다.

투표할 때 각 후보의 용모가 크게 영향을 미치지 않는 것이 이상적인 정치 활동이다. 하지만 우리가 그렇든 그렇지 않든 많은 학자들의 연구

는 그것이 사실이 아님을 증명하고 있다. 즉 인간의 두뇌는 외모에 잘 반응하도록 회로 처리되어 있는 것이다. 이쯤해서 외모에 자신이 없는 사람들은 걱정하겠지만 그럴 필요가 없다. 당신은 자기 용모에 대하여 많은 요소들을 통제할 수 있고, 원한다면 그것들을 바꿀 수도 있다. 잘 선택하기만 하면 당신도 얼마든지 매력적인 존재가 될 수 있다.

남자를 매혹시키는 여자의 몸

19세기 서구 남자들이 좋아한 여성의 모습은 창백한 안색, 살짝 바른 립스틱, 여성적인 우아함이 드러나는 몸가짐 등이었다. 이제는 젊고 건강한 육체를 지닌 여성이 인기 있다. 각종 미인 선발 대회에서는 여성의 건강미를 드러내는 매혹적인 몸매를 강조하게 되었다.

> 매사추세츠 종합병원의 두뇌 연구자들이 아름다운 여자들의 사진을 남자들에게 보여준 결과, 그 사진이 코카인과 돈에 민감하게 반응하는 두뇌영역을 활발히 자극한다는 사실을 알게 되었다.

다음의 두 장에서는 남녀가 서로의 어떤 부분을 가장 매력적으로 생각하는지 연구조사한 23개 주요 실험의 결과를 살펴볼 것이다. 이 결과를 토대로 각 신체부위에 우선순위를 매겨보았다. 그런 다음에 왜 그런 매력 포인트가 상대방에게 깊은 인상을 주는지 그 이유를 설명하겠다.

지난 60년 동안 남녀의 매력에 대하여 연구조사한 각종 실험결과는 예전의 결론과 별반 다르지 않다. 다시 말해 화가, 시인, 작가들이 지난 6천 년 동안에 내렸던 결론과 같다. 여성의 외모와 몸매가 여성의 지능이나 기타 자질보다 훨씬 강하게 남자를 사로잡는 힘이라는 사실이다. 이런 결론은 정치적 균형감각을 강조하는 21세기에 들어와서도 크게 달라지지 않았다. 21세기의 남자들도 오래전의 조상들과 마찬가지로 여성에게서 전달되는 감각적인 매력에 마음이 이끌린다. 하지만 남자들은 배우자를 선택할 때는 외모의 매력기준과는 또 다른 기준을 적용한다. (이 점에 대해서는 이 장의 마지막 부분에서 살펴볼 것이다.)

> 아내는 미덕을 기준으로 선택하고 첩은
> 아름다움을 기준으로 선택한다. _중국 속담

또한 여자들이 좋아하는 남자의 매력은 남자들의 생각과 판이하게 다른데, 앞으로 이에 대해서도 살펴볼 것이다. 이 장에서는 여성의 몸은 영원한 성적신호 시스템의 일환으로 진화되어 있다는 사실을 이해하는 것이 중요하다. 달리 말하면 여성의 몸은 남성의 주의를 끌어당기려는 목적과 연계되어 있다.

> 남자들은 두뇌보다 미모가 뛰어난 여자를 더 좋아한다.
> 왜냐하면 대부분의 남자들은 생각하는 것보다
> 보는 것을 더 잘하기 때문이다.

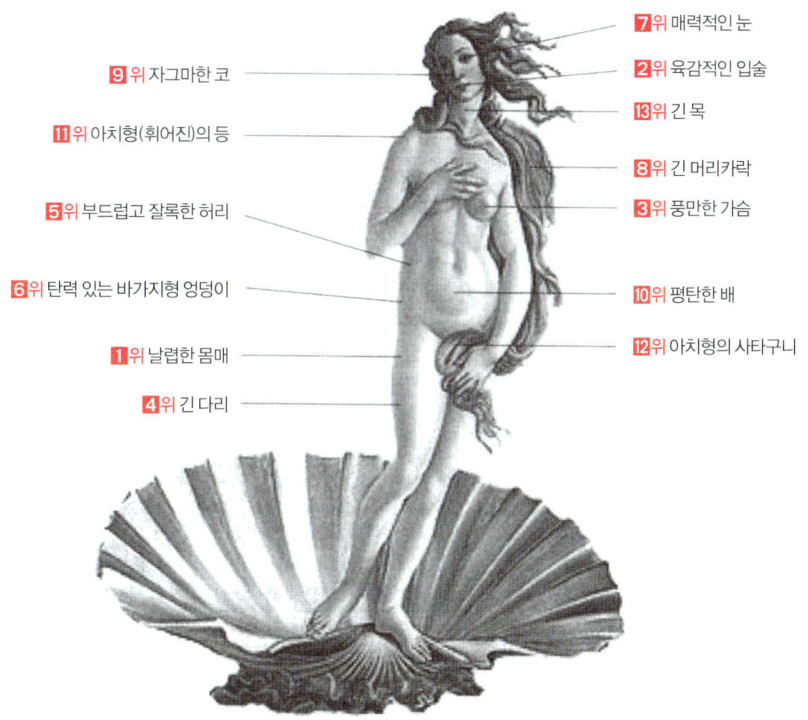

남자들이 여자를 보고 느끼는 매력 포인트의 순서

이 장에서는 신체적 특징과 몸의 지리학을 집중적으로 분석한다는 점에 유념해야 한다. 다시 말해 우리는 미래의 배우자 사진을 보면서 그녀를 평가하는 것처럼 진행할 것이다. 즉 우선 눈에 띄는 용모의 측면만을 검토할 것이다. 배우자의 선택과 관련된 비신체적 요인(정신적인 요인)에 대해서는 이 장의 뒷부분에서 언급할 것이다. 먼저 목 아래의 몸짓언어 신호를 분석한 다음 이 장의 뒷부분에서 얼굴과 관련된 특징을 분석할 것이다.

날렵한 몸매

매력 포인트 1위는 날렵한 몸매가 차지했다. 튼튼하고 날씬한 몸매는 여자가 건강하다는 지표이고, 남자의 아이를 잘 낳아줄 수 있고, 위험한 상황이 발생했을 때 재빨리 달아날 수 있으며, 아이를 잘 양육할 수 있다는 신호이다. 같은 날렵한 몸매라도 남자들은 볼륨이 아예 없는 것보다는 약간 볼륨이 있는 쪽을 더 좋아한다. 성공적인 수유를 위해서는 체내에 약간의 지방이 있어야 하기 때문이다. 세계 최고의 섹스 심볼인 마릴린 먼로는 가슴이 컸고 다리가 약간 굵었다는 것을 아는 여자는 드물다. 남자들이 볼 때 영양분을 제대로 섭취하지 못해 마른 여자는 진정한 섹스 심볼이 될 수 없다.

풍만한 가슴

성적능력과 생식능력이 절정에 도달한 여성(십대 후반과 이십대 초반의 여성)의 가슴은 남자들에게 아주 매력적으로 다가온다. 이런 풍만한 가슴은 남성용 도색잡지에 나오는 여성, 에로틱한 춤을 추는 여성, 섹스어필을 내세우는 여자 모델 등에서 볼 수 있다.

가슴에 둥그런 형체를 주는, 또한 가슴의 대부분을 차지하는 지방조직은 수유와는 아무런 관련이 없다. 원숭이 암컷은 가슴이 없다. 영장류의 가슴은 임신상태에 따라 커졌다 작아졌다 한다. 그러나 여성의 가슴은 늘 그 상태이며 임신기간에 약간의 변화를 보일 뿐이다. 따라서 가슴은 단 하나의 명백한 목적인 성적신호에 봉사하기 위해 존재한다 할 수 있다. 인간이 네 발로 돌아다녔을 때 여성의 매력 포인트 1위는 둥근 엉덩이였다. 이때는 후배위로 생식행위를 했으므로 당연히 엉덩이에 매혹되었던 것이다. 그러나 인간이 두 발로 서서 직립보행을 하면서부터는 가슴이 더 큰 매력 포인트가 되었다. 남자는 정면에서 여자에게 접근했기 때문이다.

깊게 패인 드레스와 푸시업 브래지어는 가슴 사이에 오목한 골을 만들어주면서 성적인 매력을 발산한다. 가슴은 이처럼 네 발로 걷던 시대에 엉덩이가 했던 기능을 넘겨받았다. 어떤 여성은 가슴 사이의 오목한 골에 대하여 이런 설명을 들으면 깜짝 놀라겠지만, 어떤 여성들은 그 성적신호를 아주 적절하게 활용할 줄 안다. 실제로 남자들은 가슴골과 엉덩이의 갈라진 부분을 잘 식별하지 못한다.

동물학자 데스몬드 모리스는 여자 2백 명당 한 명 꼴로 두 개 이상의 가슴을 갖고 있는 사실을 발견했다. 이것은 인간이 다른 영장류와 마찬가지로 자식이 많아서 더 많은 수유기관을 필요로 했던 시절의 잔재라 할 수 있다. 밀로의 비너스 조각상에서도 오른쪽 가슴 바로 위 겨드랑이 가까운 곳에 세 번째 가슴을 발견할 수 있다.

> 왜 남자들은 눈을 맞추는 것을 어렵게 생각할까?
> 왜냐하면 가슴은 눈을 가지고 있지 않기 때문이다.

유두는 젖꽃판이라고 불리는 분홍색과 갈색부분으로 둘러싸여 있다. 이 유두에는 자그마한 선腺들이 연결되어 있는데, 성행위 도중에 이 선에서 향기가 뿜어져 나와 남자의 두뇌를 자극한다. 바로 이 때문에 남자들은 여자의 가슴에 얼굴을 파묻기를 좋아한다.

모든 연구조사에 의하면 남자들은 각종 형태와 크기의 가슴을 사랑하는 것으로 알려졌다. 조그마한 레몬 크기이든 커다란 수박 크기이든 상관없이 가슴이라면 다 좋아한다. 그리고 가슴골도 아주 좋아한다.

긴 다리

굉장히 긴 다리를 가진 여자는 언제나 남자들에게 강한 인상을 남긴다. 여자의 다리가 이처럼 탁월한 성적신호가 되는 이유는 너무나 명백하다. 다리가 길수록 남자가 여자의 다리를 쳐다보는 시간은 길어지고 시간이 길어지수록 그 여자는 더욱 섹시하게 보이는 법이다. 왜냐하면 결국 두 다리가 서로 만나는 지점에 남자의 시선이 이끌리기 때문이다. 만약 여성의 생식기가 겨드랑이 아래에 있었다면 여자의 다리는 전혀 시선을 끌지 못했을 것이다. 그 대신 여성의 이두박근과 삼두박근이 단연 주목의 대상이 되었을 것이다. 그러나 우리가 알다시피 겨드랑이에는 매력적인 그 어떤 것도 없기 때문에 여자에게 긴 팔을 가졌다고 칭찬하는 남자는 거의 없다.

아기는 상체의 길이에 비해 짧은 다리를 가지고 태어난다. 하체와 상체의 비율은 아이일 때는 크게 차이 나지 않는다. 여자가 사춘기에 들어서면 호르몬이 체내에서 활발히 분비되어 성숙한 여인으로 변모하는데, 그 변모과정에서 다리도 빠르게 길어진다. 여자의 긴 다리는 강한 신호를 보낸다. 즉 성적으로 충분히 성숙했으며 이제 임신을 감당할 수 있다고 남자에게 신호를 보내는 것이다. 바로 이 때문에 긴 다리는 강한 성적매력과 연계되어 있다.

> 여자에게 긴 다리는 스타킹의 길이만 늘어나게 하는 것이지만,
> 남자에게 여자의 긴 다리는 천국으로 가는 계단이 된다.

미스 월드나 미스 유니버스 미인대회의 결선에 오른 여자들은 보통 여자들보다 긴 다리를 갖고 있다. 스타킹 제조업체들은 평균보다 긴 다리를 가진 여자들을 광고에 활용함으로써 매출을 올린다. 십대 딸을 둔

어머니는 딸이 너무 짧은 스커트를 입는다고 걱정하지만, 스커트가 짧은 것이 아니라 딸의 긴 다리 때문에 그렇게 보일 뿐이다. 그러나 스무 살이 되면 여자의 전반적인 신체가 골고루 성장하기 때문에 사춘기 시절보다 다리가 10퍼센트 정도 짧아 보이게 된다.

대부분의 여자들은 십대가 되면 무의식적으로 긴 다리의 매력을 감지한다. 그래서 굽 높은 구두를 신고 싶어 하고 추운 날에도 짧은 치마를 입는다. 여자들은 남자들에게 매력적으로 보이기 위해 척추손상과 폐렴의 원인이 되는 하이힐을 감내한다. 남자들은 하이힐 신은 여자를 좋아한다. 십대의 매력적인 다리를 다시 볼 수 있기 때문이다. 하이힐은 다리를 길어 보이게 하고, 등을 약간 휘게 만들어서 엉덩이가 튀어나오게 하고, 골반을 앞으로 내밀도록 하기 때문에 성적 매력을 한결 높여준다. 바로 이 때문에 하이힐 중에서도 얇은 가죽줄에 가느다란 칼 모양의 굽을 댄 하이힐이 탁월한 성적매력의 도구가 되는 것이다.

대부분의 남자들은 가늘고 근육질인 다리보다 둥글고 굵은 다리를 더 좋아한다. 약간의 지방은 남녀의 차이를 강조할 뿐만 아니라 여성의 수유능력을 보여주기 때문이다. 연구조사에 의하면 여성의 드레스 길이와 구두 굽의 높이는 월경주기에 따라 달라진다고 한다. 여자는 배란기에 들어갔을 때 노출이 심한 드레스와 섹시한 하이힐을 선택한다. 어쩌면 이것은 부모에게 좋은 교훈이 될지도 모른다. 생리 후 14일에서 18일 사이에 있는 딸은 집에 잘 모셔놓는 것이 안전할 수 있으므로.

부드럽고 잘록한 허리

　지난 수세기 동안 여자들은 완벽한 모래시계 몸매를 유지하기 위해 온갖 코르셋과 허리 압박장치를 묵묵히 참아냈다. 갈빗대의 비틀림, 호흡곤란, 내장압박, 유산 등의 고통도 마다하지 않았을 뿐만 아니라 심지어 매혹적인 몸매를 얻기 위해 갈빗대를 제거하기도 했다. 19세기에 여성은 가임능력을 과시하는 엉덩이의 크기를 강조하기 위해 버슬(허리받이 : 여성의 스커트 뒤를 볼록하게 하기 위해 허리에 댄 것)을 착용했다. 코르셋은 엉덩이와 쏙 들어간 배를 강조하여 그녀가 임신하지 않았음(다시 말해 앞으로 임신할 수 있음)을 과시했다. 19세기 동안 이상적인 허리수치는 여자의 나이와 일치했다.

야간외출을 준비하는 1890년대의 여성들

가임능력이 있는 건강한 여성은 엉덩이 대 허리의 비율이 70퍼센트이다. 바꾸어 말해 허리 사이즈가 엉덩이의 70퍼센트 수준이다. 역사상 이 수치를 지닌 여자가 남자를 가장 잘 사로잡았다. 그 수치가 80퍼센트를 넘어가면 여성의 성적매력은 반감된다. 위쪽이든 아래쪽이든 차이가 많아질수록 남자는 그 여성에게 흥미를 잃게 된다. 가령 이 비율이 100퍼센트 이상인 여성은 자궁과 난소에 지방이 많이 끼였다는 뜻이고, 가임능력이 불안정하다는 뜻이므로 남자는 당연히 흥미를 잃는다. 그래서 자연은 핵심기관에 지방이 끼지 않도록 배려했다. 심장, 두뇌, 고환 주위에는 지방이 없다. 자궁적출 수술을 받은 여자는 남자들처럼 배에 지방이 심하게 끼는 경향이 있다. 그 여자가 더 이상 생식기관을 갖고 있지 않기 때문이다.

텍사스대학의 진화심리학자 데벤드라 싱 교수는 지난 50년 동안 미스 아메리카 대회의 참가자와 〈플레이보이〉에 나오는 섹시한 여자들의 육체적 매력을 연구했다. 이상적인 섹스 심볼의 평균 체중은 이 기간 동안 약 6킬로그램이 감소했으나 엉덩이와 허리 비율은 70퍼센트로 변하지 않았다. 싱 교수는 남자에게 강한 성적매력을 발산하는 비율은 67에서 80퍼센트라는 사실을 발견했다.

한 아름다운 여자가 수술을 받기 위해 바퀴 달린 침대 위에 누운 채 시골 병원의 마취실로 들어갔다. 간호사가 방 밖으로 나갔고 그 여자는 시트 한 장만 덮은 채 누워 있었다. 하지만 시트는 그녀의 굴곡 있는 몸매를 완벽하게 가려주지 못했다. 하얀 가운을 입은 젊은 남자가 그녀에게

다가와 시트를 들추고 그녀의 완벽한 모래시계형 몸매를 검사했다. 그는 이어 또 다른 하얀 가운을 입은 남자를 불러왔다. 그 남자가 가까이 다가와 시트를 들추고 그녀의 알몸을 면밀히 들여다보았다. 세 번째 남자가 똑같은 절차를 취하려고 하자 그녀는 짜증을 냈다.

"정확한 진단을 내리기 위해 두 번, 세 번 의견을 구하는 것은 좋아요. 하지만 언제 수술을 해줄 건가요?"

첫 번째 남자가 고개를 흔들면서 대답했다.

"잘 모르겠는데요. 하지만 우리는 이 방의 페인트칠을 곧 끝낼 겁니다."

싱 교수는 하나의 실험을 했다. 살찐 여자, 정상체중의 여자, 마른 여자의 사진들을 준비하고 그것을 한 무리의 남자들에게 보여주면서 '매력'이라는 기준에서 평가해달라고 요청했다. 그 결과 정상체중에 70퍼센트의 허리 비율을 가진 여자가 가장 매력적이라는 결과가 나왔다. 살찐 여자와 마른 여자의 그룹에서도 허리가 잘록한 여자가 더 많은 점수를 얻었다.

이 실험에서 주목할 만한 사실은, 설혹 체중이 많이 나간다 해도 70퍼센트 허리 비율을 가진 여자라면 높은 점수를 얻을 수 있다는 것이다. 이것은 모래시계형 몸매의 인기가 여전하다는 점을 보여주며, 코카콜라 회사가 콜라 병은 모래시계 모양으로 만든 이유

꽉 조이는 코르셋과 엉덩이 패드는 여러 나라에서 여성들이 애호하고 있다. 엉덩이를 한쪽으로 기울어지게 하면서 서 있는 자세는 70퍼센트의 엉덩이-허리 비율을 특히 강조하며 강한 성적매력을 발산한다.

를 뒷받침해주는 사례이다. 19세기 프랑스의 화가 오귀스트 르누아르는 비만형의 여자들을 즐겨 그린 것으로 유명하다. 하지만 그의 그림을 자세히 잘 살펴보면 여자들이 하나같이 70퍼센트의 허리 비율을 가지고 있다는 것을 발견할 수 있다.

탄력 있는 바가지형 엉덩이

남자들은 탄력 있는 바가지형 엉덩이를 가장 매력적으로 생각한다. 여자의 엉덩이는 수유에 대비하여 많은 지방을 비축하고 있다. 엉덩이는 낙타의 혹과 비슷한 기능을 갖고 있고 어려운 때를 대비하여 비상식량을 비축해두는 곳이다. 석기시대의 조각이나 그림에는 거대한 엉덩이를 가진 여자(이것을 지방둔증이라고 한다)들이 많이 나온다. 오늘날에도 일부 남아프리카 부족의 여자들 가운데에는 이런 엉덩이를 가진 여자들이 있다. 고대에 툭 튀어나온 엉덩이는 여성의 성적매력을 드러내는 대표적인 표지였다. 고대 그리스는 이런 엉덩이를 높이 평가하여 아프로디테 칼리피고스(아름다운 엉덩이를 가진 여신)의 사당을 지었을 정도이다.

19세기에는 여성이 외출할 때 온몸을 완전히 가리는 것이 하나의 유행이었다. 그래서 젊은 여자들은 온몸을 가린 상태에서 남자들의 시선을 사로잡기 위해 버슬을 착용했다. 그러나 20세기 말이 되어 과도한 지방은 탐식과 건강이 좋지 않음을 보여주는 지표라는 인식이 널리 퍼지자, 젊은 여자들은 엉덩이 사이즈를 줄이기 위해 엉덩이 패드를 하거나 지방 흡입수술을 받았다. 유명 디자이너의 청바지를 입는 것도 하나의 유행이 되었다. 그 바지가 동그랗고 단단한 엉덩이 모양을 강조했기 때문이었다. 하이힐은 여자의 등을 약간 휘게 하고, 엉덩이를 밖으로 내밀게 하며, 걸을 때 엉덩이를 흔들게 하므로 저절로 남자들의 시선을 끌게 했다. 마릴린 먼로는 엉덩이의 흔들림을 강조하기 위해 왼쪽 구두굽을 2센티 정도 잘라냈던 것으로 유명하다.

버슬을 착용한 19세기 여인과 통통한 살로 이루어진 버슬형 엉덩이를 가진 아프리카 미녀. 현대 여성은 이런 거대한 엉덩이가 늘 남자를 사로잡아왔다는 사실을 믿지 못한다. 하지만 오늘날에도 일부 아프리카 국가에서는 이런 엉덩이가 성적매력 포인트가 된다.

평평한 배

여자의 배는 남자보다 동그랗다. 평평하고 매끈한 배는 현재 임신하지 않았고 앞으로 얼마든지 임신이 가능하다는 객관적인 신호이다. 바로 이 때문에 전 세계의 체육관과 요가 수업에서 수많은 여성들이 복근 운동을 하고 있다. 완벽한 배를 만들려고 땀을 흘리는 것이다.

최근 들어 배꼽춤은 하나의 운동으로 인기를 얻게 되었다. 하지만 이 춤의 기원에 대해서 알고 있는 여성은 많지 않다. 이 춤은 원래 하렘의 여자들이 추었다. 춤을 이용하여 주인의 재빠른 사정을 도왔던 것이다. 하와이와 타이티의 골반춤도 이와 비슷한 기원을 갖고 있는데 이들 춤은 오늘날 전통 민속춤이라는 순화된 이름으로 불리고 있다.

아치형의 등

커브(곡선)와 아치(활모양)는 여성성과 다산성을 상징하고, 기하학적이고 네모난 형태는 남성성을 의미한다. 따라서 전 세계의 남자들은 굴곡이 심한 여성을 좋아한다. 여자의 등 윗부분은 남자보다 좁지만 아래쪽은 남자보다 넓다. 또한 여자의 척추 아래쪽은 남자보다 훨씬 휘어져 있다. 이 휘어진 부분을 살짝 더 휘게 하면 엉덩이를 밖으로, 가슴을 앞으로 내밀게 된다. 여자들에게 섹시하게 서 있어 보라고 요청하면, 제일 먼저 취하는 자세는 등의 휘어진 부분을 더 휘게 하고 엉덩이를 한쪽으로 기울이면서 한 손이나 양손을 엉덩이에 올려놓아 엉덩이의 사이즈를 강조할 것이다. 의심스럽다면 친한 여자친구에게 가장 섹시한 포즈를 한번 취해보라고 요청해보라.

기다란 목

남자의 목은 사냥이나 전투 중에 쉽게 꺾이지 않도록 짧고, 굵고, 단단한 구조로 진화해왔다. 이 때문에 길고 가느다란 여성의 목은 성 gender(남녀의 성적 차이를 뜻하는 사회학적 용어)의 차이를 극명하게 보여주는 기호가 되었다. 만화가들도 여성성을 강조하고 싶을 때는 목 부분을 과장한다.

네페르티와 올리브는 기다란 목으로 사랑받고 있다.
오늘날 패션 모델들도 보통 사람들보다 목이 더 길다.

미얀마 카렌 부족의 이 여인에게 행복이란 바로 가장 예쁘게 보이는 것이라고 한다.

은데벨레, 불루, 크소사, 마사이 같은 남부 및 동부 아프리카 부족들의 경우 어린 소녀는 목에다 은고리를 두르는데 나이가 들어 성숙한 여인으로 성장할수록 고리의 숫자가 늘어난다. 이들 문화권에서는 고리에 의해 늘어난 기다린 목이 아름다움의 상징이다. 이 목고리는 머리 아래쪽 부분에 하중을 가하고 빗장뼈를 약간 비틀어지게 한다. 그래서 목이 약 45도 각도로 아래쪽으로 내려오게 된다. 만약 이 은고리들을 모두 제거해 버린다면 길게 늘여진 목은 머리의 무게를 지탱하지 못하여 꺾이게 될 것이다.

얼굴의 성적매력

우리가 매력적인 얼굴에 마음이 끌리는 것은 심리학에 바탕을 둔 것이고 문화적 기원과는 그다지 상관이 없다. 매력적인 여자의 얼굴에서 볼 수 있는 특징은 짧은 아래턱, 섬세한 위턱, 육감적인 입술, 얼굴 길이에 비해 큰 눈 등을 가지고 있다는 점이다. 여기에서 알 수 있는 사실은 남자들은 환한 미소를 지닌 여자를 좋아한다는 것이다. 또한 전 세계의 민족들은 건강한 생식능력을 드러내는 얼굴을 좋아한다. 마지막으로 보편적으로 예쁘다고 평가받는 여자의 얼굴은 어린아이의 얼굴 같아야 한다.

이런 신호들은 남자의 두뇌에 강한 부정父情을 일으켜 그 여자를 만지고, 포옹하고, 보호하고 싶은 마음이 들게 한다. 여자들이 부드러운 동물인형을 충동적으로 사들이는 것은 그런 장난감이 지닌 유아적인 특징이 모성을 자극하기 때문이다.

연구조사에 의하면 남자에게 가장 매력적인 여성의 얼굴은 열두 살에서 열네 살 사이의 얼굴이다. 이 연령대의 소녀는 어린아이 같은 연약함과 성적 성숙함을 동시에 지니고 있다. 바로 이 때문에 여성들은 나이 먹는 것을 불안해 한다. 일부 여성들은 동안이 되고자 성형수술에 의존하기도 한다. 성형외과 의사들은 이런 수술을 할 때 어린아이 얼굴을 모방원판으로 사용하기도 한다.

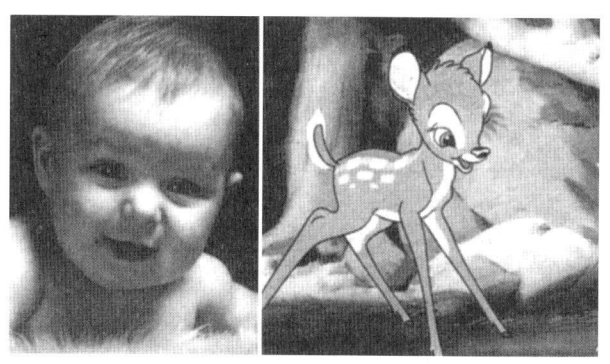

여성들이 값비싼 동물인형을 충동적으로 구매하는 되는 것은
그 인형 속에서 어린아이의 모습을 보기 때문이다.

육감적인 입술

영장류 가운데 인간만이 유일하게 입술이 입의 내부에 있지 않고 외부에 있다. 동물학자들은 여성의 입술이 여성음부의 모상母相으로 진화해 왔다고 믿는다. 둘은 크기와 두께도 비슷하고, 성적으로 흥분하면 피가 몰려드는 것도 유사하다. 그래서 입술은 음부의 모상으로 알려져 있다. 입술의 상태는 남자에게 강력한 성적신호를 보내는데, 이것은 인류가 직립 보행하면서부터 시작되었다.

립스틱은 약 6000년 전 미용실에서 최초로 발명되었다. 이집트인들이 음부의 모상으로 사용했던 것이다. 당시 립스틱은 붉은색 한 가지만 사용되었다. 바로 이 때문에 남자들은 여자의 립스틱과 눈화장을 좋아하게 되었다. 그 둘은 여자가 남자에게 성적으로 관심 있다는 메시지를 전달하는 인공적인 수단이었기 때문이다. 밝은 빨간색 립스틱은 여자들이 즐겨 사용하는 성적 메시지이고, 섹스 심볼을 자처하는 여자들이 즐겨 선택하는 색깔이다.

> 여자의 얼굴은 매일 자신의 자아를
> 그림으로 표현하는 캔버스이다. _피카소

성적 흥분상태나 여성적 매력에 대한 칭찬은 여자의 광대뼈 모세혈관을 자극하여 얼굴에 홍조를 띠게 한다. 그리고 루즈를 바르면 이 상태를 인공적으로 재창조할 수 있다. 페이스 파우더는 더 부드럽고 매끈한 피부를 만들어 젊음, 건강, 좋은 유전자를 과시하게 한다.

지난 수천 년 동안 여자 귓밥의 길이는 성적매력의 표시로 간주되어 왔다. 보르네오의 켈라비트 부족과 아프리카의 케냐부족의 여성은 아직도 귓밥을 길게 늘어뜨리고 있다. 현대의 여성은 길게 매달리는 귀고리를 사용함으로써 이와 비슷한 효과를 낸다. 우리가 컴퓨터 이미지로 테스트해본 결과 여자의 귀고리가 길수록 남자는 그 여자의 성적매력을 인정하는 것으로 나타났다.

페미니스트들은 바로 그 때문에 화장품이나 귀고리 따위는 멀리해야 한다고 주장할지 모른다. 하지만 남자를 사귀고 있는 여자는 이런 도구를 사용했을 때 남자에게 큰 효과를 볼수 있으며, 로맨틱한 만남에도 도움이 된다는 사실을 이해해야 한다. 직장에서 진지하게 일을 해야 하는 여성은 눈화장을 적게 하고 부드러운 립스틱을 바르는 것이 좋다.

보르네오의 켈라비트 여인들은 길게 늘인 귓밥을 매력적이라고 생각했다.
현대 여성은 기다란 귀고리로 그와 유사한 효과를 내고 있다.

눈화장이나 립스틱을 너무 지나치게 짙게 하면 남성 고객의 시선을 엉뚱한 곳으로 돌리고, 여성 고객의 경쟁심리를 유도할 수 있기 때문이다.

매력적인 눈

전 세계적으로 남자들은 여자의 커다란 눈을 매력의 원천이라고 생각한다. 화장은 눈을 더욱 커 보이게 하고 어린아이 같은 천진스러운 얼굴로 만들어준다. 만약 하관에 비해 눈이 크다면 남자들에게 보호본능을 불러일으킬 것이다. 여자들은 자신이 매력적이라고 생각하는 남자를 만날 때면 마스카라, 아이섀도, 아이라이너 등으로 눈을 치장한 후 약속장소에 나갈 것이다. 콘택트렌즈를 낀 여자의 눈은 반짝거리고 동공이 확대되는 착각을 불러일으킨다. 우리가 《바디랭귀지》라는 책에서 보고한 바와 같이 남자가 콘택트렌즈를 낀 여자의 눈을 매력적이라고 생각하는 이유도 바로 그 때문이다. 남자들은 부드러운 눈빛을 지닌 여자를 좋아한다. 백인 남자들은 어린아이와 같은 푸른 눈을 가장 좋아하는 것으로 나타났다.

현대 여성은 1920년대에 대규모로 취직하게 되면서 화장품을 사용하기 시작했다. 그 이후로 여성 화장품의 산업의 규모는 전 세계적으로 확대되면서 이제 연간매출 50조 달러에 이를 정도가 되었다. 화장의 목적은 단 한 가지, 얼굴의 성적신호라는 환상을 창조하기 위해서이다. 오늘날 맨얼굴로 외출하는 여자들은 거의 없다. 화장을 하지 않으면 얼굴이 추하다고 생각하여 화장을 꼭 갖춰야 할 하나의 가면으로 여기기도 한다. 원래 화장의 목적은 여자의 얼굴을 더 매력적이고 신비하게 만들기 위한 것이었는데, 이제는 은폐용으로 사용한다. 남자들은 너무 진한 화장보다는 자연스러운 화장을 더 좋아한다.

자그마한 코

자그마한 코 또한 유년시절을 연상시키기 때문에 남자들의 보호본능을 이끌어낸다. 만화가들은 이 점에 착안하여 커다란 눈에 작은 코를 가진 여주인공을 자주 그린다

> 밤비, 바비, 미니 마우스는
> 모두 조그마한 코를 가지고 있다.

여자 모델 가운데 코 큰 여자는 단 한 명도 없다. 성형외과 의사들은 코의 각도를 35 내지 40도 정도로 해서 어린아이 같은 분위기를 만들어낸다. 남자 배우들도 21세기의 새로운 양성 이미지에 부합하기 위해 코를 낮추는 수술을 하고 있다.

긴 머리카락

만약 사람의 머리카락을 자라는 대로 내버려둔다면 110센티미터까지 자랄 수 있다고 한다. 머리카락 한 올의 수명은 6년이고 하루에 80에서 100올 정도의 머리카락이 빠진다. 인간은 다른 동물들과는 달리 털갈이를 하지 않는다. 금발은 14만개, 갈색 머리는 11만 개, 빨간 머리는 9만 개의 머리카락으로 이루어져 있다. 금발의 여자는 갈색 머리의 여자보다 높은 에스트로겐 수치를 보이는데, 바로 이 때문에 금발이 남자들에게 강한 매력 포인트가 된다. 남자들은 금발을 높은 가임 능력으로 해석한다.

지난 수천 년 동안 긴 머리카락은 여성성을 상징해왔다. 머리카락은 신체 해부학적으로 남녀의 차이에 아무런 영향을 미치지 못하지만, 사도 바울이 고린도전서(11장 14절에서 15절까지)에서 남자는 하느님의 영광을 드러내기 위해 머리를 짧게 여자는 남자의 영광을 드러내기 위해 길게 기르라고 말한 이래 머리카락은 남녀를 구별해주는 요소가 되어왔다. 사도 바울이 그런 말을 한 지 2000년이 흘렀고, 남녀가 동등한 시대가 도래했지만 짧은 머리와 긴 머리의 관습은 비교적 그대로 유지되고 있다.

우리는 5,214명의 영국 남자들을 대상으로 여자의 긴 머리와 짧은 머리 중 어느 쪽이 성적으로 더 끌리는지 물어보았다. 결과는 예측대로였다. 74퍼센트가 긴 머리카락이 더 매력적이라고 대답했고, 12퍼센트만이 짧은 머리카락을 더 선호했으며, 나머지는 응답하지 않았다. 고대에는 길고 윤기나는 머리카락이 건강한 몸 상태를 말해주는 지표였고 또한 그런 머리카락을 가진 여자가 자식을 잘 낳을 수 있다고 믿었다.

긴 머리카락은 육감적인 분위기를 자아내는 반면 짧은 머리카락은 좀 더 진지한 분위기를 준다. 따라서 남자들에게 한껏 매력을 발산하고 싶은 여자라면 머리카락을 길게 기르는 것이 좋고, 비즈니스 분야에서 맹렬하게 활동하고 싶은 여자라면 짧게 하는 것이 좋다. 남자들이 장악하고 있는 비즈니스 분야에서 고위직 여성이 육감적인 분위기를 발산한다면 손해볼 가능성이 많기 때문이다. 세계에서 가장 인기 있는 두 여성인 파멜라 앤더슨과 안나 쿠르니코바는 이런 의미에서 대통령이 되기는 힘들 것이다.

성적매력과 포르노의 상관성

포르노를 열심히 보는 사람들은 대부분 남자이다. 그래서인지 인터넷 포르노그래피 사이트의 99퍼센트는 남성을 주고객으로 겨냥하고 있다. 반면에 대부분의 남자 누드 사진은 게이를 겨냥하고 있다. 남자들은 여자의 포르노를 보고 있을 때 그 여자가 요리를 할 줄 아는지, 피아노를 칠 줄 아는지, 세계평화를 위해 노력할 자질이 있는지 따위는 생각하지 않는다. 오로지 여자의 몸매와 곡선에만 관심이 쏠려 있고, 그 여자가 자기 유전자를 후대에 얼마나 잘 전달할 수 있는지에만 온 신경이 집중되어 있다. 그 여자가 좋은 성품을 갖고 있으리라는 기대는 눈곱만큼도 하지 않는다. 그러므로 인터넷에서 아름다운 몸매와 곡선을 지닌 여자 사진을 열심히 찾는 남자들의 행위를 여자들은 이해해주어야 한다. 과거의 남자들은 주로 그림을 통하여 여자의 알몸을 감상했다. 벗은 여자의 몸을 조각하고, 스케치하고, 그림으로 그리는 예술가는 거의 남자였다.

> 남자들은 르네상스 시대의 예술작품을 좋아한다.
> 그 시대에 여자 알몸을 조각한 작품이
> 많다는 사실과는 아무런 상관이 없다.

많은 여자들이 이렇게 주장한다. "여자 알몸을 그린 노대가들의 그림을 예술이라고 말하는 남자들은 실제로는 포르노를 말하고 있을 뿐이다"라고. 제시카 래빗이 그린 데생만 보고서도 군침을 흘리는 남자들은 예술작품이 아닌 포르노를 보고 있을 따름이라는 것이다. 남자들에게는 여자의 몸매가 그처럼 중요하다.

여자들의 옷차림은 남자들에게 어떤 영향을 줄까?

여자의 외모에 대해 논의하려면 의상의 역사를 이해해야 한다. 지난 여러 세기 동안 여성 의상은 성적매력을 강조함으로써 구혼자의 시선을 끌려는 데 목적이 있었다.

1960년대에 여성 해방운동이 벌어지기 전까지, 여자들은 남자를 매혹시키려는 의도로, 또는 다른 여자보다 눈에 띄려는 목적으로 옷을 입었다. 페미니즘은 남자에게 어필하기 위해 옷을 차려입는 것은 이제 무의미하다고 여자들에게 가르친다. 외모보다 내면이 더 중요하다는 가르침은 전 세계 수백만 명의 여성을 사로잡았다. 그 결과 여자들은 남자들의 눈에 잘 보여야 한다는 억압적인 의무감으로부터 해방될 수 있다고 생각하게 되었다.

펑크와 그런지(넝마주이 복장) 스타일은 왜 등장했을까. 남자들에게 잘 보이려는 여성적인 옷차림에 도전해야 하고, 남녀가 외양에서 동등해질 권리가 있다는 사실을 주장하기 위해서였다.

이런 반反 매력을 호소하는 의상철학은 더욱 극단적으로 발전했고, 1990년대에 이르러서는 여성스럽지 않은 깡마른 패션모델들을 탄생시켰다. 모델들은 검은색 립스틱을 바르고 마치 환각제를 먹은 사람처럼 눈 밑에 짙은 그림자를 그려 넣었다. 하지만 이런 모습은 남자들에게 별로 인기가 없었다. 남자들은 패션쇼는 거의 구경하지 않지만 미스 유니버스 미인대회가 열리면 구경꾼의 70퍼센트 이상이 남자일 정도로 여성적인 매력이 물씬 풍겨나는 대회에는 관심이 많다. 자기 두뇌를 자극하는 여자들의 성적매력에 흠뻑 취하기 위해 몰려드는 것이다.

현대 여성은 비즈니스 복장과 비즈니스 복장이 아닌, 두 가지 복장에 대해 기본적인 규칙을 갖고 있다. 비즈니스 복장은 일할 때 경쟁에서 우위를 점하기 위한 수단으로써, 이 복장을 입은 여성은 자신의 성공, 힘, 중요성 등을 과신함으로써 다른 여성들을 압도할 수 있다.

성공적인 비즈니스 복장은 의외로 간단하다. 거래처 사람이 당신이 어떤 복장을 하기를 바라는지 잘 꿰뚫어볼 수 있으면 된다. 즉 당신의 화장, 보석, 헤어스타일, 의상 등이 당신의 사업과 어떤 관계를 맺고 있느냐가 중요하다. 만약 당신이 남자들에게 기술적인 지식 혹은 경영관리의 전문지식을 판매해야 하는 사업에 종사한다면, 우리가 지금껏 논의해온 성적매력을 발산하는 옷차림은 필요 없다. 그러나 모발 화장품, 화장, 패션 복장 등 여성적 이미지를 판매하는 사업에 종사한다면 지금까지 논의해온 성적신호들을 효과적으로 활용하면 된다.

성형수술

오늘날 많은 사람들이 아름다운 외모를 갖기 위해 성형수술을 한다. 미국에서만 해마다 100만 명이 넘는 사람들이 수술대에 눕는다. 사람들이 성형수술을 하는 이유는 우리가 지금껏 논의해온 성적신호를 더 멋지게 발산함으로써 자신감을 높이고 이미지를 높여보자는 데 있다. 따라서 저명인사들이 성형수술의 주된 고객이 된다.

마이클 더글러스는 눈가의 주름을 폈고, 파멜라 앤더슨은 유방확대 수술을 했다. 마이클 잭슨과 셰어는 얼굴 전체를 뜯어고쳤다. 그 결과 두 사람은 햇빛을 정면으로 받으면 안 되고 뜨거운 열기구 근처에 가서도 안 된다. 세계에서 가장 섹시한 여자는 아프가니스탄 어딘가에 사는, 부르카(아프간에서 여자들이 입는 전통의상) 밑에 자신의 몸매를 가리고 있는 여자일지도 모른다. 하지만 우리는 결코 그런 사실을 알지 못할 것이다. 우리가 보고 듣는 바에 의하면, 섹시하다는 것은 유명한 디자이너의 의상, 영양사, 메이크업 아티스트, 안무가, 뛰어난 성형 외과 의사 등의 도움을 받아야 하기 때문이다.

성형수술은 새로운 것이 아니다. 지방흡입술과 유방 확대술이 도입되기 몇 세기 전부터 종아리가 빈약한 남자는 덧댄 스타킹을 신었고, 통통한 몸매를 가진 여자는 16인치 코르셋을 착용했다. 그리고 버슬은 여자들의 엉덩이를 톡 튀어나오게 했다. 심지어 헨리 8세도 매독에 걸린 자그마한 페니스를 크게 보이도록 하기 위해서 코드피스를 착용했다. 그는 프랑스 국왕과 경쟁하기 위해 그것을 착용했는데, 헨리 8세의 코드피스에는 보석과 문장이 장식되어 있었다.

헨리 8세와 마찬가지로, 스페인의 돈카를로스는 아주 커다란 코드피스(바지 앞주머니)를 차고 다녔는데, 그가 방에 들어가면 코드피스가 먼저 방으로 들어갔다 한다.

보통 사람들은 일주일에 500회 정도 잡지, 신문, 텔레비전 등에 나오는 완벽한 인간의 이미지를 보게 된다. 이런 이미지들은 대부분 에어브러시, 과장된 메이크업, 컴퓨터 그래픽, 특수 조명효과 등으로 조작된 결과물일 뿐 실제 모습은 아니다. 만약 당신의 얼굴에 상처, 반점 등 특별히 꺼려지는 잡티 따위가 있다면 성형수술로 제거하는 것도 좋다. 이런 수술을 받은 사람들은 그 결과에 만족한다고 보고하고 있다.

일본에서 가장 유행하는 성형수술은 눈을 넓혀서 백인처럼 보이게 하는 수술이다. 백인은 눈꺼풀이 두 개인데 일본인은 세 개인 것으로 알려져 있다. 성형수술은 이 세 번째 눈꺼풀을 제거하여 눈을 크게 만들어준다. 하지만 다음과 같은 사실을 정확히 인식할 필요가 있다. 성형수술은 당신을 더 나은 사람으로 만들어주지도 않고, 더 사랑받는 사람으로 바꾸어주지도 않으며, 인생의 여러 가지 문제를 해결해주지도 않는다. 용모에 따라 남을 판단하는 사람은 그 자신도 낮은 자기 이미지 때문에 고민하고 있는 경우가 많다. 그러므로 매력을 다른 측면에서 찾을 필요가 있다.

매력의 다른 측면

우리는 《말을 듣지 않는 남자, 지도를 읽지 못하는 여자》에서 1만 5000명의 남녀를 상대로, 배우자를 찾을 때 가장 먼저 보는 것을 설문조사한 결과를 다룬 바 있다. 다음은 그 리스트이다.

a. 첫 번째 만난 여자	b. 장기적인 파트너를 찾을 때
1. 좋은 용모	1. 성격
2. 멋진 몸매	2. 좋은 용모
3. 가슴	3. 두뇌
4. 엉덩이	4. 유머

남자가 제일 먼저 보는 것

a는 우리가 이미 알고 있는 것을 보여주고 있다. 남자들은 시각적인 존재이기 때문에 매력적인 여자를 바라보는 것을 좋아한다. 대부분의 여자들은 이 사실을 알고 있고, 과학적인 연구에서도 이 사실이 확인되었지만 발표를 미루고 있을 뿐이다. 대부분의 페미니스트들은 외양으로 여자를 판단한다는 것을 혐오하며 그런 남자들을 천박하게 여긴다. 하지만 그렇다고 해서 여자를 처음 만났을 때 시각적으로 접근하는 남자의 태도가 바뀌는 것은 아니다. a의 사항은 확실히 시각적인 측면에 편향되어 있다. 따라서 하룻밤의 정사에서는 틀림없이 a와 같은 요소가 결정적으로 작용할 것이다.

하지만 b는 사정이 다르다. 남자들은 장기적인 파트너를 찾을 때 좋은 용모 이외에 다른 여러 가지 사항도 고려한다.

> 성적매력은 당신이 가지고 있는 것이 50퍼센트, 그리고 남들이 당신에게 있다고 생각하는 것이 50퍼센트이다. _ 자자 가르보

이 조사는 두 가지 사실을 보여준다.

첫째, 남자들은 여자와 처음 만날 때 전반적인 시각적 이미지에 집중한다. 여자의 좋은 몸매보다는 여자의 전반적인 분위기를 더 중시하는 것이다. 따라서 여자가 몸무게가 약간 더 나가거나, 여드름이 있거나, 가슴이 작다고 해도 의상, 화장, 분위기 등으로 얼마든지 남자들의 시

선을 끌 수 있다.

둘째, 장기적인 파트너를 찾을 때 남자들은 여자의 전반적인 성격, 지능, 유머 감각 등에 더욱 관심이 많다(물론 '좋은 용모'도 리스트에 들어있다). 따라서 당신은 자신의 용모를 잘 통제하는 한편 이런 측면(성격,지능,유머)을 더욱 돋보이게 가꾸어 남자들의 시선을 끌 수 있다.

> 여자에게 유머 감각이란 농담을 잘하는 것이 아니라
> 남자의 농담에 잘 웃어줄 수 있는 것이다.

남자들은 시각적인 측면을 매우 중요시하기 때문에 결혼 후 아내가 외모를 얼마나 잘 가꾸는지를 남편에 대한 존경심과 애정의 척도로 생각한다. 아내가 외모 가꾸기에 시간을 많이 할애하면 '여전히 내 시선을 받아보려고 애쓰는군' 하고 생각한다. 이혼소송에서 남자들이 털어놓는 가장 큰 불평은 결혼 후 아내가 외모에는 좀처럼 신경 쓰지 않았다는 점이다. '이제 결혼했으니 용모단장 끝!' 하고 외치는 듯한 인상을 받는다는 것이다. 대부분의 남자들은 직장에 갈 때만 화장하는 아내에게 환멸을 느낀다. 하지만 여자들은 남자의 그런 태도를 잘 이해하지 못한다. 여자는 남자의 용모와는 상관없이 그를 사랑하기 때문이다.

당신의 외모는 상대의 반응과 태도에 커다란 영향을 미친다. 당신의 이미지와 행동에도 영향을 미친다. 당신의 할머니는 아마 이렇게 말했을 것이다.

"책을 껍데기만 보고서 판단해서는 안된다."

하지만 현실은 어떤가. 사람들은 껍데기만 보고 판단한다. 당신의 외모를 구성하는 많은 요소들은 대부분 당신이 통제할 수 있는 것들이다. 대학에서는 걷기, 앉기, 말하기, 옷 입기, 화장하기 등 대인관계 및 화장술을 가르치는 강좌를 개설하기도 한다. 서점에도 이 분야의 책들이 넘쳐난다. 대형 백화점들은 고객에게 화장술을 가르치는 공짜 메이크업 서비스를 실시하고 있고, 옷가게는 멋진 옷을 골라 입는 방법들을 가르쳐준다. 좋은 헤어 디자이너는 당신에게 헤어스타일에 대해서 조언을 해준다. 치과의사는 치아를 교정해줄 수 있다.

체중도 얼마든지 통제할 수 있다. 음식 전문가를 만나서 훌륭한 식습관에 대해 조언을 받고 헬스 클럽에 가입하여 열심히 운동하며 아름다운 몸매를 갖게 될 수도 있다. 정말 필요하다고 생각한다면 생일기념으로 코를 높이는 수술이나 유방을 확대하는 수술을 받을 수도 있다. 이제 당신은 얼마든지 당신이 원하는 외모를 추구할 수 있게 되었다.

> "내가 늙어서 백발이 된 다음에도 나를 사랑해줄 거지?" 그녀가 물었다
> "당신을 사랑할 뿐만 아니라" 그가 말했다.
> "당신에게 안부편지도 보낼거야."

모든 여자들이 용모에 집착해야 한다고 주장하는 것은 아니다. 하지만 타고난 외모를 잘 가꾸어서 자기를 돋보이게 하려는 노력은 꼭 필요하다. 헬레나 루빈슈타인이 말한 것처럼 "못생긴 여자는 없고 단지 게으른 여자만 있을 뿐"이다. 더욱 중요한 사실은 폭넓은 지식을 쌓음으

로써 매력적인 존재가 될 수 있다는 것이다. 사람들은 누구나 다양한 화제에 대하여 폭넓게 대화할 수 있는 사람을 좋아한다.

현재 인기 있는 팝송 리스트를 한번 살펴보라. 그러면 가장 인기 있고 잘 팔리는 음반이 반드시 일류 음악가가 제작한 것이 아님을 알 수 있다. 소비자가 원하는 음악이 무엇인지 파악하고, 그것에 맞추어 가사와 곡을 쓴 음반들이 날개돋힌 듯 팔리고 있다. 집에 앉아서 기회를 기다린다고 세계적으로 훌륭한 음악가가 될 수는 없다. 마찬가지로 인기와 매력도 따지고 보면 자기 노력에 달려 있지, 타고난 자질에 달린 것이 아니다.

남자들은 멋진 가슴을 지닌 여자에게 마음이 빼앗기고 여자는 무쇠 같은 이두박근에 정신이 홀린다고 하지만, 연구조사에 의하면 결국 장기간의 남녀관계는 물질보다는 마음이다. 즉 남녀관계에서 가장 중요한 요소는 자신감에서 우러나오는 내면의 빛이라 할 수 있다. 성적, 정서적, 직업적 자신감이 무엇보다 중요하다. 달리 말해 당신이 정말 흥미진진한 사람이라면 그 누구도 당신의 외적인 단점에 주목하지 않는다.

우리의 대비책

여성의 외모는 남녀관계가 지속되는 그 어느 시기든 남자를 매혹시킬 수도 있고 혐오감을 줄 수도 있다. 많은 여성이 이런 사실에 분개한다. 남자가 백발에 주름이 있다면 현명한 노인이라고 간주하고, 여자가 그런 상태라면 추한 노파라고 비하하는 것은 부당하다며 말이다. 하지만 그것이 인생의 현실이다. 비유적으로 말하면 천둥과 비바람을 동반한 악천후와 비슷한 것이다. 그런 날씨에 대하여 분개하면서 그것이 부당하니 비난해야 한다고 말하는 것은 정말 우스꽝스러운 일이다. 날씨는 그저 날씨일 뿐이다. 당신이 그 날씨를 어떻게 생각하느냐와는 무관하게 날씨는 존재한다.

날씨를 있는 그대로 받아들인다면 우산, 외투, 모자, 장갑, 선탠로션을 준비할 것이다. 이런 식으로 대비하면 그 어떤 날씨라도 즐기면서 좋은 시간을 보낼 수 있다. 하지만 집안에 틀어박혀서 당신이 바꿀 수 없는 것에 불편을 터뜨린다면 오히려 시간만 무의미하게 흐를 뿐이다. 즉 상황은 변하지 않는다. 남자들의 연구조사도 그와 비슷하다. 그런 사고방식과 싸우지 말라. 오히려 그것을 잘 관리하는 쪽에 힘쓰라.

만약 당신의 외모 중 마음에 들지 않는 부분이 있다면 그것을 과감히 바꾸어보라.

남자의 섹스 어필 테스트

Why Men Lie &
Why Women Cry

맥주 대신 우유를 많이 마신 남자에게 생긴 일

Why Men Lie &
Why Women Cry

TEST
테스트

성적매력의 측면에서 당신은 여자들로부터 어느 정도의 점수를 받는가? 여자들은 당신을 매력적이라 생각하는가, 혐오스럽다고 생각하는가? 당신의 성적매력 점수를 알아보기 위해 이 테스트를 받아보라.

다음 장에서는 여자가 남자에게서 찾는 성적매력을 검토할 것이다. 이 테스트는 당신이 여자를 만날 때 얻을 수 있는 신체적, 비신체적 점수에 바탕을 두었다. 먼저 당신이 이 테스트를 받아보고 그 다음엔 여자 친구들이 당신에게 어느 정도의 점수를 주는지 알아내어 테스트 결과와 비교해보라.

1 당신이 "블라인드 데이트"라는 TV 프로그램에 출연했는데, 여자 쪽에서 당신의 몸매 유형을 말해보라고 요청한다. 어떻게 대단 하겠는가?

    a. V자 형태   b. 직사각형   c. 원형

2 나는 남자라면 이렇게 해야 한다고 믿는다.

    a. 100퍼센트 일부일처제

    b. 책임과 약속을 지켜야 한다. 그러나 가끔 외도를 하는 것은 지속적인 남녀관계에 도움이 된다

    c. 책임과 약속을 지키지 않는다/미래에는 자유로운 남녀관계가 표준이 될 것이라고 생각한다.

3 여자에게 당신의 엉덩이를 묘사하라고 한다면 어떻게 하겠는가?

    a. 아주 넓다   b. 작고 단단하다   c. 얇고 평평하다

4 머리카락의 정도는?

    a. 절반은 없다   b. 머리숱이 많다   c. 대머리

5 여자에게 당신의 입술을 묘사하라고 한다면 어떻게 묘사하겠는가?

    a. 멋지다   b. 보통이다   c. 자상하다

6 당신은 어떤 유머 감각을 가지고 있는가?

    a. 유머는 자신 없다

b. 나는 파티에 가면 중심 인물이 된다.

   c. 겨우 구사하는 형편이다

7 여자에게 당신의 눈을 묘사하라고 한다면 어떻게 묘사하겠는가?

   a. 초연하다/차갑다

   b. 재미있다/장난기가 있다

   c. 자상하다/친절하다

8 거울을 보고 당신의 턱과 코를 묘사해보자

   a. 턱이나 코 모두 보통이지만, 얼굴과 그런대로 잘 어울린다.

   b. 코는 크고, 턱은 튀어나왔다

   c. 코와 턱 모두 조그맣다

9 당신의 넓적다리를 묘사해보라.

   a. 근육질이다/각이 졌다

   b. 가늘고 길다

   c. 둥근 형이다

10 당신의 소득은 어느 정도인가?

   a. 평균 이하다. 하지만 나는 파트 타임으로 일하는 것을 좋아한다

   b. 내 나이와 경력에 비해 평균 정도에 속한다

   c. 평균보다 훨씬 많다

11 당신의 허리 사이즈를 재고 그것을 엉덩이 사이즈로 나눈 다음 100을 곱해보라. 예를 들어 당신의 허리가 36인치이고 엉덩이가 42인치라면 그 수치는 85.7퍼센트가 된다. 당신의 수치는 얼마인가?

a. 100퍼센트 이상이다

b. 85 내지 95퍼센트 정도이다

c. 85퍼센트 이하이다

12 만약 여자가 당신의 배를 쓰다듬는다면 여자는 어떤 느낌을 받을까?

a. 미셸린 타이어를 두른 느낌

b. 근육질

c. 축 늘어진 평면

13 페니스 사이즈가 정말 중요한가? 나는 여성들이 페니스 사이즈를 이렇게 생각한다고 본다.

a. 중요하지 않다

b. 보통이다

c. 아주 중요하다

14 당신은 파티에 초대받았는데 거기에 아름다운 여자들이 많이 올 것이라는 얘기를 들었다. 당신은 어떤 옷을 입고 가겠는가?

a. 정장에 반짝거리는 구두

b. 운동화에 트레이닝 복

c. 청바지에 셔츠, 그리고 캐주얼 구두

15 여자가 화를 내거나 슬퍼하거나 불안해하면 나는 이렇게 한다

a. 눈치채지 못한다

b. 곧바로 알아차리고 다음 행동을 준비한다

c. 그녀와 한참 얘기하고 나서야 알아차리게 된다

16 사회생활을 할 때 나의 얼굴은 어떤 모습인가?

a. 수염을 기른다

b. 깨끗이 면도한다

c. 3일 정도 면도를 하지 않는다.

17 당신의 화제는 얼마나 넓은가?

a. 나는 사람, 장소, 사물에 대하여 많은 것을 알고 있다

b. 나는 깊이는 없으나 다양한 소재에 대해 잘 알고 있다

c. 나는 내 전공 분야만 잘 안다.

★ 당신의 점수 ★

질문 〈1〉 a=7 b=5 c=3	질문 〈7〉 a=1 b=4 c=5	질문 〈13〉 a=5 b=3 c=1
질문 〈2〉 a=9 b=1 c=0	질문 〈8〉 a=3 b=5 c=1	질문 〈14〉 a=5 b=1 c=3
질문 〈3〉 a=3 b=7 c=5	질문 〈9〉 a=5 b=3 c=1	질문 〈15〉 a=1 b=9 c=7
질문 〈4〉 a=3 b=5 c=4	질문 〈10〉 a=3 b=5 c=9	질문 〈16〉 a=3 b=4 c=5
질문 〈5〉 a=3 b=1 c=5	질문 〈11〉 a=3 b=7 c=5	질문 〈17〉 a=9 b=7 c=3
질문 〈6〉 a=1 b=9 c=4	질문 〈12〉 a=1 b=5 c=4	

자, 이제 점수를 합산하여 당신의 성적매력을 살펴보라.

90점 이상(세련된 남자)   와우! 당신은 여자를 끌어당기는 자석 같은 남자이다. 당신은 여자들에게 멋진 신호를 보내며 또 여자들을 뇌쇄시키기 위하여 어떤 면을 강조해야 하는지 잘 알고 있다. 하지만 당신의 외모를 너무 완벽하게 하지는 말아야 한다. 너무 완벽할 경우 여자들은 혹시 꾸민 것이 아닐까, 너무 자기중심적인 남자가 아닐까 하고 생각하기 쉽다. 사실 여자는 남자의 자기중심적인 태도를 가장 혐오한다. 여자는 자기에게 관심 많은 남자를 좋아하지 않는다. 그리고 여자는 남자 파트너와 함께 거울 쟁탈전을 벌이는 것을 싫어한다.

47~89점(보통 남자)   대부분의 남자는 이 점수대에 들어간다. 당신은 자신만의 장점을 그런대로 이용하여 여자들을 매혹시킬 수 있는 보통 남자이다. 만약 89점에 가까운 점수를 얻었다면 크게 노력하지 않아도 된다. 당신이 높은 점수를 얻지 못한 문항을 살펴보면서 다음 장에서 하는 조언에 귀 기울이도록 하라. 만약 47점에 가까운 점수를 얻었다면 좀 더 적극적으로 노력해야 한다. 다음 장은 당신에게 그 방법을 알려줄 것이다.

46점 이하(매력 없는 남자)   당신은 뒷골목을 배회하기를 좋아하는 남자이다. 여자를 좋아하는 남자를 보면 저 녀석 탕아가 아닐까 생각하는 타입이다. 당신은 여자보다 남자친구를 더 소중하게 여긴다. 하지만 생각이 바뀌어 여자에게 관심이 생긴다면 당신에게는 정말 도움이 필요하다. 여자들은 멋진 성격을 가진 남자, 여자의 필요에 민감하게 반응하는 남자, 인생에서 앞서나가겠다는 야망과 두뇌가 있는 남자를 좋아한다. 다행스럽게도 당신은 이런 것들을 하나하나 배워나갈 수 있다. 여자들이 당신을 다른 눈으로 쳐다볼 때의 즐거움을 한번 상상해 보라!

여자를 매혹시키는 남자의 매력

Why Men Lie &
Why Women Cry

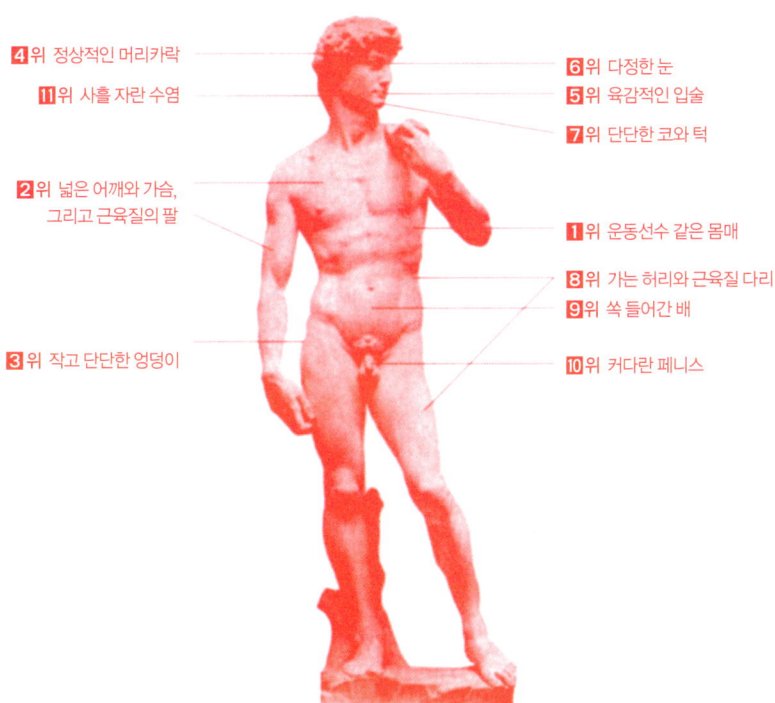

4위 정상적인 머리카락
11위 사흘 자란 수염
2위 넓은 어깨와 가슴, 그리고 근육질의 팔
3위 작고 단단한 엉덩이
6위 다정한 눈
5위 육감적인 입술
7위 단단한 코와 턱
1위 운동선수 같은 몸매
8위 가는 허리와 근육질 다리
9위 쏙 들어간 배
10위 커다란 페니스

여자들이 매력적으로 생각하는 남자의 신체부위 순서

Why Men Lie &
Why Women Cry

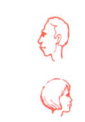

여자를 매혹시키는 남자의 매력

이 장은 여자의 성적매력을 다룬 장에 비해 분량이 절반 정도밖에 되지 않는다. 여성의 외모는 성적신호의 장치로 진화해왔기 때문이다. 여자들은 성적신호를 통해 자신이 남자의 유전자를 전달해줄 수 있을 만큼 건강하고 튼튼하다는 사실을 널리 알린다. 따라서 여자의 성적매력은 복잡하고 세련된 과정으로 이루어져 있다. 이에 비해 남자의 성적매력은 훨씬 간단하고 직접적이다.

태초부터 여자는 음식을 제공하고 가족을 부양할 수 있는 건강하고 튼튼한 남자에게 매혹되었다. 이것은 지금도 별반 다르지 않다. 하지만 21세기의 여성은 조상에 비해 몇 가지 추가 요구조건을 갖고 있다. 현대 여성은 정서적 필요성을 충족시켜줄 수 있는 남자를 원한다. 여자의 두뇌는 두 가지 상반되는 조건인 강인함과 부드러움을 추구하면서 진화되어 왔다. 여자의 강인함이란 배우자가 강한 유전자를 제공하여 자손의 생존 가능성을 높여주는 것을 말한다. 이런 측면에서 본다면 여자는 존 웨인, 리셀 크로, 브루스 윌리스 같은 터프 가이를 원할 것이다. 이처럼 건강한 남자를 알아볼 수 있는 한 가지 방법은 남자의 신체균형(거울에 비추었을 때 남자의 좌우사지가 같은 길이인지)을 살펴보는 것이다.

하지만 남자가 여자를 바라보는 방식은 이와 다르다. 남자는 균형 잡힌 몸매보다는 균형 잡힌 얼굴을 원한다. 아무튼 남녀 모두는 이런 균형이 건강과 젊음을 표상하다고 여긴다. 마찬가지로 균형 잡힌 꽃은 꿀벌에게 더 인기가 많다. 그런 꽃일수록 꿀을 더 많이 가지고 있기 때문이다. 또한 균형 잡힌 몸매의 동물은 그렇지 못한 동물에 비해 더 오래 사는 경향이 있다.

> 여자들은 남자의 얼굴 균형보다는 신체 균형을 더 중요하게 여긴다.
> 바로 이 때문에 복싱 챔피언은 아름다운 여자들을 매혹시키는 것이다.

많은 동물과 곤충들도 마찬가지다. 전갈파리의 경우 암컷은 균형 잡힌 날개를 가진 수컷하고만 짝짓기를 하려고 한다. 이런 수컷은 유연성이 강하여 생활의 어려움과 좌절을 잘 극복할 수 있다. 이런 수컷의 유전자에는 유연성이 있기 때문에 암컷의 새끼도 그런 유연성을 갖고 태어날 확률이 높다. 또한 전갈파리에게 균형은 건강을 의미하므로 암컷이 그런 균형을 가진 수컷을 찾게 된다. 하지만 인간의 경우, 여자가 균형 잡힌 몸매를 지닌 남자에게 끌리는 현상은 월경주기에 따라 달라진다.

스코틀랜드의 한 연구에 따르면, 여자가 매력 있다고 생각하는 남자의 얼굴은 월경주기에 따라 달라진다. 가령 배란기일 때는 울퉁불퉁한 남성적인 몸매를 가진 남자에게 매혹된다. 그러나 생리중이면 머리통에 가위를 찔러넣은 남자에게 매혹될 수도 있다.
(생리중인 여자는 정신적인 긴장이 심하여 무슨 행동을 할지 모른다는 뜻:옮긴이)

임신 가능성이 최고조에 도달했을 때(월경주기의 중간지점), 여자는 남녀관계에서 좀 더 균형 잡힌 몸매를 가진 강인한 남자에게 매혹된다. 달리 말해서 여자는 한 달에 한 번 정도 러셀 크로 같은 터프 가이와의 하룻밤 정사를 꿈꾸는 것이다.

그러나 장기적인 파트너를 구할 때는 얘기가 달라진다. 남자의 몸매가 균형 잡혔든 말든 지속적인 남녀관계를 더 중요시하며, 자녀양육에 관심이 많은 남자를 선택한다. 그러나 외모만으로 성적매력을 판단한다면(우리는 지금 외모만 따지고 있다), 남자의 균형 잡힌 몸매는 여자의 선택에서 아주 중요한 영향을 미친다. 영국에서 DNA 검사를 해본 결과 결혼한 부부 사이에서 태어난 아이의 10퍼센트 정도가 남편의 친자가 아니라고 한다. 이 경우 아내는 부양 능력 때문에 현재의 남편을 선택했지만 유전자는 다른 데서 가져온 것이다.

과학적으로 알려진 것

미국의 연구에 의하면, 매력적인 남자는 그렇지 못한 직장동료에 비하여 12에서 14퍼센트 정도 월급을 더 받았다. 이런 매력 편향주의에는 분명 불합리한 점이 있다. 가령 법원에서도 잘생긴 남자일수록 더 짧은 형기와 더 적은 벌금이 부과되는 것이다. 펜실베이니아에서는 형사재판을 받은 74명의 남자피고에 대한 매력도를 조사해보았다. 그 결과 매력적인 피고는 더 낮은 형량을 선고받았을 뿐만 아니라, 매력적이지 않은 피고에 비해 실형처분을 받을 가능성도 두배나 낮았다. 이것을 보면 왜 사기꾼들은 늘 잘생긴 남자인지를 알 수 있을 듯하다.

책임태만에 대하여 부과된 손해배상에 대한 연구에 의하면, 피고가 원고보다 잘생겼을 경우 그 피고는 평균 5,623달러의 손해배상을 해야 했다. 반면 원고가 더 잘생겼을 경우, 피고는 평균 10,051달러의 손해배상을 해야 했다. 만약 법원 관계자 전원에게 눈가리개를 준 후 판결을 내리라고 한다면 손해배상액은 크게 달라졌을 것이다. 다소 실망스러운 결과이지만 누구나 외모를 개선하려고 노력할 수 있고, 매력을 향상시키기 위해 의식적으로 노력할 수 있다.

다음은 여자가 남자의 신체적 특징 중 어떤 부분에 시각적으로 매혹되는지를 순서대로 적어본 것이다.

1. 운동선수 같은 몸매
2. 넓고 어깨와 가슴, 근육질의 팔
3. 작고 탄탄한 엉덩이
4. 정상적인 머리숱
5. 육감적인 입술
6. 다정한 눈
7. 단단한 코와 턱
8. 가는 허리와 근육질 다리
9. 쏙 들어간 배
10. 커다란 페니스
11. 사흘 자란 수염

운동선수 같은 몸매

여자들이 가장 매력적으로 생각하는 남자들의 몸매는 운동선수 같은 V자형 몸매이다. 근육질의 강인한 육체는 건강의 표지인 동시에 먹을 것을 구해오고 적을 물리칠 수 있다는 능력의 지표이다. 현대는 남녀평등을 외치는 시대이고, 남자의 이두박근과 삼두박근이 별로 사용되지 않는 시대이다. 그렇지만 여자가 배우자를 선택할 때 남자의 강인한 육체는 여자의 두뇌회로에 강한 신호를 보낸다. V자형 몸매가 여자들에게 매력적으로 다가오는 것은 자기들의 몸매와는 정반대이기 때문이다. 여자가 곡석으로 이루어진 부드러운 몸매를 갖고 있다면 남자는 직선으로 이루어진 힘있는 몸매를 갖고 있다. 이런 차이점 때문에 서로에게 매력을 느낀다.

넓은 어깨와 가슴, 근육질의 팔

남자 사냥꾼의 상체는 떡 벌어졌지만 허리 쪽으로 갈수록 가늘어진다. 반면 여자는 어깨가 좁고 허리 쪽으로 갈수록 넓어진다. 장거리까지 무기를 끌고 가야 했고, 죽인 사냥감을 집으로 가져와야 했던 남자들에게는 이런 몸 구조가 필요했다.

특히 넓은 어깨는 남성적 특징이기도 하다. 여자는 스스로를 강한 이미지로 탈바꿈시키려 할 때 남자의 넓은 어깨를 흉내내기도 한다. 그렇게 하기 위해서 여자는 양손을 엉덩이에 걸쳐서 더 넓은 어깨를 내보이는 동작을 취하곤 한다. 비즈니스 분야에 진출한 여자는 자신감을 표출하기 위해 어깨에 패드를 넣은 옷을 입는다. 패드는 남자의 어깨 위에 놓이는 견장처럼 강한 인상을 풍긴다.

남자의 가슴이 넓은 것은 여자보다 폐활량이 큰 폐(사냥에 나가 숨을 더 잘 쉬게 해주는 기관)를 잘 보호하기 위해서였다. 그래서 남자는 가슴이 크면 클수록 더 큰 존경과 권력을 누릴 수 있었다. 이런 전통은 현대에까지 그대로 이어진다. 현대의 남자들은 커다란 업적을 이루면 그 가슴이 자부심으로 부풀어 오른다. 또한 십대 소년은 잘 발달된 상체를 남성성과 동일한 개념으로 이해한다.

남자는 겨냥을 잘하고 창을 잘 던져 먹이를 쉽게 구하기 위해 여자보다 더 긴 팔을 가지고 있다. 털이 부숭부숭한 남자의 팔은 언제나 남성성을 발산한다. 남자의 겨드랑이 털은 땀샘에서 흘러나오는 냄새를 가두는데, 페로몬 함유한 이 냄새는 여자의 두뇌를 성적으로 자극한다.

여자들은 잘 발달한 남자의 상체에 매혹되지만, 아놀드 슈워제네거같이 온몸이 근육뿐인 일명 '근육남'은 싫어한다. 그 남자가 여자의 몸매보다 자기 몸매에 더 관심이 많을까봐 우려하기 때문이다. 건강하면서도 단단한 남자의 몸매는 여자를 흥분시키지만 지나친 근육질은 오히려 혐오감을 준다.

남자의 가슴도 여자의 수유기관(유두와 유선)을 가지고 있다. 인체의 원조는 여자이기 때문에 태아가 나중에 남자로 형체를 잡더라도 유두와 유선은 그대로 남아 있는 것이다. 남자의 유두는 성적으로 매력적이지 못하지만 성행위 때는 약간의 역할을 하기도 한다. 극단적인 박탈상태, 가령 제2차 세계대전 중의 수용소 상황에서 남자들도 젖을 분비했다는 수천 건의 기록이 있다. 남자들도 이런 여성적 기관을 갖고 있기 때문에 유방암 환자의 50명 중 한 명은 남자이다. 유방암에 걸린 남자는 여자보다 훨씬 더 빨리 사망한다. 하지만 유방암에 걸린 남자 환자의 이야기는 잘 알려지지 않는다.

작고 탄탄한 엉덩이

원숭이의 수컷은 톡 튀어나오는 바가지형의 엉덩이가 많다. 오직 인간 남자만이 그런 엉덩이를 갖고 있다. 인간이 두 발로 서서 걸으려고 했을 때 다리의 엉덩이 근육이 극적으로 늘어나서 직립보행이 가능하게 되었던 것이다. 엉덩이는 늘 농담의 대상이 되어왔고 유쾌함과 경멸감을 동시에 준다. 그런데 왜 많은 여자들은 남자의 엉덩이에 관심을 갖고, 남자가 걸어갈 때 그 엉덩이를 슬쩍 건드려보고 싶어 할까? 왜 멋진 남자 엉덩이를 찍은 사진을 들여다보기를 좋아할까?

그 비밀은 이렇다. 단단한 근육형의 엉덩이는 섹스할 때 강력한 전진운동을 가능하게 한다. 축 늘어진 살찐 엉덩이를 가진 남자들은 이런 전진운동에 어려움을 느끼기 때문에 전신으로 여자를 찍어누르는 경향이 있다. 이는 여자에게 달가운 현상이 아니다. 남자의 전신이 자신을 덮치면 불편할 뿐만 아니라 숨쉬기도 어렵기 때문이다. 이에 비해 작고 탄탄한 엉덩이를 가진 남자는 필요 부분에만 힘을 집중적으로 가할 수 있기 때문에 여자들의 사랑을 더 많이 받는다.

| 작고 탄탄한 엉덩이는 임신의 가능성을 높혀준다.

가학 · 피학 성애자들은 엉덩이를 때리거나 맞는 것을 아주 좋아하고 많은 남녀가 그것을 성적흥분을 주는 행위로 여긴다. 맞아서 빨개진 엉덩이는 여자의 흥분상태를 연상시키며, 엉덩이의 신경을 자극하면 동

시에 성기의 신경을 자극하게 된다.

달리 말해서 여자가 남자의 엉덩이를 툭툭 두드리는 것은 곧 그의 발기를 촉진시킨다.

정상적인 머리숱

역사상 머리카락은 남성적 힘의 상징으로 간주되어 왔다. 중세에 머리카락은 마법의 힘을 갖고 있다고 여겨졌고 머리카락을 일부 베어서 애인의 보석함에 보관하기도 했으며 종교의식에 사용하기도 했다. 수도자의 경우에 머리 꼭대기의 머리카락을 일부 면도하여 하느님께 대한 복종을 약속하기도 했다. 삼손은 머리카락을 잘리면서 힘도 상실했다. 숱이 많은 머리는 언제나 남성적 힘과 권위를 상징했고 매력 포인트로 작용했다.

약 50퍼센트의 여자들이 정상적인 머리숱을 가진 남자들을 선호한다. 나머지 50퍼센트의 여자들은 대머리인 남자도 매력적이라고 생각한다.

남자의 대머리는 유전적인 현상으로 과도한 남성 호르몬의 분비로 생긴다. 이 호르몬이 체내로 들어와 머리 꼭대기에 부분에 포진한 유두상 돌기들을 무기력하게 만든다. 이처럼 높은 호르몬 분비 때문에 대머리 남자들은 정상적인 남자에 비해 더 공격적이고 더 섹시하다. 그 때문에 대머리는 힘센 남성성을 의미하게 되었다. 대머리 남자가 내뿜는 이런 남성적 신호는 여성과 남성의 차이점을 강조하며 많은 여자들을 성적으로 자극한다.

> 어떤 사람에게 그 머리는 그냥 대머리일 뿐이다
> 그러나 어떤 사람에게는 태양 전지판을 단 섹스 기계가 된다.

우리는 컴퓨터로 합성한 대머리 남자의 다양한 머리모양(숱이 많은 것에서부터 적은 것까지)을 비즈니스 업계에 근무하는 사람들에게 보여주고 그들의 반응을 알아보았다. 그 결과 대머리의 정도가 심할수록 권력과 성공을 더 많이 성취하려는 남자로 인식한다는 사실을 발견했다. 또한 이런 대머리 남자가 권위를 내세울 때 사람들이 거의 저항하지 않는 것으로 나타났다. 반면 머리숱이 많은 남자는 강하지도 못하고 월급도 적게 받는 것으로 드러났다.

이처럼 대머리는 테스토스테론의 강력한 표지가 된다. 많은 남자들은 대머리에 대하여 걱정하고 또 치유방법이 없다는 데에 좌절한다. 대머리를 피할 수 있는 가장 확실한 방법은 사춘기 전에 거세를 하는 것인데, 이 방법은 추천하고 싶지 않다. 하지만 대머리로 고민하는 사람들은 대머리가 권력과 성욕의 상징으로 널리 알려져 있다는 사실에서 위안을 받아야 할 것 같다.

우리는 베스트셀러 《투박하고 정치적 균형감각이 없는 농담 Rude and

Politicallu Incorrect Jokers》을 쓰기 위해 연구조사하는 동안, 남자들만이 대머리와 관련된 농담을 구사한다는 사실을 발견했다. 여자들은 대머리에 관련된 농담을 별로 하지 않는다. 대머리를 동정하기 때문이 점도 있겠지만 다른 한편으로는 대머리가 남성성의 표시이기 때문에 그런 것이 아닌가 한다. 그래서 많은 여자들이 대머리를 조롱거리라고 생각하지 않는다. 여자들은 남자의 대머리에 매혹되며 때때로 그 대머리에 키스를 하고 가볍게 쓰다듬기도 한다.

육감적인 입술과 다정한 눈

남자들은 여자의 입술과 눈을 묘사할 때 촉촉한, 섹시한, 매혹적인 유혹적인, 에로틱한, 육감적인 등의 단어를 사용한다. 반대로 여자들이 남자의 입술이나 눈을 묘사할 때는 자상한, 민감한, 반응해오는, 보호적인, 다정한 등의 단어를 사용한다. 하지만 이런 단어는 남자 입술과 눈의 신체적 특징을 묘사하는 것이 아니다. 여자들은 남자의 태도를 묘사하기 위해 그런 단어를 쓰는 것이다. 이것은 남녀의 차이를 잘 드러내준다. 즉 남자는 실제의 신체적 특징에 집중하는 반면, 여자는 그 너머의 정서를 본다.

눈으로 말하자면 여자가 남자보다 흰자위를 더 많이 드러낸다. 여자의 두뇌는 가까운 거리에서 의사소통하도록 구조화되어 있기 때문이다. 눈의 흰자위는 얼굴을 맞대고 하는 의사소통의 보조수단이다. 그

흰자위의 움직임을 보면 눈알이 돌아가는 방향을 알 수 있고, 상대방의 태도를 파악할 수 있다. 대부분의 동물들은 눈에 흰자위가 거의 없다. 멀리 떨어져 있는 동물들에게 몸짓언어를 보내는 것으로 충분하기 때문이다. 여자들은 또한 짙은 눈동자를 가진 남자를 더 좋아한다. 맑고 짙은 눈동자는 어린아이 같아 보이는데 그것이 남자의 성적매력을 높이기 때문이다.

단단한 코와 턱

싸움이나 사냥할 때 얼굴에 가해지는 타격으로부터 보호하기 위해 남자들은 단단한 코, 턱 눈썹을 진화시켜 왔다. 따라서 얼굴의 이런 부분은 강한 남성성을 상징한다.

높은 수치의 테스토스테론이 분비되는 남자는 그렇지 못한 남자에 비해 턱이 앞으로 튀어나와 있다. 일반적으로 턱을 앞으로 내미는 것은 도전행위로 인식된다. 염소처럼 수염을 기른 남자는 턱이 앞으로 나와 보이므로 더욱 강단 있는 인상을 준다. 하지만 염소수염은 사탄으로부터 나왔다고 간주되기 때문에 비즈니스 분야에 종사하는 남자들은 되도록 그런 수염을 기르지 않는 것이 좋다. 턱을 안으로 들이미는 행위는 공포심의 표시로 간주되고 따라서 이런 동작을 자주하는 남자는 여자에게 인기가 없다.

로마 시대 이래 남자의 코 크기는 페니스 크기와 동일하다고 하지만,

이런 믿음을 뒷받침해주는 과학적인 자료는 없다. 코가 페니스와 비슷한 점이 있다면 신체 밖으로 돌출해 있다는 정도이다.

가는 허리와 근육질의 다리

영장류 중에서 인간 수컷의 다리가 가장 길다. 이처럼 힘찬 다리와 가는 허리를 갖고 있기 때문에 남자들은 추격하거나 사냥할 때 먼 거리까지 재빨리 달려갈 수 있다. 여자는 골반이 넓어서 빨리 달리기가 어렵다. 달릴 때 신체 균형을 잡기 위해 장딴지와 발이 자꾸 옆으로 벌어지기 때문에 달리는 데 어려움이 많다. 데벤드라 싱 교수의 연구에 의하면, 여자들은 허리 비율이 90퍼센트인 남자를 가장 매력적으로 생각한다. 남자의 다리가 오직 여자에게만 매력적인 이유는, 그 다리가 남성적인 힘과 지구력을 상징하기 때문이다.

쏙 들어간 배

식량이 귀했던 고대에서 불룩 나온 배는 높은 신분의 상징이었다. 그런 배를 가진 사람은 식량이 충분하여 마음대로 먹을 수 있으리라고 생각했던 것이다. 식량이 풍부한 현대에서 똥배는 탐식과 건강이 좋지 않다는 지표이다. 잘 발달된 복근은 원래 남성성을 발산하는 매력 포인트가 아니었다. 잘 발달된 근육을 칭송하게 된 것은 헬스 클럽과 체육관 기구 제작업체의 홍보활동 덕분이다. 이런 업체들은 잘 발달된 복근이 행복한 삶의 원천이라고 선전하지만, 이런 근육을 가진 사람은 헤라클레스 정도뿐이다. 슈퍼맨이나 배트맨은 그런 근육을 갖고 있지 않다. 그저 평탄한 배를 갖고 있었을 뿐 복근은 없었다.

커다란 페니스

모든 영장류 중에서 인간만이 가장 큰 페니스를 가지고 있다. 지난 수천 년 동안 페니스의 길이는 권위와 성적능력과 동일시되었다. 하지만 그런 힘은 실제의 신체기관보다는 그의 머릿속에 있다 할 수 있겠다. 인터넷에서 관련 자료를 찾아보면, 공식적으로 기록된 가장 긴 페니스는 약 35.5센티미터이고 신체길이, 코 길이, 구두 길이, 페니스 길이 사이에는 아무런 상관도 없는 것으로 나와 있다.

보통 남자가 발기했을 때의 길이는 약 14센티미터이고 여성의 질의 길이는 대부분 9센티미터 정도이다. G-스폿을 비롯하여 여성의 중요한 성감대는 첫 5센티미터 내에 분포되어 있다. 그러니까 솔직히 말하면 발기시 8센티미터 정도 되는 페니스가 18센티미터쯤 되는 페니스보다 훨씬 정확하게 서비스를 할 수 있다. 짧은 페니스가 더 정확하게 성감대를 건드릴 수 있을 테니까 말이다. 길다란 페니스에 흥분하는 여성은 실제 능력보다는 상상속의 기능에 더 반응하고 있는 것이다. 행복한 부부관계를 누리는 여자는 페니스 크기에 대해 거의 생각하지 않는다. 단지 결혼이 파경에 이르러 보복하려고 할 때는 전 파트너의 사이즈가 작았다고 불평하기도 한다.

한 젊은이는 자신의 페니스가 너무 짧다고 걱정했다. 그래서 여자친구와 첫 섹스를 해야 할 때가 오면 두려움에 떨었다. 마침내 그 젊은이는 더는 그 행사를 뒤로 미룰 수 없다고 판단하여 여자친구를 집으로 초대했다. 그는 주섬주섬 옷을 벗고서 방안의 불빛을 낮게 조절한 후, 조심스럽게 그녀의 옷을 벗기고 애무하기 시작했다. 그리고 긴장하면서 발기된 자신의 페니스를 그녀의 손바닥 위에 올려 놓았다. 그는 여자친구가 그 짧은 사이즈를 눈치 채지 않기를 간절히 바라고 있었다.

"어머, 괜찮아."

그녀가 말했다.

"나 담배 안 피워."

진화의 역사를 살펴보면 여자들은 남자의 페니스를 보고서 흥분을 느끼지 못하게 되어 있다. 하지만 남자의 경우에는 정반대이다. 남성용 포르노 잡지는 서 있거나 누워 있거나 앉아 있는 여자의 알몸만 펼쳐져 있다. 하지만 남자의 알몸을 보여주는 여성용 포르노 잡지는 하나같이 실패했다. 그런 잡지는 게이들의 시선을 끄는 데 그쳤을 뿐이다.

> 남자는 여자의 알몸을 보면 놀라서 아무 말도 하지 못한다.
> 그러나 여자는 남자의 벗은 몸을 보면 보통 웃음을 터뜨린다.

왼쪽은 의식용 페니스 덮개를 차고 있는 뉴기니 원주민들. 오른쪽은 스피도 수영복을 입은 수영 선수들. 서로 접근 방식은 다르지만 동일한 메시지를 전달하고 있다.

    남근이 역사적으로 남성적인 권력과 동일시되었기 때문에 남근 중심주의를 혐오하는 페미니스트들이 생겨나게 되었다. 아마도 이 때문에 남성의 페니스 사이즈가 매력 포인트 10위밖에 차지하지 못했을 것이다. 그러나 남자들 사이에서는 페니스가 클수록 존경을 받는다. 뉴기니에서 원주민 부락의 남자들은 1미터 길이로 된 덮개로 페니스를 덮고서 그 덮개에 연결된 줄을 목에다 걸어 고정시킨 다음 마을을 돌며 행진했다. 이와 비슷한 서구 남자의 장치로는 스피도 수영복 회사에서 만들어낸 남자 수용복을 들 수 있다.
    여자들이 사용하는 각종 패션 장식물은 남자의 스피도 수영복과 경쟁할 수 없다.

사흘 기른 수염

인간의 수컷은 얼굴에 털을 길게 기를 수 있는 유일한 영장류이다. 원숭이와 침팬지는 온몸에 털이 나 있다. 하지만 턱수염을 기른 원숭이나 팔자형 콧수염을 기른 침팬지는 없다. 남성 호르몬 때문에 남자의 얼굴에 털이 자라는 것이다. 테스토스테론 수치가 높은 날에 털은 그만큼 더 빨리 자란다. 따라서 사흘 자란 수염은 남성성을 보여주는 강력한 표지가 된다.

대부분의 여자들은 면도를 한 톰 크루즈보다 사흘 정도 수염을 기른 톰 크루즈가 훨씬 더 섹시해 보인다고 말한다. 스트레스와 질병은 테스토스테론의 분비를 억제한다. 바로 이 때문에 병든 남자나 스트레스 많은 남자는 자주 면도할 필요가 없다. 하지만 정오 무렵에 이미 오후 다섯시에나 볼 수 있는 수염 그늘을 보이는 남자는 일부러 연기하고 있다는 인상을 주기가 쉽다.

이 사진에서 잘못된 것은?

사흘 기른 수염을 자랑하는 톰 크루즈

여자가 장기적으로 원하는 것은?

다음은 여자들이 남자들에게 장기적으로 원하는 목록이다.

   1. 성격
   2. 유머
   3. 감수성
   4. 두뇌
   5. 좋은 몸매

남자들은 여자를 첫눈에 사귀고 싶어 할 때 선호하는 요소와 장기적인 파트너로 사귀고 싶어 할 때 선호하는 요소, 이렇게 두 가지를 갖고 있다.

하지만 여자들에게는 언제나 한 가지 리스트밖에 없다. 남자들은 여자에 대해 시각적인 만족을 추구하지만, 여자들은 남자가 자상하고 총명하고 유머러스하고 충성스럽고 이해심이 많기를 바란다. 만약 남자의 몸매가 좋다면, 여자는 그것을 하나의 보너스라고 생각한다(물론 한 달에 하루 이틀 러셀 크로 같은 남자를 꿈꾸는 때가 있기는 하다). 따라서 좋은 몸매는 절대로 우선순위에 놓이지 않는다.

남자와 달리, 여자는 남자의 외모나 복장상태가 곧 자기에 대한 관심의 표현이라고 생각하지 않는다. 남자가 옷을 허술하게 입었고 배가 나왔어도 여자들은 그리 큰 문제로 여기지는 않는다(물론 마음속으로는 못마땅하게 생각한다).

　이런 남녀 사이의 차이점은 남자와 여자에게 많은 오해와 좌절감을 안겨준다. 여자는 여자의 외모가 남자에게 중요하며, 그것이 남녀관계에 심각한 영향을 미친다는 사실을 이해해야 한다. 반면 남자는 여자가 남자의 애정을 측정하는 척도를 알아야 한다. 여자는 남자가 자기에게 어떻게 행동하는지를 보고서 애정의 깊이를 측정한다.

> 여자는 부드럽고, 자상하고, 이해심 많고,
> 의사소통이 잘되는 남자를 원한다.
> 또한 강인하고 근육질인 남성적인 남자를 좋아한다.
> 하지만 여자는 그런 남자를 가질 수 없다.
> 그녀에게는 이미 남자친구가 있기 때문이다.

　각종 연구조사는 여자의 육체적 매력이 남자에게 얼마나 중요한지를 끊임없이 증명하고 있다. 특히 남녀 간의 첫 만남에서 남자는 만난 지 10초 만에 상대의 신체적 특징을 보고서 매력을 결정해버린다. 하지만 장기적인 파트너를 찾을 때는 다른 가치기준을 적용한다.

　여자들은 남자가 매력 있기를 바라지만 남자의 비즈니스나 사회적 지위를 더 중시한다. 여자에게는 상대의 외모가 결정적인 영향을 미치지 않는다. 단지 추가 보너스일 뿐이다. 만약 그렇지 않다면 프랑스의 국민배우 제라드 드파르디유의 인기를 어떻게 설명할 것인가?

　여자들은 파트너를 선택할 때 동일한 가치기준으로 일관한다. 만약 여자를 수시로 웃기고, 여자의 필요에 민감하게 반응하며, 다양한 화제에 대하여 이야기할 수 있고, 자신의 인생을 향상시킬 목표를 갖고 있는 남자가 있다면, 그에게 데이트 상대가 부족한 일은 일어나지 않을 것이다.

더욱 매력적인 남자가 되기 위한 방법

더욱 매력적인 남자가 되려면 의사소통 능력과 인간관계 기술을 향상시켜야 한다. 대학이나 기업의 강좌는 훌륭한 의사소통을 하는 방법, 유머 감각 개발하는 방법 등을 가르친다. 위의 리스트에서 보았듯이 여자는 자기를 유쾌하게 해주는 남자를 사랑한다. 여자들의 사고방식과 행동방식을 가르쳐주는 책을 사서 읽으라. 또한 당신이 안주하고 있는 곳을 벗어나서 더 좋은 직장에 도전하라.

여자들은 앞으로 나아가면서 자신의 지위를 높이려고 애쓰는 남자들을 좋아한다. 자급자족을 할 수 있고 경제적으로 독립된 여자일지라도, 훌륭한 보호자 역할을 할 수 있고 생계를 책임질 능력이 있는 남자를 좋아한다. 여자가 남자의 그런 자원에 별로 관심이 없더라도 여자의 두뇌는 성공하는 남자에게 매혹을 느끼는 것이다. 그렇다고 해서 도날드 트럼프 수준의 재벌을 원하는 것은 아니다. 좋은 계획과 목표를 가지고 그것을 실천하기 위해 열심히 노력하는 사람이면 된다.

상식을 넓히기 위해 대학의 교양강좌를 수강하는 것도 좋다. 그러면 여자와 다양한 화제를 놓고 대화하는 것이 가능해진다. 남자들은 지난 수천 년 동안 여자들에게 식량을 제공해왔다. 그러니 이제부터는 직접 요리를 해보는 것도 좋다. 그것은 여성 두뇌의 원초적 부분을 자극할 것이다. 춤은 여자들이 늘 즐겨왔던 취미이다. 그러니 가능한 한 춤 강좌를 받도록 하라. 요리를 할 줄 알고 춤까지 출 줄 아는 남자(춤과 요리를 동시에 하라는 뜻은 아니다)라면 어떤 여자이든 반하지 않을 수 없을 것이다.

> 남자가 아직 청춘인지 알 수 있는 좋은 방법은
> 그 남자의 헤어스타일을 살펴보는 것이다.

마지막으로 헬스클럽에 가입하여 당신의 몸매를 가다듬으라. 헤어스타일을 3년에 한 번씩 바꾸어보라. 남자의 헤어스타일, 수염 스타일은 인생의 절정기인 스무 살에 고정되는 경향이 있는데, 스타일을 바꿀 때마다 남자는 다시 스무 살이 되는 것이다.

참고문헌

Alder, Harry, *NLP in 21 Days*, Piatkus (1999)

Allen, L,S., Richey, Chai, Y.M. and Gorki, R.A., 'Sex Differences in the Corpus Callosum of the Living Human Being', *Journal of Neuroscience*, 11, pp, 933-942 (1991)

Amen, Daniel G., *Change Your Brain, Change Your Life*, Times Books (2000)

Andrews, Simon, *Anatomy of desire : The Science and Psycholgy of Sex, Love and Marriage*, Little Brown (2000)

Aquinas, Thomas, *Summa Theologica*, translated by the Fathers of the English Dominican Province, London : Burnes oates & Washlbum. (1992([Distinguiches between the degrees of turpitude of various kind of lie.]

Arons, Harry, *Hypnosis in Criminal Investigation*, Illinois: Charles C. Thomas (1967)

Augustine, 'Lying' and 'Against Lying', in *Treatises on Various Subjects*, RJ. Deferrari(ed), New York: Catholic University of America Press. (1952) [Early and highly influential prohibition against all forms of lying.]

Bailey, F. Lee, and Aronson, H., *The Defense Never Rests*, New York: Signet (1972)

Bailey, F. Lee, *For the Defense*, New York: The New American Library, Inc.(1976)

Bandler, Richard and Grinder, John, *Frogs into Princes: Neuro-Linguistic Programming*, Moab, UT: Real People press, (1979)

Barry, Dave, *Dave Barry's Complete Guide to guys*, New York: Ballantine Publishing Group (2000)

Bart, Dr Benjamin, *The History of Farting*, Heron (1993)

Beatty, W.W. and Truster, A.I., 'Gender Differences in Geographical Knowledga', *Sex Roles* 16, pp. 565-590 (1987)

Beatty, W.W., 'The Fargo Map Test: A standardised Method for Assessing Remote Memory for Visuospatial Information', *Journal of Clinical Psychology*, 44, pp. 61-67 (1988)

Belli, Melvin, *My life on Trial*, New York: Popular Library (1977)

Benhow, C.P and Stanley, J.C., 'Sex differences in Mathematical Reasoning Ability: More facts', *Science* 222, pp. 1029-1031 (1983)

Berenbaum, S.A., 'Psychological Outcome in Congenital Adrenal Hyperplasia', in *Therapeutic Outcome of Endocrine Disorders: Efficacy, Innovation, and Quality of Life*, B. Stabler and B.B. Bercy (eds), pp. 186-99. New York : Springer (2000)

Beme, Eric, M.D., *Games People Play*, Grove Press, Inc. (1964)

Black H., 'Amygdala's Inner Workings', *The scientist*, 15[19] 20, Oct.1 (2001)

Block, Eugence B., *Voice Printing—How the Law Can Read The Voice Of Crime*, Veronica School District 47J, Petitioner v. Wayne Action, et ux, Guardians ad Litem for JAMES ACTON 515 US—, 132L Ed 2d 564, 115S Ct— | No 94-590 | US Supreme Court Reports, 132 L Ed (Drug Abuse Screening by Urinalysis Decision.) Argued March 28 (1995). Decided June 26 (1995)

BOK, S., *Lying: Moral choice in Public and Private Life*, New York: Pantheon

(1978)

Botting, Kate and Douglas, *Sex Appeal*, London: Boctree Ltd. (1995)

Brasch, R., *How Did Sex Begin?*, New York: David McKay (1997)

Budesheim, T.L and Depaola, SJ., "Beauty or the Beast? The Effects of Appearance, Personality and Issue Informaion on Evaluations of Polittical Candidates', *Personality and Social Psychology Bulletin*, 20, pp.339-348 (1994)

Buss, David M., *The Evolution of Destire*, Basic Books (1994)

Buss, D.m. and Kenrich, D.T., 'Evolutionary Social Psychology', in *The Handbook of social Psychology* (4th ed.) D.T Gilberts, S.T Fiske and G Lindzey (eds) (Vol. 2, pp. 982-1026). Boston: McGraw-Hill (1998)

Carper, Jean, *Your Miracle Brain*, New York: HarperCollins (2000)

Castellow, W.A., Wuensch, K.L and Moore, C.H., 'Effects of Physical Attractiveness of the Plaintiff and Defendant in Sexual Harassment Judgements', *Journal of Social Behavior and Personality* 5, pp. 547-562 (1990)

Chang K.T and Antes, J.R., "Sex and Cultural Differences in Map Reading', *The American Cartographer* 14, pp. 29-42 (1987)

Cole, Julia, *After the Affair*, Wermilion G.B (2000)

Cox, Tracey, *Hot Relationships*, Bantam, Australia (1999)

Crick, Francis, *The Astonishing Hyporhesis*, New York: Marmillan (1994)

Dawkins, Richard, *The Blind Watchmaker*, New York: Norton (1987)

Dawkins, Richard, *The Selfich Gene*, (2nd ed), New York: Oxford University Press (1990)

De Angelis, Barbara, *Secrets about MEN Every Woman should Know*, Thorsons, UK (1990)

Dedopulos, Tim, *The Ultimate Jokes Book*, Parragon Book Service Ltd, UK (1998)

Downs, A.C. and Lyons, P.M., 'Natural obsercations of the Links Between Attractiveness and Initial Legal Judgements', *Personality and Social Psychology Bulletin*, 17, pp. 541-547 (1990)

Eagly, A.H., Ashmore, R.d., Makhijani, M.G. and Longo L.C., 'What is Beautiful is Good But⋯: A Meta-Analutic Review of Research on the Physical Attractiveness Stereo-Type's, *Psychological Bulletin*, 110, pp. 109-128 (1991)

Eibl-Eibesfeldt, I., *Ethology: The Biology of Behavior*, (2nd ed), New York: Holt, Rinehart & Winston (1975)

Ekman, Paul, *Telling Lies*, W.W. Norton (2002)

Ekman, Paul, and Friesen, W,V., *Unmasking the Face*, Lexington, MA: Lexington Books (1975)

Everhart, D.E., et al., 'Sex-Related Difference in Event-Realted Potenials, Face Recognition, and Facial Affect Processing in Prepubertal Children', *Neuropsyhology*, 15, pp. 329-41, July (2001)

Farrell, Warren, *Women Can't Hear What Men Don't say*, Australia: Finch Publishing (2001)

Fast, J.M., *Body Language*, New York: Evans and Company (1970)

Ressis, Stewart, *How to Chat-Up Women*, UK: Summersdale Publishers (1994)

Fisher, Helen, *Anatomy of Love*, New York: Norton (1992)

Ficher, Helen, *The First Sex*, London : Random House (1999)

French, Scott and Van Houten, Paul, PhD., *Never Say Lie—How to Beat the Machines, the Interviews, the chemical Tests*, Boulder, Colorado: Palladin Press (1987)

Fromm, Erich, *The Forgotten Languge*, New York: Grove Press, Inc. (1951)

Garner, Alan, *Conversationally Speaking*, (2nd ed), Los Angeles: Lowell House (1997)

Glass, Lilian, *He Say, She Say*, New York: Putnam (1992)

Gray, John, *Mars and Venus in the Bedroom*, Australia: Hodder & Stoughton (1955)

Gray, John, *Men, Women & relationship*, Australia: Hodder & stoughton (1955)

Grenfield, Susan, *Journey to the Centers of the Mind*, New York: Basic Books (1998)

Grice, Julia, *What Makes a Woman Sexy*, New York: Dodd, MEad, (1998)

Gron, G., et al., ' Brain Activation During Human Navigation : Gender-Different Neural Networks as Substrate of Performance' , *Nature Neuroscience*, 3, pp. 404-8 (2000)

Grotius, Hugo, *On the Law of War and Peace*, Translated by F. Kelsey, Indianapolis: Bobbs-Merril. (1925) [Defines lying in terms of the rights of those to whom the lie is addressd.]

Gur, R,C. et al., 'An FMRI Study of Sex Differences in Regional Activation to a Verbal and a Spatial Task' , *Brain and Language*, 74, pp. 157-70 (2000)

Gur B.C et al., 'Sex Differences in Brain Gary and White Matter in Lealthy Young Adults: Correlations with Cognitive performance' , *Journal of Neuroscience*, 19, pp. 4065-72 (1999)

Hammersmith, D. and Biddle, J.E., "Beauty and the Labor market.' , *American Economic Review*, 84, pp. 1174-1194 (1994)

Harrelson, Leonard, Lie *Test*: *Deseption, Truth and the Polygraph*, Partners Publishing Group (1998)

Heisse, John W. Jr., *Simplified Chart Reading*, self-puvliched, Burlington, Vermont (1974)

Heisse, John W. Jr., 'The 14 Question Modified Zone of Comparison Test' , *Stressing Comments*, International Society of Stress Analysts, Vol 3, No 7, June, pp. 1-4 (1975)

Heisse, John W. Jr., M.D., *Audio Stress Analysis: A Validation and Reliabilty*

Study of The Psychological Stress Evaluator (PSE), self-published, Burlington, Vermont (1976)

Heisse, John W. Jr., M.D., *The Verimetrics Computer System: A Reliability Study*, self-published, Burlington, Vermont (1992)

Hodgson, D.H., *Consequences of Utilitatrianism*, Oxford (1967)

Holden, Robert, *Shift Happens*, Hodder & Stoughton (1998)

Holden, Rovert, *Laughter the Best Medicine*, Thorsons (1993)

Horvath, Frank, PhD., 'Detecting Deception: The Promise and the Really of Voice stress Analysis', *Journal of Forensic Sciences*, JFSCA, Vol 27, No 2, pp. 340-351 (1982)

Hoyenga K.B. and Hoyenga, K.T., *Gender-Realted Differences*, Allyn & Bacon, pp. 343-345 (1993)

Inbau, Fred E. and Reid, John E., *Truth and Deception: The Polygraph ("Lie Detector") Technique*, Baltimore: The Willams & Wilking Company (1969)

Johnson, Gray, Monkey business, Gower Publishing (1995)

Juan, Dr. Stephen, *The Odd Body and Brain*, Australia: HaperCollins (2001)

Kant, Immanuel, 'On a Supposed Right to Lie from Benevolent Motives', in *the Critique of Practical Reason and Other Writings in Moral Philosophy*, Chicago: University of Chicago Press (1949)

Kenton, Leslie, *Ten Steps to a Young YOU*, Vermilion UK (1996)

Kinsey A.C Pomeroy W.B and Martin C.E., *Sexual Behaviour in the Human Male*, Philadelphia: Saunders (1948)

Mnapp, Mark L., *Nonverbal Communication in Human Interaction*, New York: Hold, Rinehart, Winston (1978)

Kreeger, K.Y., 'Yes, Biologically Speaking, Sex Does Matter', *The Scientist*, 16 [1], pp. 35-6, Jan 7 (2002)

Kriete, R, and stanley, R., *A Comparison of the Psychological Stress Evaluator and the Polygraph*, Presented at the First Annual Seminar of the International Society of Stress Analysts, Chicago (1974)

Kulka, R.A and Kessler, J.R., 'Is Justice Really Blind? The Effect of Litigant Physical Attactiveness on Judicial Judgement', *Journal of Applied Social Psychology*, 4, pp. 336- 381 (1978)

LeVay, S., *The Sexual Brain*, Cambridge, Massachusetts: MIT Press (1993)

Lewis, D., *Convention: A Phiosophical Study*, Cambridge, MA: Harvard U.P (1969)

Lieberman, David J., *Never be lied to Again*, St. Martin's Press (2000)

Lippold O., 'Physiological Tremor', *Scientific American*, Vol. 224, No. 3, pp. 65-73 (1971)

Lorenz, Konrad, *King Solomon's Ring*, New York: Crowell (1952)

Lorenz, Konard, *On Aggression*, New York: Harcourt (1974)

Maccoby, Eleanor and Jacklin, Carol N., *The Psycholgy of Sex Differences*, Stanford University Press (1974)

Marshall, Hillie, *The Good Dating Guide*, UK Summersdale Publishers (1998)

Maynard, Smith, J., *The Theory of Evolution*, New York: Cambridge University (1993)

Mckinlay, Deborah, *Love Lies*, London: HarperCollins (1994)

Miller, Gerald R. and Stiff, Hames B., *Deception Communicaton*, Newbury Park: Sage Publications (1993)

Moir, Anne and Jessel, David, *BrainSex*, New York: Dell (1992)

Moir, Anne and Bill, *Why Men Don't Iron*, HarperCollins Publishers (1998)

Morris, Desmond, *Bodywatching*, New York: Grown (1985)

Morris, Desmond, *The Naked Ape*, New York: Dell (1980)

Morris, Desmond, *People Watching*. UK: Vintage (2002)

Nierenberg, Gerald, I, and Calero, *How to Read a Person Like Book*, New York:

Comerstone Library (1971)

O' Neil, W.C., *Report of the Special Hearing Officer of the Secretary of Sate of Florida, Regarding Public Hearings of the Department of state of Florida: Psychological stress Evaluation*, Florida Secretaty of State, Tallahassee, Florida (1974)

O' Toole, George, *The Assassination Tapes—An Electronic Probe into the Murder of John F. Kennedy and the Dallas Cover up*, New York: Penthouse Press Ltd. (1975)

Pease, Allan and Barbara, *Why Men Don' t Listen & Women Can' t Read Maps*, UK: Orion (2001)

Pease, Allan, *Rude and Politically Incorrect Jokes*, UK: Robson Books (1999)

Pease, Allan, *Signal: How to Use body Languge for Power, Success and Love*, New York: Bantam books (1984)

Pease, Allan, With Garner, Alan, *Talk Language*, UK: Simon & Schuster (1998)

Pease, Raymond, and Dr. Ruth, *My Secret life as a Gigolo*, Sydney: Please International (2002)

Penny, Alexandra, *How to keep your Man Monogamous*, UK: Bantam Books (1990)

Platt, Vanessa Lloyd, Secrets of Relationship Success, UK: Vermilion (2000)

Pittman, Frank, *Private Lies*, Norton (1990)

Quilliam, Susan, *Body Language secrets*, HarperCollins (1997)

Quiliam, Susna, *Sexual Body Talk*, New York: Carroll & Graff (1992)

Reid, John E., Inbau, Fred E., and Buckley, Josheph B., *Criminal Interrogation & Confessions*, Baltimore: Williams & Wilkins CO. (1986)

Reinisch, J.M., et al., (eds.) *Masculinity and Femininity, The Kinsey Institute Series*, Oxford University Press (1987)

Ringer, R.J., *Winning Through Intimidation*, Los Angeles: Fawcett Crest (1973)

Roffman, Howard, Presumed Guilty, New York: A.S. Barnes and Company, Inc. (1976)

Roger, L.J., *The Development of Brain and Behavior in the Chicken*, Wallingford: CAB International (1995)

Rogers, Lesley, *Sexing the brain*, GB: Weidenfeld & Nicolson (1999)

Samenow, Stanton E., *Inside the Criminal Mind*, New York: Times Books (1984)

Schipp. Thomas, PhD and Kryzysztof, Izdebski, 'Current Evidence for the Existence of Layngeal Macrotremor and Microtremor', *Journal of Forensic Sciences*. (1980)

Shaywitz, Sally and Bennett, 'How is the Brain Formed?' *Nature*, 373, pp. 607-609 (1995)

Shaywitz, B.A et al. 'Sex Differences in the Functional Organization of the Brain for Language', *Nature*, 373, pp. 670-9 (1995)

Staheli, Lana, *Affair-Proof Your Marriage*, Staheli Inc. (1995)

Stein, D.G., 'Brain Damage, Sex Hormones and Recovery: A New Role for Progesterone and Estrogen?', *Trends in Neuroscience*, 24, pp. 386-91 July (2001)

Stewart, J.E. II, 'Defendant's Attractiveness as a Factor in the Outcome of Trials', *Journal of Applied Social Psychology*, 10, pp. 348-361 (1980)

Tannen, Deborah, *Talking From 9 to 5*, New York: Morrow (1994)

Tannen, Deborah, *You Just Don't Understand: Women and Men in Conversation*, New York: Morrow (1990)

Tucker, Nita, *How NOT to Stay single*, USA: Crown Publishers (1996)

Whiteside, Robert, *Face Language II*, Hollywood FL: Frederick Fell (1988)

Wilson. Glenn D. and Nias, David, *The Mystery of Love*, London: Open Books (1976)

Wolf, Naomi, *The beauty Myth*, New York: Anchor (1992)